美術課堂問道
美術基礎教育熱點研究

陶旭泉 等

抬頭看天，低頭看路

——寫在《美術課堂問道——美術基礎教育熱點研究》之前

今天出版的《美術課堂問道——美術基礎教育熱點研究》一書，即是參與者以各自完成的課題成果為基礎，整合而成的"名師培養計畫"專案的研究成果。

該書共包含十二章，各章既自成體系、各有主題，又相互關照、互構邏輯，整體闡述了在後現代課程與教學觀下美術教學的基本特徵，呈現了當下美術基礎教育課堂的教學實踐研究、新教師培養、教研活動的組織與創新等若干理論與實踐的研究成果，涵蓋了小學美術教育研究、初中美術教育研究、高中美術教育研究和基層教研活動研究等內容，基本能體現當前美術基礎教育研究的熱點問題。

本書由 13 位作者合著而成。本書的寫作提綱擬定、文本修改、初稿審定和第一章撰寫由我完成。各章撰寫的具體分工如下：第一章由院陶旭泉老師撰寫，第二章由李祥武老師撰寫，第三章由代小婭老師撰寫，第四章由鄭邦兵老師和紀永秀老師撰寫，第五章由羅方鼎老師撰寫第六章由學黃曉銳老師撰寫，第七章由冉平老師撰寫，第八章由秦樹林老師撰寫，第九章由季曉歌老師撰寫，第十章由鄧樹江老師撰寫，第十一章由辜曉平老師撰寫，第十二章由郝小紅老師撰寫。

　　本專案的實施和"名師專項課題"的研究得到了尹少淳教授、李力加教授、王大根教授和馮恩旭老師的指導和支持，出版社正端美術工作室的王正端主任在本書成書的過程中給予了大力幫助，在此一一表示感謝！

陶旭泉

目 錄

第一章 緒論 11

對於美術教育而言，21 世紀是一個新的圖像化時代，圖像的讀寫能力已經越來越明顯地成為人們社會生活的一項基本能力，美術教育成為培養學生這一能力的重要途徑。視覺文化背景下的美術教育，"視覺"逐漸取代"讀寫"，成為今日人類傳播資訊的主要媒介。視覺文化關注到的是視覺事件，人們借助視覺技術尋求資訊、意義或快感。視覺文化時代的美術教育應該是豐富多樣的。在此背景下的美術教育，要讓學生廣泛學習各門類的美術知識與技能，並聯繫現實生活情境，使學生的美術學習成為為生活而學習的有益活動。

第二章 小學美術課堂示範教學實效性探索 20

在小學美術新課程實施的過程中，出現了一種令人擔憂的現象：課堂示範教學缺失。造成示範教學缺失的主要原因有兩方面：一是對示範教學的內涵和外延在認識上出現偏頗；二是對如何提高示範教學的實效性缺乏有效的方法和策略。小學美術課堂示範教學的基本原則有：針對性原則、直觀性原則、靈活性原則、適時性原則、適度性原則、啟發性原則。小學美術課堂示範教學的"六法"是：裸課示範、趣味示範、創意示範、殘缺示範、後置示範、微格示範。

第三章 滋養兒童生命情懷的動物美術教學研究 52

本研究基於生命教育的價值取向，以兒童喜愛的動物美術學習為載體，聚焦"與自我和諧，與他人和諧，與自然和諧"的生命情懷培養研究與實踐，將動物美術教學與生命教育有機結合，探索具有美術特色的一種新的可操作、可借鑒、可持續、可推廣的有效德育教育模式。將動物美術課程與學校的綜合實踐活動課程、德育活動課程相整合，開發學校獨有的美術特色課程，有效拓展美術教學內容，提高兒童審美能力和綜合素養，為兒童幸福人生的實現奠定積極的心理基礎和情感基礎。

第四章 美術創作促進留守兒童心理健康成長的探索與實踐 79

農村大量的留守兒童長期與父母分離，形成的心理健康問題不容忽視，主要有心理壓抑、親情饑渴、孤獨、寂寞、無助、冷漠、任性、自卑、不上進等狀況。對應的美術創作形式：釋放情感、宣洩情緒達到合理疏導的美術創作；撫慰留守兒童親情饑渴的親子實驗繪畫；針對孤獨、寂寞的問題，培養交往、交流、合作能力的美術創作；在美術創作中，克服無助、依賴性的問題，促進獨立個性的發展；改善冷漠、任性的不良性格，促進有助於感恩心理、自製力形成的美術創作；激勵自卑、不上進的兒童，樹立自信心的美術創作。策略：激發興趣—主動配合；釋放情感—疏導；對應的美術創作—健康心理品質的形成；作品的交流展覽—實現自我。

第五章 新課程背景下彝族民間美術在中小學美術教學中的傳承研究 107

彝族民間美術博大精深，正確的理解和傳承彝族民間美術是我們的共同責任。中小學美術課堂教學是培養彝族學生彝族民間美術傳承意識，進行彝族民間美術學習最有效的方式。在新課程背景下進行彝族民間美術教學：一是要開發具有彝族傳統文化特色的校本課程；二是要與其他的文化歷史課程進行整合，營造良好的學習氛圍；三是要提高師生對彝族美術文化重要性的認識；四是要加大美術教學硬體設施的投入；五是要與彝族的民俗活動實踐相結合。

第六章 地方文化資源在美術教學中的整合開發與應用 129

地方文化資源在美術教學中的整合開發與應用是發展和傳承地方特色文化的需要，是對現有人美版統編教材的有利補充，是課程改革的需要。在美術教學中整合開發地方文化資源的一般策略：用典型的地方特色作引領、使學生感悟地方文化之美。內容和技法難度適合學生認知水準和操作能力，自編教材與人美版美術教材有機整合。在美術教學中整合、開發與運用地方文化資源的一般方法有：創設生動、直觀的情景，激發學生的學習興趣；欣賞地方文化，培養學生的審美能力；注重個性體驗與創作，培養學生的創造能力；強化學習合作，增強團隊精神；注重與其他學科的聯繫，促進學生全面發展。

第七章 基於 Photoshop 平臺構建初中"平面美術"有效課堂教學的研究　149

在初中美術教學中，存在學校教育班級授課制教學的實踐性不強，課堂上學生動手實踐較少，進行美術創作實踐的平臺較單一，實施困難的弱點。本課題研究基於 Photoshop 高效實用的美術實踐體驗平臺，在 PS 已成為專項動詞術語的當下，著眼於打造美術課堂上學生實踐學習的實用高效和教學的便捷簡練，探究適合 7～8 年級學生的 PS 美術有效課堂，在對學生美術能力進行訓練的同時，力求豐富學生的審美體驗與審美實踐。

第八章 中學美術命題畫教學策略創新研究　164

"中學美術命題畫教學策略創新研究"是針對當前在中學美術教學中，如何提升學生美術創作能力的一項教學實踐研究。該研究主要從研究問題、研究過程和研究成果等幾方面，闡述了本課題研究的經過與取得的成果。提高中學生命題畫創作的能力，要從提升他們對命題畫的認識，豐富命題畫的內涵，豐富命題畫的表現形式入手。命題畫創作教學的策略有：命題統整化策略（命題衍生化、話題歸類化）、形式多元化策略（構成多元化、手法多樣化）、內容特色化策略（本土特色、民族特色化）、實踐創新化策略（材料創新化、創作遞進化）等。

第九章 新課程背景下成都市高中美術校本課程開展情況調查研究　189

到目前為止，成都市仍然有一部分高中未能按照新課改的要求，在《高中美術課程標準》的指導下開設校本課程。美術校本課程的設置要注重規範性和學時要求的嚴謹性，要在與其他學科相協調的前提下，盡可能地將美術課學時安排為 80 分鐘以上。要充分發揮教師的特長，做到校本課程設置與專業所長相結合。編寫高中美術校本教材要體現教學特色，做到處處以本校為依託，強調教材與學習者的歸屬感，設計有特色的教學活動，讓課程中的校本教材編寫與教研活動聯繫起來，以促進教師業務能力的提高。

第十章 發揮示範高中美術教學輻射作用的實踐探索 230

示範高中美術教育有強大的資源優勢，如較強的師資、較好的設備、先進的美育理念、領先的教學方式、較好的教學效果、豐富的教研成果等。發揮示范高中美術教學輻射作用的有效途徑有共同研究備課、定期舉辦各種講座、教學活動展示、共同研究課題、幫助其他學校開發課程資源、多種方式長期結成對子及專題研討、同課研討、送教下鄉、活動交流等。建立對口支援體系，幫助輻射學校做好目標定位和發展規劃，建立自主發展體系，增強輻射物件的自主發展能力。從而實現引領一批、輻射一片，以示範高中為核心的中學美術教育聯動發展模式。

第十一章 小學美術"4+2"課堂教學模式在新教師培養中的應用研究 245

小學美術"4+2"課堂教學模式指建立在以學生學習認知規律為基礎的美術課堂教學模式。其中"4+2"，"4"是指課堂教學中的四段；"2"指課前和課後的兩段。即"4"指：（1）引人入勝的教學開始；（2）高潮迭起的教學過程；（3）興趣盎然的作業和指導；（4）意猶未盡的展示和拓展。"2"指：（1）好奇探索的課前學生自主"備課"；（2）深入探究的課後學生自主"回課"。在小學美術新教師的培養中，以"4+2"課堂教學模式為依託，以"名師帶教""名師工作室"為載體，在課堂教學實踐中指導新教師熟悉課堂、研究課堂，在課堂教學中反復磨煉，不斷促進其教學水準的提高，探索適合自己的教學策略。其基本模式是：實踐—研究—總結—再實踐—再研究—再總結。

第十二章 基層美術常規教研活動實施的有效性研究 277

基層美術常規教研活動的有效實施是中小學美術教育教學水準提高的重要保障。當今基層美術常規教研活動存在制度不完善，管理不到位，教研力量薄弱，實效性差，缺乏針對性等問題。有效開展基層美術常規教研活動，必須完善分層分級的美術教研活動的管理制度和保障措施；提升教研員及美術教師的思想觀念、美術專業技能、科研能力；實施有效的教學研討活動。構建基層美術教研活動有效性開展的組織模式：中心組指導模式，四級教研模式，專家骨幹引領模式，城鄉一對一結對模式，坐莊式教學研討模式，一校一品特色創建模式，自主教研和集體教研相結合模式。

01 第一章 緒論

美術課堂問道——美術基礎教育熱點研究

一、21世紀的教育及取向①

21世紀是一個以現代資訊技術發展為核心、以知識經濟為標誌的政治、經濟、科技、文化"全球化"的時代，對於美術教育而言，還是一個新的圖像化的時代，總之，21世紀是一個瞬息萬變的高科技時代，充滿機遇、挑戰和未知。而中國正處於社會轉型時期：從封閉的社會向全面改革開放的社會轉變，從計畫經濟向社會主義市場經濟轉變，從農業社會、工業社會向後工業社會轉變等。中國經濟生活已捲入全球化時代的激流旋渦之中。

國際教育專家指出："現在，教育在歷史上第一次為一個尚未存在的社會培養著新人。"②社會的加速度發展已使人們無法預見今天的學生在其一生中將會遇到什麼問題、需要什麼知識、使用什麼工具、從事什麼職業……但他們必將參與明日世界性的競爭和挑戰，要生存、要發展只有靠他們自己，靠終身的學習、創造和努力！所以"21世紀教育的四大支柱"是：學會學習（learning to know）、學會做事（learning to do）、學會共存（learning to live together）、學會生存（learning to be）③。2001年由教育部頒發的《基礎教育課程改革綱要（試行）》（簡稱為《課改綱要》，把此次"基礎教育課程改革"簡稱為"新課程"或"新課改"）也把"轉變學習方式""學會學習"當作課程改革的首要任務。

"學會學習"就是讓學生能承擔起學習的責任，並努力使自己優秀；運用各種學習策略來提高自己的學習水準和學習效果；對自己的學習過程和學習結果進行反思。④當今社會是一個終生學習的社會，一旦擁有"學會學習"的能力，學生在未來的學習、生活或工作中，就能夠通過反思發現問題、分析問題、找到必要的知識或方法去解決問題，促使自己不斷地進步和發展。

中國目前推行"素質教育"就是在新的國際形勢下對未來人才提出的新要求，其順應了當今世界各國教育改革的大趨勢。

---

① 王大根：《美術教學論》，華東師範大學出版社2000年版。
② 聯合國教科文組織國際教育發展委員會：《學會生存——教育世界的今天和明天》，教育科學出版社1996年版，第36頁。
③ 國際21世紀教育委員會：《教育——財富蘊藏其中》，教育科學出版社1996年版，第76-88頁。
④ 鐘啟泉，崔允漷，張華等：《基礎教育課程改革綱要（試行）解讀》，華東師範大學出版社2001年版，第309頁。

二、視覺文化時代與我們

在文明起源之初，人類莫不依賴圖形（或象形文字）記載文化。隨著"圖"和"文"的發展和分離，二者顯示出不同的功能。早在唐代，張彥遠就在《歷代名畫記》中說過"宣物莫大於言，存形莫善於畫"。"圖"和"文"一貫是人類文化傳播的兩種主要方式。由於傳統印刷技術的限制和科學理性主義的影響，語言文字在文化傳播中始終佔據主導地位。但隨著現代科技的發展，資訊符號媒介的"視覺化"變革使得人類的"資訊符號系統"發生了翻天覆地的變化。

"視覺文化"（Visual Culture）即是"圖像文化"或稱"符號文化"，是指文化脫離了以語言為主導的理性主義形態，日益轉向以形象、影像為中心的感性主義的形態。[1]視覺文化不但標誌著人類文化形態的轉換，而且意味著人類認識方式、思維方式乃至意識形態的轉變。

在當代社會，"視覺"已逐漸取代"讀寫"，成為當今人類傳播資訊的主要媒介，我們從書籍、報紙、電視、電腦、路邊的廣告、路標中，獲得資訊與知識。我們日常生活中所做的許多決定，諸如穿什麼、用什麼等，往往與物件物的視覺特質相關。而許多娛樂形式，如讀書、看漫畫、看電影、玩電腦遊戲、從事戶外活動或參觀美術館等，幾乎無不與"視覺"相關聯，標誌著當今世界已進入"視覺文化"時代。

視覺文化是用圖像的方式對文字加以解釋，因而優越於文字媒界，是現代社會特有的現象，具有鮮活的生命力。視覺文化伴隨著資訊時代、科技時代的到來而到來。它打破了原來以文本文化、文字文化、語言文化為主的傳播文化，呈現出具有視覺意義的文化特徵。

視覺文化關注的是視覺性事件，消費者借助視覺技術從中尋求資訊、意義或快感。所謂視覺技術，是指用來被觀看或是用來增強天然視力的任何形式的器物，包括油畫、電視乃至互聯網後現代是現代主義和現代文化因面臨自身視像化策略的失敗而引起的危機，換言之，它是後現代的文化所帶來的視覺危機，而不是其文本性的危機。誠然，印刷文化肯定不會消失，然而對視覺及其效果的迷戀—現代主義的主要特徵—產生了後現代文化，當文化成為"視覺性"之時，該

---

[1] 王大根："論視覺文化時代的美術教育"，載《清華美術·卷3》清華大學出版社2006年版第3期。

文化則最具後現代特徵。今天的西方哲學和科學對世界的理解，靠的是圖像模式而不是文字模式。新的視覺文化的最顯著特點之一是把本身非視覺性的東西視像化。視覺文化不依賴圖像，而是依賴對存在的圖像化或視覺化這一現代趨勢。視像化不能替代語言性的話語，但卻可以使之更易理解、更便捷，也更為有效。視覺文化把我們的注意力引離結構完善的、正式的觀看場所，如影院和藝術畫廊，而引向日常生活中視覺經驗的中心。然而，我們的絕大多數視覺經驗並不是產生於這些正式的、有結構的觀看時刻。後現代主義標誌著這樣一個時代：視覺形象和不具有可視性事物的視像化，在無明確目標的情勢下急速發展。視覺物不僅是資訊和大眾文化的媒介，它有一種感官直接性，這是印刷媒介望塵莫及的。正是這一特徵使得各種視覺形象與印刷文本截然不同。這與簡單性決非一回事，相反它使人們第一眼看到它時就受到了強烈的衝擊，這一點是印刷文本不可比擬的。[①]

三、視覺文化時代的美術教育

美術是視覺藝術，傳達的是文化，是將文化視覺化、藝術化，是藝術化了的文化。因此不同時代的美術反映了相應的文化。反過來，美術對於豐富、更新和創造文化也起到巨大的推動作用，豐富並促進了文化發展。不同地域、民族和時代的政治、經濟、科技、文化發展都會對美術產生影響，因此，美術不僅是多元的，而且是動態、發展和變化的。

無論中西方，直到封建社會時期，生產水準都相對低下，又受到統治者審美觀的制約，傳統美術形式相對比較統一而單調，美術形式的發展和變化都比較緩慢。

在第二次工業革命的推動下，西方社會進入壟斷資本主義時期，現代工業和科學技術的發展，導致政治、經濟和精神文化生活發生了重要變革，也產生了各種現代哲學思潮，現代主義美術應運而生，反映了當時人們極其複雜、豐富的思想感情或哲學思考，強調標新立異、反對傳統、形式至上、自我表現，從而出現了立體派、未來派、風格派、達達派、超現實主義、抽象表現主義等流派，使美術形態發生了巨大的變化。

[①] 尼古拉斯·米爾佐夫：《什麼是視覺文化？》，王有亮譯，載《文化研究》第三輯，天津社會科學院出版社 2002 年版，第 1-12 頁。

20世紀60年代之後，由於美國越戰的失敗，科技和工業發展的副作用、社會問題突出，並伴隨新思想的出現等，從而產生了反叛現代藝術的思潮，出現多種表達思想和傳遞資訊的新方法，以及代表公眾意識、多元價值觀和自由創造精神的後現代藝術，如大地藝術、裝置藝術、行為藝術、概念藝術、數位藝術等後現代藝術。同時藝術觀念或形式又通過設計和產品影響著人們的衣食住行和生活方式，從而使生活藝術化。

美術（Art）是作者為了表達自己的思想和情感或為了美化生活和環境，用一定物質材料、美術語言和造型手段進行的創造性活動及具有一定空間和審美價值的作品，且以此引發觀者情感上的共鳴或省思。所以，視覺文化時代的美術形態不斷分化又日益綜合，是多元多樣的，有著比以往更多的創作觀念和表現形態。美術既可以描繪和反映客觀現實生活，也可以傾吐和表現主體的情感與思想，還可以創造鬼魅神奇的夢幻世界；美術作品可以是具象的，也可以是意象的、抽象的或概念的；可以是觀賞性的純藝術作品，也可以是大量實用性的建築、工業產品和手工藝品……"美術"已是個形態、門類和風格十分豐富多樣的領域，決不能僅局限於寫實性繪畫等狹小的範圍，而應該引入現代和後現代美術觀，進入更廣闊的創作領域。

因此，視覺文化時代的美術教育也應該是豐富多樣的，要避免重蹈"以訓練寫實性繪畫技法為主要目的"之覆轍，要讓學生廣泛學習各門類的美術知識與技能，更需要瞭解並學習各種現代或後現代美術創作觀念和方法，在借鑒大師藝術語言的基礎上學習美術技法，聯繫現實生活情境開展有意義的美術創作活動，使學習更加有效。

而且，視覺文化時代要關注的不僅僅是收藏於美術館內的經典作品，更要關注充斥於現實生活中的無數視覺物件。如何才能與之對話和交流呢？就像人們需要掌握"讀寫能力"才能看書、讀報、聽廣播一樣，視覺文化時代的美術教育需要培養學生的"視覺讀寫能力"，才能方便地生活在日益視覺化的社會，才能參與各個領域乃至全球性的文化交流。這就是視覺文化時代對美術教育提出的一項全新要求。

四、後現代課程觀的基本理論

　　此次課改為適應21世紀後現代社會發展變化主要藉鑑了後現代課程理論（Postmodern curriculum theory），它是在風靡西方世界的後現代主義、後結構主義哲學的影響下產生的。後現代課程是對現代課程的反省和超越，是目前課程研究的一種主要思潮。美國路易斯安那州立大學課程理論家小威廉姆·多爾（William E. Doll）在其代表作《後現代課程觀》中，從混沌學原理出發，吸收了普利高津（I. Prigogine）的耗散結構理論、皮亞傑（Jean Piaget）的生物學世界觀、自然科學中不確定原理、非線性觀點及杜威（John Dewey）經驗主義思想勾畫出後現代主義課程理論的框架。① （表1-1）

表1-1　後現代課程理論與現代課程理論的主要區別

基本觀點	現代課程理論	後現代課程理論
科學觀	科學的實證主義	反理性的中心主義
知識觀	知識是客觀性的、普遍性的、價值中立的	知識是不確定的、情境性的、價值介入的
課程觀	課程是封閉的、單一的、累積的	課程是開放的、複雜的、變革的
研究範式	科學主義，構造課程圖像，課程開發範式	人文主義，理解和描述，課程理解範式
建構標準	泰勒原理，追求科學性	多爾的"4R"理論和"5C"理論，追求開放性
分析方法	客觀的解釋，科學的分析和說明	解構、重構、再解構的循環過程
課程目標	線性的，追求達成目標	非線性的，重視過程和目標的不斷重構昇華
課程體系	孤立的封閉系統	有機的開放系統

---

①周宗鈔．張文軍：《課程理論的後現代轉向》，載《教育發展研究》，2004（21）第24-28頁。

（一）後現代課程觀的基本理論[1]

後現代主義課程觀是受後現代主義哲學思潮的綜合影響而形成的一個廣泛的課程概念，它具有多元化的特徵。其中，影響比較廣泛的有建構性後現代課程觀、後結構主義課程觀、後現代女性主義課程觀、新馬克思主義課程觀、生態後現代主義課程觀等。

後現代主義課程觀雖然種類繁多，觀點各不相同，但都體現出反對已有的西方現代主義課程觀，具有反傳統、反統一、反永恆的性質。比較有代表性的觀點有：一是討論如何使課程設置注重人與人、人與自然的相互依存的關係並為維持生態服務；二是探討現代主義民主平等思想的實質和局限；三是反思現代主義課程論中封閉的、簡單化的、機械的課程開發和設置方式對人的發展的限制和危害。試圖建立以混沌學和無限宇宙觀為基礎的後現代主義課程觀。

總之，後現代主義課程觀的核心是過程思想和複雜性理論，要求創造探索的氛圍，具有足夠的豐富性、開放性，以便接納豐富的觀點、問題和解釋，學生有更多的機會參與課堂與教學，師生之間有更多的互動和對話，教學語言、教學情境兼具支持性和批判性。

（二）多爾與"4R"理論[2]

多爾是美國路易斯安那州立大學課程與教學系教授，課程理論專案主任，是建設性後現代主義課程研究的代表人物，1993年其代表作《後現代課程觀》出版，在美國國內和國際課程研究領域引起良好反響，被認為是建設後現代主義課程研究的奠基之作。

多爾認為，相比現代主義課程的封閉系統、簡單結構和累積變革等特徵，後現代主義對課程的影響有：

1."開放系統"，從外在環境中不斷汲取變動的物質和能量作為回饋，以促進內部的轉型和更新。

2."複雜結構"，意味著反對簡單的、二元論的、機械論的宇宙觀。在複雜系統中，課程的專門化和分離不斷受到挑戰，課程需要被置於整體型的、互動式

---

[1] 徐瑞：《後現代課程觀的理論創新與不足》，載《教育發展研究》，2010（18），第26頁。
[2] 小威廉姆·E.多爾：《後現代課程觀》，王紅宇譯，教育科學出版社2000年版，第248-261頁。

的網路之中。

3."轉型變革"，錯誤不僅是發展過程難以避免的組成部分，而且是系統自組織的契機和源泉。轉型變革包括內在性、自發性、不確定性等特點。

多爾描述後現代課程是生成的，而非預先界定的；是不確定的，但卻是有界限的。尋求在"過程"中借助反思"自組織"自己的課程，即"4R"課程。

"豐富性"（richness）是指課程的深度、意義的層次，多種可能性或多重解釋。要促進學生和教師的轉化和被轉化，課程應具有適量的不確定性、異常性、無效性、模糊性、不平衡性與耗散性。課程怎樣才能既激發創造性同時又不會失去形式或形態的適量，這一問題要不斷地在學生、教師和課本之間予以協調。課程內在的疑問性、干擾性、可能性不僅賦予課程的豐富性，而且具有存在的意義。學校裡主要的學科有其自身的歷史背景、基本概念和最終定義，因而每一門學科應以自己的方式解釋其豐富性。

"回歸性"（recursion）是指"一個人通過與環境、與他人、與文化的反思性相互作用形成自我感的方式"。它是由再次發生（recur）的詞義衍生而來，在回歸的課程中，無固定起止，每個終點都是一個新起點，每個起點都是從先前的終點中浮現。回歸與重複不同。重複是現代主義方式的重要因素，旨在促進預定的表現。回歸旨在提升發展能力——組織、組合、探究、啟發性地運用某物的能力。"回歸性反思"是轉化性課程的核心，而"對話"（讓他人——同伴或教師考察、批評並對自己的行為做出反應）是回歸絕對必要的條件，沒有由"對話"引起的反思，"回歸"就會變得膚淺而沒有轉化性。

"關聯性"（relationality）對後現代轉變性課程具有教育和文化的雙重意義。前者可稱為"教育關聯"，指課程中的觀念、文本、教師、學生、媒體等諸多因素互動而組成的龐大網路，即不同學科之間的相互聯繫和同一學科前後內容之間的聯繫；後者可稱為"文化關聯"，指課程之外形成的課程的母體在文化上的各種連接。把課程與其產生或賴以存在的背景相連，考查其地域性、歷史性、民族性，並把它與存在於其他背景的相似文化進行聯繫。文化的詮釋使得局部的文化相互關聯，整合成一個擴展到全生態、全宇宙的母型。詮釋的主要方式是描述和對話，描述提出了歷史、語言和場所的概念，對話將這三者聯繫起來，為我們提供一種本源上是局部的，但經由相互連接而形成的全球文化。

"嚴密性"（rigor）是四個標準中最主要的，它與 20 世紀強調的嚴密性——

學術邏輯、科學觀察、數學精確性不同，強調從組合的角度界定嚴密性——解釋性和不確定性組合。第一，嚴密性是指有目的地尋找不同的變通方案、關係和連接；第二，嚴密性指有意識地努力尋找我們或是他人潛藏的固有假設，並在這些假設中展開磋商和對話。它把確定性與不確定性統一起來："不確定性"意味著選擇的多樣性與系統的開放性；"確定性"意味著每一種觀點都有特定的假設和背景。

後現代主義課程研究具有以下特點：第一，尋求課程理解。將課程看作一種社會和文化演化現象，嘗試從多角度理解、詮釋、談論複雜問題或話題，用聯系的觀點審視教育現象，從已有的文本中創造出新的文本。第二，反對課程領域中的技術理性。第三，重視理論性和研究性。強調研究需要暫時中斷與課程實踐的聯繫，面向課程事實本身，洞悉課程本質，探討課程意義。第四，關注學習者的自我意識和創造性。承認和強調學生的組織、建構和構造能力，並把它們視為課程的關鍵價值。第五，重視整體觀和聯繫觀。強調在一定意義的整體環境和相互關係中對事物、物件和問題進行審視，反對割裂、孤立和非歷史性的態度。第六，主張教師應和學生共同作為課程的開發者，課程建設應通過參與者的行動和交互作用形成。後現代課程理論雖然表現形態各異，甚至還沒有嚴密的理論體系，但對現代課程理論有著突破與超越性的意義。

然而，現代課程理論是 20 世紀早期，受科學研究方法、心理學、兒童研究運動、工業效率論、進步主義影響而形成的關於課程編制、課程模式的理論。泰勒進行了八年課程實踐研究，在總結借鑒以往課程理論和吸收心理學、哲學研究成果的基礎上，形成了最具代表性的"泰勒原理"，對國際社會產生了廣泛的影響。現代課程理論具有可操作性強的特點，課程的開發、實施和評價具有明確的程式和要求，早已為廣大教師所熟悉。所以，後現代課程理論還遠未成熟，無法馬上完全取代現代課程理論和方法。在今後一定時期內，將處於多元課程理論並存的狀態。

02
第二章

小學美術課堂
示範教學實效性探索

美術課堂問道 — 美術基礎教育熱點研究

第一節 研究問題

一、問題的提出

1.美術新課程改革中有一條基本理念：引導學生在廣泛的文化情境中認識美術，美術學習絕不僅僅是一種單純的技能技巧的訓練，而應視為一種文化學習。基於此，多年來美術教師都在探求新的方法和路子，為了把美術作為文化學習，不少教師忽略了示範教學在美術中的運用，針對小學美術教學要不要"示範"出現了百家爭鳴的狀態。有些美術老師認為需要示範，理由是小學生缺乏相關經驗和技能，沒有示範他們可能無從下手，需要從上課教師的示範中學習和掌握一些美術創作的基本技法。還有一些老師則認為不需要示範，理由是教師的示範會阻止學生創造性的發展，容易產生固定思維模式。"模仿式"的教學會導致依葫蘆畫瓢，作品千篇一律。示範就等於給學生上了枷鎖，也不利於學生創新意識的培養。兩種觀點似乎都有一定道理，由此形成的亟待解決的問題讓很多美術老師處於兩難境地，不知示範好還是不示範好，到底怎樣示範好。

針對上述情況，我們擬研究的問題：小學美術課堂示範教學該怎麼理解？到底需不需要示範？

2.從回歸美術學科的本位來看，很明顯突出了兩個特徵，即："美"——審美，"術"——技術，二者缺一不可。以小學美術教材為例，如果我們瞭解教材內容就會發現：有些課程涉及了明顯的技法，多數課程隱含著美術基本技能技法的學習，無疑在告訴老師們課本中的技法學習也是課程內容之一，教師要做相關示範與引領。因此，教師不僅要教會學生審美，還要引導學生掌握美術學習的技術與方法。從某種意義上說，教師的示範就直接體現了美術課堂的特徵。然而在示範的過程中，我們經常會看到一些盲目示範的現象：教師過分的"手把手兒教"，在示範過程中毫無取捨地把整個示範過程展現出來，根本不顧及學生的感受，也沒有真正考慮自己示範的必要性和科學性。顯然這樣的課堂依然是教師的"一言堂"，學生只是充當了被動接受的"容器"。產生了很多缺乏針對性、低效、甚至無效的課堂示範，大大影響了美術課堂教學的品質。由此形成的基本問題：不清楚小學美術課堂示範教學的基本原則。

針對上述情況，我們擬研究的問題：小學美術課堂示範教學應當遵循的基本原則是什麼？

3.在小學美術課堂的實際教學中，有教師缺乏示範教學的策略和方法，於是課堂示範便漸漸少了起來，教師"動口不動手"的現象屢見不鮮。有教師乾脆放棄親自示範；還有的示範教學流於形式，忽略學生的學習效果，忽略學生的實際需要，過於強調學生的主體性，削弱教師的主導作用。示範教學過頻或過少，都會造成示範教學實效性的缺失。由此形成的基本問題：示範教學形式單一，缺乏示範教學的策略和方法，造成示範教學實效性降低或者無效，甚至起到反作用。

針對上述情況，我們擬研究的問題：如何豐富小學美術課堂示範教學的形式，找到示範教學的策略和方法，提高示範教學的實效性。

二、本題研究的意義

本課題的研究意義之一：以新課程理念重新詮釋"小學美術課堂示範教學法"，讓一線教師對美術課堂示範教學有正確的認識，脫離對示範教學概念的狹隘理解，偏頗認識。通過相關理論研究和實踐運用，證明示範教學在小學美術課堂的實際教學中是提高課堂教學品質，提升學生美術素養的必要手段，美術教師要大膽運用這一方法。

本課題的研究意義之二：通過理論聯繫實踐的研究，為小學美術課堂示範教學找到可遵循的基本原則，用於指導教師實際運用，提高示範教學的實效性。

本課題的研究意義之三：在先進教學理念和創新實踐中歸納小學美術課堂示範教學的形式和方法，在一線教學中提煉、總結小學美術課堂示範教學行之有效的實施策略和方法。

本課題的研究意義之四：通過小學美術課堂示範教學的改革實踐，促進課堂教學實效的提升，促進美術教師專業素質和教學能力的提高，從而更進一步促進課堂教學品質的提高，形成教學相長、共同提高的良性迴圈。推進基礎教育美術課程改革的縱深發展，為小學美術教育積累寶貴的實踐經驗。

三、本問題國內外研究的現狀

課題組通過圖書館、中國知網、超星電子圖書等多種手段，對中國乃至國外教育領域"小學美術課堂示範教學"和相關研究進行查閱，瞭解的相關研究現狀：

1.除西安市基礎教育課題研究開展過"小學美術教學示範有效性研究"（但屬於班級個案研究，研究面不廣），沒有專門機構或課題組對"小學美術課堂示範教學"開展過系統研究。

2.有部分一線教師對小學美術課堂示範教學進行過個體研究，對美術示範教學的利或弊在論文中提出了自己的一些觀點和意見，有的對美術示範教學的方法提出了自己的一些經驗做法，還有的提供了一些美術示範教學的實際課例。但他們都是小角度提出一些實踐觀點或方法，沒有系統的對小學美術課堂示範教學的基本概念、應遵循的原則、提高實效的形式和方法、實施示範教學的有效策略等問題進行深入研究，也缺乏相關研究成果。

3.浙江省海鹽縣秦山中心小學曾經對"小學美術教學中教師"點·面"示範的實踐與研究"課題進行了深入的專題研究。一是提出了"點·面"示範的概念；二是對教材中"步驟圖"的呈現形式、實施策略進行了研究；三是對"點·面"示範的多樣性進行了研究；四是對"點·面"示範的操作性實施了研究。但這個課題僅僅是對小學美術課堂示範教學提高實效性提供了一個小點的研究，仍然缺少全面性和系統性。

四、相關概念界定

示範是美術課堂教學必要的教學方法之一。每個人觀察角度不同，對示範認識和理解不同。

1."示範"是指做出某種可供大家學習的典範。

2."美術課堂示範教學"，具體是指美術教師在課堂上實際地操作工具和材料，使用美術的語言和形式，顯示完成、製作美術作品的過程、方法和技巧。

3.新課程改革理念下的"示範教學"不再局限於傳統意義上的美術教師單一的示範講解，局限於由教師指向學生的單向交流，局限於完成美術作品技能技巧的示範，它的內涵和外延都在隨著時代的發展不斷豐富。

第二節 研究的路徑

一、研究思路

（一）主要觀點

1.新課程理念下，美術課堂示範教學不再是傳統意義上的單一的教師講解示範，而是將單一的教師講解示範變為：講解、討論、示範、觀摩、互評等多向交流的形式。

2.美術學科既是一門藝術學科，同時也是一門技術性很強的學科。在強調審美能力培養的同時，要讓學生掌握發現美、創造美的基本的技能，所以我們不可忽視示範教學的重要性，有效的美術課堂示範教學是提高課堂實效性的重要策略。

3.因材（學生群體、個體需要和課程目標需要）實施小學美術課堂示範教學，可以提高示範教學的實效性，從而提高課堂教學實效性。

（二）基本思路

本課題以行動研究法為主，輔以文獻法、調查法、經驗總結法等。第一，從一線教學實際入手，通過調查問卷，瞭解到學生的真正需求。通過文獻研究，結合課堂實際，歸納美術課堂示範教學法的新內涵及實施的基本原則。第二，深入小學美術課堂，從不同類型的課程教學情況出發，結合學生發展需要，從教師課堂示範教學運用實際情況、實效性等方面入手，展開研究，從實踐探索中總結出有效實施小學美術課堂示範教學法，提高課堂品質的多種方法和操作策略。

（三）主要流程

研究的主要流程是調查研究—文獻研讀—詮釋內涵—探索策略—實踐嘗試—總結經驗—提煉成果。

二、研究方法

本課題的研究以理論研究為指導，以應用研究為主體；堅持局部研究與整體研究相結合，突出整體研究；個案研究與綜合研究相結合，強化綜合研究；定量分析與定性分析相結合，堅持二者並重的原則。採用文獻分析、調查、實驗的研究方法。其中，以課堂實踐運用為主要方法。本課題研究的途徑是在理論研究的引導下，進行應用研究與實踐研究，並把本專案的研究與正在實施的"國培計劃—中西部農村美術教師培訓""《義務教育美術課程標準》實施培訓"等項目相結合。

在對美術新課程實施、教學課堂現狀調查研究的基礎上，充分考慮基礎教育美術新課程改革實施與構建實效課堂的要求，結合地區資源、師資的實際，尊重美術新課程實施的特點和發展規律，整合國內外小學美術課堂教學相關研究和我國新課程實施的經驗，對小學美術課堂示範教學問題和現狀進行分析和研究，從而構建高效、實用的，具有創新性與美術新課程實施理念相適應的小學美術課堂示範教學方法、策略。

三、研究的創新點

1.運用新課程改革、新課標理念重新詮釋"美術示範教學"的概念。
2.通過實踐歸納出"小學美術課堂美術示範教學"的基本原則。
3.探索、實踐、歸納小學美術課堂美術示範教學的實效形式和方法。
4.探索、實踐、歸納提高小學美術課堂美術示範教學實效性的策略。

四、研究過程

課題的研究過程大致分為三個主要階段：第一，選題論證階段；第二，實施研究階段；第三，成果梳理階段。

（一）選題論證階段

2012年4月7日至12日，本人有幸參加四川省中小學教學名師首輪培養活動，聆聽了曹正善教授題為"教育研究的逆向設計"、林木教授題為"我們如何做科研"、陶旭泉教授題為"怎樣選擇美術科研課題"的精彩講座，深受啟發。我根據在基層學校多年的教學實踐，拿出了自己帶來的"小學主題化教學設計策略探索""小學美術課堂示範教學實效性探索"等幾個課題選項，請專家教授指導。在陶旭泉教授、林木教授、汪清教授、馮恩旭老師的指導下，選擇了"小學美術課堂示範教學實效性探索"課題。通過資料查證、文獻學習等精心準備，順利通過了課題論證答辯，被省教科所正式列為"名師專項課題"。

（二）實施研究階段

1.研究準備。2012年4月，爭取縣教體局和學校支持，在全縣範圍內選拔優秀教師組建研究團隊，聘請指導專家。然後組織研究團隊圍繞研究問題查找文獻資料，開展理論學習，制定翔實研究計畫，撰寫課題申報書。

　　2.調查研究。為了深入瞭解小學美術課堂示範教學的現狀，得到課題研究第一手資料，課題組決定對全縣小學生進行一次調查研究，從學生對示範教學的需求展開調研。但是涉及學校面廣、學生人數多、學校佈局分散、網路調查受條件限制等實際問題，課題組成員一度感到棘手。恰巧，縣教體局例行對全縣小學藝體素質抽測，課題組請示局領導後，得到大力支持。我們利用素質抽測後的空餘時間，對當天接受抽測的四年級學生發放了調查問卷，開展了調查研究，獲得了研究資料。

　　3.理論學習研究。在研究過程中，借助全縣美術教師培訓的契機，我們聘請到了省教科所專家馮恩旭老師到射洪縣，給全縣美術老師做了"新課程理念下的美術教育"專題講座，還請馮老師給課題組成員做了交流指導。我通過名師培訓途徑，向四川師範大學陶旭泉教授學習相關理論，並帶回家鄉，通過開題報告、交流討論等形式給課題組成員做了交流學習。組織課題組成員通過圖書查閱、網上學習等形式開展理論學習。

　　4.專家指導。在兩年的研究過程中，我們先後聘請了市教育局、教科所的領導和專家，縣教體局的領導和專家為課題組成員做指導。2013 年 9 月，借名師培訓的機會，我帶著課題研究的中期報告，在四川師範大學得到陶旭泉教授和馮恩旭老師對課題的親自指導，得到來自全省各地美術名師對課題的寶貴建議。就是在這次指導活動中，我採用陶教授的建議，將階段成果——教學論文《小學美術課堂示範教學的基本原則》改成了《小學美術課堂示範教學策略》。

　　5.課堂實踐研究。該課題主要實施方式是課堂研究，深入課堂是我們的第一要務。在研究過程中，課題組面臨很多實際困難。首先是課題組成員都是不同學校的一線教師，大家都要上課，難於集中時間出去深入課堂；第二是課題組成員集中在少數幾個學校，深入的課堂不具有廣泛代表性；第三是對同一課例難以集中所有課題組成員一起研究；第四是課題組成員開展集中研究的經費沒有保障。針對以上幾個困難，我帶領課題組成員群策群力，積極建言獻策。大家想到了一個很好的辦法，我們的做法是爭取局領導和學校支持，把課題研究活動和全縣、全市小學美術優質課競賽活動結合起來開展，把課題研究活動和全縣、全市美術教師培訓活動結合起來，把課題研究活動和送教下鄉活動結合起來。這樣一來，全縣各鄉鎮要參加的競賽課，課題組成員在局安排下都集中去指導研究；教師培訓會上要上的示範課，課題組成員都集中到教師所在學校去打磨指導；全市的優質課競賽，課題組成員都集中前往學習研究；送教下鄉的課，課題組成員都集中研究指導；推選參加省級賽課的教師，課題組都集中給予研究指導。這樣深入課堂的研究，第一，解決了課題組成員統一集中時間的問題；第二，是解決了研究的學校、課型不具有廣泛代表性的問題；第三，是解決了對同一課例，所有課題組成員無法都參研的問題；第四，因為是主管部門統一安排的活動，又解決了課題組教師出去參與研究的經費問題。當然，我們在研究過程中還面臨了許多其他困難，比如，由於地域原因，不能得到更高層次專家教授親自指導的問題，研究團隊的研究能力問題，課題組教師出成果少等問題，我們都通過網路學習、電話求助等予以克服。

（三）成果梳理階段

在成果梳理階段，課題組成員分工合作。一是整理收集研究過程資料；二是將研究成果彙編成冊，規範裝訂；三是積極撰寫結題報告；四是填寫各類報批表。

第三節 研究成果

一、研究成果呈現

（一）認識成果

1.示範教學是遵循美術教學直觀性原則的根本要求，是展示美術學科特點的主要方式，是小學美術課堂教學的基本方法，是達成美術課程三維目標的基本途徑。因此，小學美術課堂教學必須示範。

2.新課程改革理念下的"示範教學"不再局限於傳統意義上的美術教師單一的示範講解、教師指向學生的單向交流、完成美術作品技能技巧的示範，它的內涵和外延都在隨著時代的發展不斷豐富。

（1）現代教育理念下的示範教學內涵：教師演示講解、師生討論交流、作品賞析探究、作業展示評價等，各種學生能夠獲得美術素質提升的多向交流形式，都稱之為"美術課堂的示範教學"。

（2）現代教育理念下的示範教學外延，它包含兩個最基本的方面：一是"美"的示範，即如何"欣賞美"的方法示範；二是"術"的示範，即"創造美"的技術示範。

（二）操作成果

1.提高小學美術課堂示範教學實效性的"六大原則"：

①針對性原則；②直觀性原則；③靈活性原則；④適時性原則；⑤適度性原則；⑥啟發性原則。

2.提高小學美術課堂示範教學實效性的"六大策略"：

①提高素質策略；②激情激趣策略；③創新模式策略；④預案設計策略；⑤方法優化策略；⑥學會放手策略。

3.提高小學美術課堂示範教學實效性的"六大方法"：

①裸課示範方法；②趣味示範方法；③創意示範方法；④殘缺示範方法；⑤後置示範方法；⑥微格示範方法。

附 1：提高小學美術課堂示範教學實效性"六大原則"的教學論文

小學美術課堂示範教學的基本原則

李祥武（該成果榮獲遂寧市第19屆教學論文評選一等獎）

[內容摘要]：小學美術課堂示範教學的內涵豐富，形式多樣。我認為小學美術課堂示範教學應合理施行，遵循一定的基本原則，若不然可能拔苗優長或欲速不達，影響學生的正常發展。小學美術課堂示範教學應當遵循針對性原則、直觀性原則、靈活性原則、適時性原則、適度性原則、啟發性原則。

[關鍵字]：針對 直觀 靈活 適時 適度 啟發

美術是一門技術性和實踐性很強的學科，教師可以通過生動具體的示範教學，使學生的眼睛直接觀察到美術作品誕生的步驟，以及在這一過程中所示範出來的動作、技法，從而獲得鮮明、生動、深刻的印象，並形成專門化的感知覺。若是沒有這種直觀的感受，將無法理解美術的知識和造型操作過程。在諸多教學方法中，示範教學，便於學生觀察、理解、模仿，這是其他任何教學手段所不能比擬的，示範教學在美術教學中發揮著主要的作用。

小學美術課堂示範教學的內涵豐富，形式多樣。隨著教育改革的深入發展，各類美術教育文獻對美術課堂示範教學的方法介紹很多，但很多教師在實踐運用中理解片面，牽強附會，效率低下。我認為小學美術課堂示範教學應合理施行，若不然可能揠苗助長或欲速不達，影響學生的正常發展。本文結合相關美術教育理論，借鑒他人經驗成果，在作者教學實踐的基礎上，探討小學美術課堂教學中教師採用示範教學方法提高實效應當遵循的基本原則，以利於更好地發揮示範教學方法的作用，指導美術教學。因實踐運用和課題研究需要，文中將很多他人經驗成果進行了研究、分類、歸納、總結，得到本篇拙文。不當之處，請批評指正，念在本人對美術教育事業的一片赤誠之心，敬請海涵。

一、示範教學的針對性原則
（一）針對具體的教學內容需要，增強示範教學的目的性

課程標準是我們實施教學的指導性、綱領性檔。美術教材是根據課程標準精心編寫而成。因此美術課程標準、美術教材是我們實施美術課堂教學的主要載體。教師為了更好地完成每節課的教學任務，達成每節課的教學目標，進而達成美術課程標準規定的各學段目標，最終達成課程標準的總目標，就需要認真鑽研課標和教材，精心選擇教學方法。美術課堂教學中，示範教學法是最直接、最常用的方法之一，因此，不同類型的課堂要合理實施示範教學，示範教學必須根據教學任務的實際需要，有目的、有針對性的選用，示範教學目的明確，有利於解決教學重、難點。示範是教學的手段，它本身不是目的，不能為示範而濫用示範，只能在完成教學任務需要它時，才恰到好處地選用示範手段。美術課程內容包括"造型表現""設計應用""欣賞評述""綜合探索"四個學習領域。其中，"造型表現""設計應用"和"綜合探索"學習領域技能性較強，多可採用示範教學，"欣賞評述"學習領域較少採用示範教學。在一些比較注重美術技法和技巧的課程中，應該更多地運用教師示範，通過教師的示範，可以縮短學生盲目自主探究的過程，從而提高教學效率。而在一些更加注重創意的課程中，則不太需要教師示範，要把精力放在拓展學生思維的方面。

（二）針對學生具體情況、實際水準需要，增強示範教學的科學性

美術教材的內容編寫，知識點和技能訓練點的編排，一般考慮了大多數地區學生的普遍水準。在美術教學中，不同地區、不同班級的學生具體情況和實際水平各不相同。根據《課標》精神，美術教學一定要根據本班學生實際水準的普遍情況選擇示範教學方法。同樣的教學內容，對於經濟相對發達的城市學生可能不需示範，要示範就得提高要求進行示範；對於認知水準較落後的農村學生就需要示範，有時還需要降低要求示範。

對同一個班的學生而言，實際情況和水準也不盡相同。教學中，需要全班整體示範的要加強示範教學，對認知水準較低的學生可以採取小範圍或個別示範。對認知水準較低的後進學生即使能夠模仿教師的示範作品，也算是一種成功。他們這樣做雖然沒有達到創造的高水準，但是通過模仿教師的範作，也達到了掌握教學目標的目的。只要他們掌握了這種美術的技法和技巧，隨著他們認知水準的逐漸提高，就可以利用這種技法進行藝術創作。所以，學生對於教師示範作品的模仿也不能一味認為是教學的失敗，要根據學生的認知水準來判斷。而對於優等生和中等生，則要引導他們在欣賞瞭解教師示範作品的基礎上，進行自己的藝術創作。

　　所以，教師示範教學要面對全體同學，承認學生的個性差異，要因人而異，進行多層次示範，促進學生個性化成長，不斷增強美術課堂示範教學的科學性。在教學過程中要搞好調查研究，瞭解學生的具體情況，從實際出發，遵循大面積提高美術素質與因材施教、發展個性特長相結合的原則。這樣就給基礎好的學生一個創造的天地，增強了創造意識，使他們求異思維、激發想像、激發創作的情感得到發揮，並照顧到個別學生，體現了個性化教學。

　　（三）針對學生身心發展規律需要，增強示範教學的層次性

　　兒童認知規律和身心發展規律是美術教學必須遵循的規律和原則。小學美術課堂採用示範教學必須符合兒童身心發展的認知規律，不同年齡段科學實施"示範教學"，示範教學應當根據學生年齡特點具有一定的層次性。比如，中國畫的學習，在第一學段，根據學生身心特點和認知規律，握毛筆較困難，對筆墨知識理解和掌握十分困難，可以安排用毛筆劃畫塗塗的遊戲。教師的示範教學當為自由地用毛筆劃線、塗抹。學生能夠認識毛筆，對毛筆劃出的線條有初步的感知和認識即可。在第二學段，根據學生身心發展和認知水準，示範教學可以讓學生正確握筆，使用毛筆，學習用毛筆劃出變化豐富的線條，對墨色變化有認識和理解，可以安排彩墨遊戲教學。示範教學可以是怎樣用筆，畫出變化豐富的線條，怎樣用墨，畫出墨色豐富的變化。到了第三學段，學生認知水準進一步提高，手腕、指關節等機能相應提高，可以初步學習花鳥畫、山水畫。示範教學可以是怎樣具體用筆，簡單的線條表現，如勾畫、皴法等，怎樣用墨、墨色濃淡變化及控制等方法。當然，兒童身心發展和認知規律發展個體有差異，不盡相同，教師要時刻根據實際情況做出示範教學的調整，以適應學生的不同年齡層次。但總體來說不

能違背兒童身心發展和認知規律開展示範教學，比如，低段中國畫教學就要求學生學習筆法、墨法、筆墨水分控制，學習遮擋、透視、明暗等造型表現是不恰當的。因此我十分反對小學生學習明暗素描，技術的東西在學生達到一定的認知水平和身心發展能力後，掌握起來非常快，而不是在認知水準和身心能力未到時強加訓練。

對於低年級，如果有較難的和學生動手能力差的學習內容，教師在採用示範教學時，不妨試著帶領學生學習。如初學中國畫，教師可以從握筆、吸墨、調筆、落筆、運筆等邊示範講解，學生邊跟著做。學生看得明白，學的真實，能較快地掌握技法。再如，低年級學習剪紙，如對稱折剪、百變團花等內容，不妨教師邊示範折法、剪法，邊帶領帶領學生跟著實踐。高年級的學生無論質疑、解疑能力，都比較強。他們思考問題有了一定的深度。因此，在教學時，教師只需根據教學目的，師生共同參與示範教學活動，不妨讓學生自己探索一些知識和技法，教師再進行一些科學的示範，在一些人物造型，形象設計，構圖等方面略做點撥即可。

二、示範教學的直觀性原則

（一）示範教學的典型性和說服力

小學生在一堂課中的注意力集中時間和吸收能力是很有限的，因此我們在小學美術課堂教學中，採用示範教學，要目標明確，直奔主題，必須以抓住重點、突破難點為點睛之筆，做啟發性、引領性的示範而不是處處示範，示範要具有典型性。

示範教學的運用，要"示"在點子上，"範"在關鍵處。"示"在點子上，就是要在教學的重點和難點上做文章，"範"在關鍵處，就是要為學生本堂課的創作提供關鍵性的技術支撐。這樣的示範教學才具有直觀性，對學生才能更好發揮示範作用。

小學生學習的興趣和動力，不是來自什麼遠大理想和抱負，學習的目的性和功利性很弱，他們的興趣動力大多來自於"親其師而信其道"。 如果教師具備深厚的專業功底，有瀟灑的畫風，有獨特的創作精神，不僅能博得學生深深地敬佩，還將對學生的創作產生較大的影響。一個個專業過硬的美術老師得到學生的崇拜，這正是源自示範的魅力。因此教師運用示範教學，一定要精彩，具有一定的說服力。教師只有具備了深厚的專業功底，課前做了充分醞釀準備，才能在課堂上直接示範，嫻熟高超的技法給學生以直觀地展示，才能對學生產生極大的說服力和征服力，這樣的示範教學就會事半功倍。

（二）示範過程的清晰性和邏輯性

再科學的"示範"學生視覺接觸不到或接觸模糊，那"示範"就失去了意義。因此教師採用直觀演示時，不能遮擋學生視線，要想盡各種辦法克服學生的視覺盲區。清晰的示範過程，還要求教師的直觀演示簡潔明瞭，不能"拖泥帶水"。首先，示範的時候，要直接剖析技法原理。特別在中國畫教學中，我在示範過程中，先對墨法的形成與展示效果進行了簡單科學的剖析，並讓學生在模仿操作中自己體味探究，增強理解力。剖析明瞭後，學生模仿接受更深入。這就要求教師不僅要吃透將要示範的技法原理，還要能將原理和示範巧妙融合。其次，示範要有邏輯性。教師的示範自己一定要對全過程清楚，不能"含糊不清"，要步驟清晰，合乎邏輯。比如，在教學國畫課的時候，教師要把每一步的設想告訴大家，然後利用投影儀將用筆、調色的方法清楚地展現在學生眼前，利於學生掌握知識技能。

另外，示範後要有讓學生理解、消化、和實踐的時間。有些課上，示範教學完成過程、學生實踐過程，都是為趕著最後的圓滿結課，匆匆忙忙，之後學生還是一團霧水。所以，在示範教學後，最好留給學生一定的時間，把看到的步驟和方法捋一捋，增強示範教學的直觀性功能。

三、示範教學的靈活性原則

多元化教學是現代教學的又一個突出特點。實踐證明教學方法必須實現多元化，才能更好激發學生學習興趣，提高教學品質。因此，示範教學這一古老而傳統的教學方法，也賦予了新的豐富內涵，呈現出多元化格局。現代美術教育的內涵和教學方法日趨豐富，示範教學作為一種傳統的美術教學方法，在國家實施新課程改革以來，其內涵和形式也不斷豐富和發展。本文以尹少淳在《美術學習方式與方法》中定義的"示範是指示範者實際地操作工具和材料，顯示完成一項工作或製作一件東西的過程和方法"作為基礎概念，衍生出本文所論之"示範教學"的定義。傳統的示範教學，是指教學者為達成教學目標而採用親自示範的方法，具體是指"美術教師在課堂上實際地操作工具和材料，使用美術的語言和形式，顯示完成、製作美術作品的過程、方法和技巧"。在新時代背景和新課程理念下，美術課堂的"示範教學"不再是傳統意義上的講解、展示方法和技巧、製作完成美術作品的教學方法。美術屬於視覺藝術，即是用眼睛去觀察、用心去體會、感受、分析和創造美術作品的藝術過程。美術課堂中通過教師的講解、師生之間或學生之間的討論、教師的演示、學生的展示、觀摩、互評等多向交流的教學方法，使學生獲得觀察、體會、感受、分析和創造美術作品的知識、方法、步驟、技能技巧的過程都可以稱作"示範教學"。因而示範教學的形式豐富多樣，示範教學的方法多種多樣，在教學中一定要具體情況具體分析，靈活選用。

（一）示範教學形式的多樣性

小學美術課堂示範教學，示範教學的形式多樣，教師要盡可能地在課堂中選用多種形式的示範，讓學生用多種感官感知事物，不僅讓學生看到，而且讓學生聽到、嗅到、摸到，豐富學生的感性認識，提高示範教學的實效性。

根據示範教學的目的來說，大致有：欣賞性示範（強調對美術作品的內容、過程和技法等單純的欣賞的美術課堂示範）；臨摹性示範（為學生臨摹需要而進行的美術課堂示範）；補充性示範（為了補充說明概念、技法或特點而進行的美術課堂示範）；修改性示範（為修改錯誤或完善作品而進行的美術課堂示範）；啟發性示範（通過對美術作品的內容、過程和技法的欣賞，強調啟發學生思維的美術課堂示範）。

根據示範教學的手段來說，大致有：繪畫示範（指的是教師在課堂上使用粉筆、毛筆、蠟筆等作畫工具和材料，用繪畫的方式進行的美術課堂示範）；製作示範（指的是教師在課堂上使用紙、板、泥、石、刀等製作工具和材料，進行現場製作的美術課堂示範）；操作示範（指的是教師在課堂上使用電腦、相機、攝影機等操作工具，進行現場操作的美術課堂示範）。

根據示範教學的程度來說，大致有：完整示範（教師將美術作品的過程、方法、技巧等全面、完整展現出來的美術課堂示範）；局部示範（教師將美術作品的過程、方法、技巧等部分展現出來的美術課堂示範）；零示範（教師對美術作品的過程、方法、技巧等完全不示範）。

（二）示範教學方法的多樣性

教學是一種創造性的勞動，作為美術教師，應該更新觀念，以全新的眼光看待問題，注重美術示範教學方法的創新，把傳統偏重於技巧技能的訓練轉變為側重於創造性思維的訓練，為傳統的示範教學方法注入新的內涵，只有這樣，學生的創造潛能才能得以更好地培養發揮，才能提高示範教學的實效性，紮實有效地實踐課程改革，深入推進素質教育的發展。

在欣賞性示範教學中，教師提供的名家作品、教師作品、學生作品等範例，首先是要恰當，其次是圖片、多媒體課件、實物標本、模型等呈現形式要清晰，關鍵是要在教師講解分析、師生共同探討評析、學生相互討論、學生單獨分析等方法中選用切合實際的欣賞示範教學法。

在演示性示範教學中，可以選用名家錄影或到現場演示、教師課堂現場演示、多媒體教學演示、同齡學生現場演示等方法。容易的不要示範，以免束縛了學生的創造意識。示範可以全示範、半示範、點示範，也可以面向全體、部分、個別示範等。

在具體開展示範教學過程中，可以選擇教師先示範，學生再實踐；可以選擇學生先探索實踐，教師再示範；可以選擇學生跟著老師同時操作實踐；還可以選擇學生實踐時，教師個別示範；甚至可以選擇零示範。當然這些方法都是靈活選用，各種方法也不是孤立的，可以綜合使用。

四、示範教學的適時性原則

適時策略包括示範教學的時機和時長。教師在美術教學工作中精闢地講述相關理論知識、做好示範，在實施課堂教學示範時應當掌握好時機，在學生最需要、最易於接受的時候進行，避免過多過濫，更應防止學生對教師形成依賴思想。

（一）在精闢講述理論的基礎上，適時示範

示範時機和教學效果密切相關。學生集中精力聽課時，大腦皮層出現聽課的優勢興奮灶。如果示範過早，學生就會不自覺的造成興奮灶的轉移。當學生聽覺興奮灶轉移到視覺上，這就剝奪了聽覺區的耗能量，從而分散了聽課的注意力，教師講授的內容就容易被忽略。在美術這一以操作為主的課程中，學生更願意把注意力集中在手的動作上，從而口授用於指導實踐的重要理論知識變成了最薄弱的部分。示範過遲，也會降低效果。因講述中心已過，教師一般不再詳細講述這些內容，而使講述內容與示範脫節，達不到應有的效果。因此，示範的時機應恰當，同時還要注意示範的順序，注意技法難度的局限性，要先易後難、先簡後繁，可以調動學生思維過程的遷移能力，自然地接受所有示範的內容和加強技法步驟的理解。

（二）發現問題，及時給予學生指導

學生在完成美術作業的過程中難免會出現這樣那樣的問題，如構圖、造型、比例、著色等。教師一旦在作業中發現有此類問題，應及時向學生指出，並指導學生修改，講清其中的道理。學生親眼看到作畫的全過程，才能真正領會，特別是對學生即時提出的問題，教師當場示範才能讓人茅塞頓開。如果在課堂中普遍存在的問題，教師應向全體學生反覆指出，並分析其中出錯的原因，並再次示範。這樣就可以使學生出現的問題得到及時的解決和更正，從而提高整個教學的效果。

五、示範教學的適度性原則

揠苗助長，欲速則不達。事物的發展都有一個循序漸進的過程，循序漸進是教育的一個基本原則。冰凍三尺，非一日之寒，美術學習應該是在長期的實踐中得到領悟、進步。因此在美術教學中，學生和教師都需要有一定程度的常規程式，合適的度。從宏觀上來說，教師在教學中要注意所示範內容應與教學進度保持一致，不可隨意降低或拔高，否則就會無功而返。從細節上來說，教師對於一些具體細節的把握易於取得學生的信任和好感，增強示範教學吸引力。同時還要注意示範教學時照顧到學生的感受，低於學生接受水準的示範顯然沒有效果，過高於學生接受水準的示範也達不到教學效果，要本著"跳一跳摘桃子"的適度原則，讓學生既"眼高"又不覺得"手低"，通過努力能夠達到。

六、示範教學的啟發性原則

從客觀上說，小學生對於教師有一定的依賴性，喜歡依樣畫葫蘆，示範教學一定程度上會造成學生思維的定勢，容易束縛學生的手腳。從學生主觀上來說，先入為主的思維模式，會一定程度抑制學生的多維想像，限制學生的自主表達。因而美術課堂教師的示範教學與學生創新能力培養之間有一定的矛盾，教師的示範教學如果使用不得法，勢必嚴重束縛學生的創造思維，影響學生自身的個性發展，逐漸失掉自我。我們在示範教學中應遵循啟發性原則，在示範教學時應把握好具體示範和開啟學生想像力之間的關係，避免不恰當的示範教學，束縛學生的創造力與想像力。引導學生更多地關注美術的方法、技巧，而不是示範的具體圖案、畫面與作品。

（一）針對不同課型設計具有啟發性的示範教學形式

首先，為了使示範教學具有啟發性，充分調動學生的積極性和參與性，教師要對示範的內容進行篩選，注重過程示範，引導學生舉一反三，方法豐富且具有啟發性。其次，美術技能技巧課要紮紮實實地進行有效示範，鼓勵學生"青出於藍而勝於藍"，大膽地在教師教授的方法上有自己的創造與突破。第三，對於以想像創作為主的課，要用多種手段與方法，引導學生多觀察、多分析、多創造，可讓學生欣賞大量的範畫、範例，啟發學生的思維，鼓勵學生大膽發表自己的想法，有自己的創意與方法，而具體的過程性示範可一筆帶過，甚至零示範。在學生創作過程中，針對個別技術性的不足，給予適當的示範指導。

（二）在示範教學中融入啟發式教學，激發興趣，啟發探索

各種示範教學是為了更加直接地讓學生掌握基本的操作方法，獲得基本的技能技巧。現在教師的示範教學不能再跟以前傳統教學那樣，教師一聲不吭，只顧自己的示範，而是要在各種示範的過程中，加以引導和啟發。在這個過程中，教師一定要注意加強師生間的互動交流，通過教師的引導，打破傳統的一板一眼示範形式對學生創造力的禁錮。教師要經常性地發問，提出有針對性的問題，激勵學生思考。有的環節可以請學生與教師合作完成，或者直接讓學生完成，這樣不僅可以激發學生的學習興趣，還可以讓學生由此及彼，觸類旁通，舉一反三，擴散學生的思維，使學生逐步學習創作和設計的方法，提高示範教學的效率。

（三）合理利用時間和把握示範教學時機，增強示範的啟發性

首先，把握好示範教學的"度"，讓示範具有啟發性，留給學生自主思考與實踐的餘地。比如示範了某種技法，就讓學生探索其他技法，不必樣樣俱全，面面示範到家，給學生自己思考和探索留有充足的空間。其次，在示範教學開展過程中，要把握時機，善於捕捉學生思維的閃光點，給予及時的肯定和鼓勵。第三，在學生實踐過程中出現問題，要及時掌控，根據出現問題的面，在全班或小範圍內進行啟發性示範或修改性示範。對富有創意、表現形式獨特、技法新穎、個性鮮明等具有創新表現的學生要及時鼓勵，激發其他學生的創造熱情。

總之，小學美術課堂示範教學教一定要遵循一定的基本原則。除本文論述的一些原則之外，小學美術課堂示範教學應當仁者見仁，智者見智，我們應看到所有的示範教學原則都不是孤立而行的，看似簡單的一堂課，其實對於教師的教學水準、專業水準和應變能力、控制能力有著極為複雜的考驗。中國美術教育專業

首位研究生導師、已故著名美術教育家蔣蓀生認為：綜合即是創造。只有通過融合、舉一反三，達到觸類旁通的效果，這才是真正把握和運用示範教學原則的方法，提高美術課堂示範教學效率的關鍵。

附2：提高小學美術課堂示範教學實效性的"六大方法"的教學論文

《求真務須·靈活示範》
—小學美術優質課評選活動隨感

李祥武（該成果榮獲省教廳二等獎、發表於2013年《四川職業技術學院學報》教育專刊）

[內容摘要]：美術作為一門視覺藝術，最基本的特性就是依靠技法得以支撐。雖然不應以技能傳授為最終目的，但還是應當在課堂中適當地融入技法的學習，為學生美術能力的發展奠定基礎。教師的親自示範，一方面加強了學生的直觀感受，讓學生瞭解到了美術創作的過程，另一方面也拉近了師生之間的關係，教師紮實的基本功是征服學生心靈的鑰匙，美術老師得到學生的崇拜，這正是源自示範的魅力。在美術課堂中我們常用的示範教學方法有："裸課"展示，直觀示範；遊戲活動、趣味示範；啟發想像、創意示範；因材施教，恰當示範等。教師在確定示範教學時，一定要根據學生年齡特點、認知水準、教材內容、學生需要、教學需要等方面的不同，進行恰當示範。

[關鍵字]：示範 直觀 趣味 創意 恰當

實施美術新課改以來，多數美術教師在教學中樹立了以人為本的教育思想，注重人文，強調文化學習，改變了重技巧輕文化的現象，注重培養學生的創新意識和創新能力。通過我多年來的教學實踐與觀察，小學美術課堂偏重審美，忽視技能，過分遠離教師示範教學的情況大量存在。很多老師怕自己的示範會對學生的創作取向起到心理暗示作用，出現千篇一律的作品風格，因而有意無意地回避教師課堂示範，只是一味強調學生放手創作。但是，兒童真的個個都是"天才的小畫家"麼？這樣的課堂並沒有較好起到提高學生審美意識、激發創新精神的有效目的，反而出現了學生美術技能嚴重滑坡的現象。還有一些教師過分依賴多媒體進行演示教學，課堂中該教師親自示範的也不示範，讓學生一味欣賞，一味想象，缺乏專業的技術引領，在技能目標的達成上十分模糊。學生雖然有了很好的創意卻苦於沒有相應技術能力的支撐，久而久之，這種挫敗感會嚴重影響學生學習美術的積極性，最終遠離美術，失去興趣。

　　我認為美術作為一門視覺藝術，最基本的特性就是依靠技法得以支撐。雖然不應以技能傳授為最終目的，但還是應當在課堂中適當地融入技法的學習，為學生美術能力的發展奠定基礎。美術教學是一種直觀而形象的教學，需要通過教師採取一系列的教學方法和教學手段，向學生傳授美術方面的知識、技能和技巧。從教師的示範中，學生能夠從欣賞變為模仿進而進入到作品的創作中。教師紮紮實實的示範和詳細的講解必定是直達學生記憶深處的，震撼學生的心靈，學生也能夠學到紮紮實實的美術技法，將為他們今後的美術創作打下良好的基礎。美術課程的一個基本理念就是使學生形成基本的美術素養，其中應該包括技能技法的練習。教師提供直觀的、有趣的課堂示範會吸引學生的注意力，教師課堂示範是最直接、最具體的教學方法，對學生起到潛移默化的作用，對提高教學效率起到事半功倍的作用。教師的親自示範：一方面加強了學生的直觀感受，讓學生瞭解到美術創作的過程；另一方面也拉近了師生之間的關係。教師紮實的基本功是征服學生心靈的鑰匙，美術老師得到學生的崇拜，這正是源自示範的魅力。

　　那麼，在小學美術教學中，教師如何通過有效示範，培養學生的學習興趣，使其養成一定的美術技能，從而開發他們的創新精神和實踐能力呢？我認為小學美術課堂教師示範的主要目的就是讓學生感悟、理解、掌握一些美術基本知識和基本技能技巧，即"雙基"。但是"雙基"在小學美術課堂不必太生硬、太專業，可以用深入淺出的講解、直觀形象的演示讓學生領會各種造型技巧，通過看看、畫畫、做做等方法大膽、自由地把所見所聞、所感所想的事物表現出來，體驗造型活動的樂趣，提高美術學習的興趣。關鍵是教師示範必須根據教學任務的實際需要，學生的實際情況，有目的、有針對性地靈活使用。"示"在點子上，"導"在關鍵處，只有"求真務須，靈活示範"，才能提高美術課堂教師示範的實效性。

　　前段時間，我有幸參加了縣小學美術優質課現場賽課、觀摩活動。這是一次高水準的教學技藝展示，更是課改十年全縣小學美術教學先進理念的彙集，對我的教學思想有很多啟迪，對教學水準也有很大的促進。特別在美術課堂教師示範教學方面帶給我許多品味、感悟和思考，呈現給各位同仁分享，僅供商榷、探討。

一、"裸課"展示，直觀示範

"裸"字在當代詞彙中運用甚多，"裸分"指排除了其他非考試加分的實際考試分數，"裸妝"即看起來仿彿沒有化過妝一樣的妝容。沿著這樣的思路，首都師範大學尹少淳教授將那些純粹的學習美術知識與技能的課稱為"裸課"。最為典型的是高考補習班的課，基本上是技法知識的學習和高考所需技能的訓練，不與社會、不與生活聯繫。在小學美術教育中，實際是一種生活美術的學習，追求完全的"裸課"並不可行，但偶爾地"裸"一下是可能的，甚至是必要的。"裸課"形式中，教師的示範教學是必不可少的。

五年級"色彩的明度"，張老師大膽選擇了"裸課"的形式，達到了很好的教學效果。這一課，基本屬於純知識和技法的學習，張老師大膽選擇"裸課"教學，示範演示方法恰當。教師用玻璃杯中的顏料水直觀演示色彩明度的變化，邊調色邊介紹方法和技巧，塗色的直觀演示也十分到位，雖然課堂中沒有繁華花樣的教學形式，沒有流行的合作探究，但是學生依然興趣濃厚，在塗色練習中積極投入，達到了既定教學目標，圓滿完成了教學任務，實為一堂好課。但是"色彩的明度"這一課的教學，曾經有人就用 PPT 製作課件，在課件上給學生演示，電腦上的顏色與水粉實際顏色不太一樣，反而給學生造成視覺混淆。因此，小學美術教學根據課程內容和學生實際需要，有時採用"裸課"形式，教師運用直觀形象的示範遠比其他媒體示範效果好。

二、遊戲活動、趣味示範

有"美"有"術"，二者兼顧應當是小學美術課堂的基本特點。這裡的"美"是指美術課堂中美的欣賞，美的陶冶，審美能力的培養，促進學生健全人格和全面發展，涵養學生人文精神等。這裡的"術"指的是基礎的、有利於學生發展的技術意識、知識技能。傳統的教學過於注重技法訓練，存在"有術無美"的缺陷，單純的基礎知識學習和技能技巧訓練對小學生而言是枯燥乏味的。而今，我們的教師既注重學生興趣、愛好、情感、人文關懷，又注重基本的知識、技能技巧訓練，巧妙融合，相得益彰。他們在引導"雙基"學習中形式多樣，即使是教師示範也充滿趣味性，學生樂學易懂。

二年級"會變的線條"一課，有兩位教師執教。陳老師的課，處處體現美術之美：課件的製作美、選取的圖片美、教師的示範美。教師示範採用遊戲形式，學生喜聞樂見，興趣高昂，輕鬆獲得知識和技能技巧。首先老師通過遊戲"飛舞的彩帶"引導學生認識線條豐富的形態。教師不是在黑板上直接示範線條的形式，而是示範玩彩帶，學生觀察，學生玩彩帶，相互觀察，然後學生根據飛舞的彩帶感知線條的多變，用線條畫出不同形態的線條。之後引導學生從生活中更進一步認識線條豐富的形態，教師通過玩遊戲一般的示範，把各種"調皮"的線條歸類、開展排列組合遊戲，學生在教師遊戲般的示範中，學到了運用線條粗細、曲直、方向、疏密等變化來裝飾物品的方法。特別是教師把線條排列組合遊戲組織的畫面一折、一剪，巧妙一變，創作出了線條裝飾的精美花瓶，深深吸引學生的目光，讓學生認識到線條在生活中的應用之美，從而產生強烈的創作欲望。最後進行學生作品的長卷展示，讓學生極富成就感。整堂課教師示範遊戲性很強，學生積極參與，同時基本知識、技能技巧訓練由淺入深、層層深入、螺旋上升、紮實有效，簡約而不簡單。

高老師執教的"會變的線條"課堂風趣詼諧，師生和諧互動，學生激情燃燒。精緻的小魔術表演，開課就吸引了全部學生，從一根小繩子的無窮變化，讓學生認識線條形態之美，開展從身邊找線條的比賽遊戲，讓學生感受現實生活中線條的豐富多變。教師示範表現線條的形態不是在黑板上畫，而是通過"指揮音樂"遊戲，帶領學生從指揮時而舒緩、時而激昂、時而跳躍的音樂聲中徒手比畫線條的形態，感悟線條節奏之美，美術與音樂的完美結合，讓兒童天真煥發，積極參與，身心愉悅。在教授線條的組織運用方法時，教師的示範方法具體，技藝精湛，講解深入淺出，極富兒童語言。

三、啟發想像、創意示範

三年級"各種各樣的鞋"，梁老師選用的教學示範，從學生年齡、認知特點、課堂教學目標出發，靈活自如，巧妙得當，處處充滿創意。首先從猜謎語巧妙引入，然後通過課件從古代鞋子的欣賞到現代鞋子的演變，從切合學生實際的童鞋到極具特色的少數民族鞋類欣賞，再引入當代藝術家獨特的創意鞋欣賞。精美的圖片，簡潔明瞭的介紹，把孩子們帶進了鞋的世界，深深吸引了學生。最值得稱道的是教師利用身邊廢舊材料的精彩創意示範：小藥瓶做鞋跟，廢舊掛曆紙做鞋底，剪貼鞋面，用廢舊易開罐拉環做鞋拉鍊，廢舊小燈泡、禮品盒編織花朵裝飾鞋面……變廢為寶，創意絕倫，技驚全場。師生收集的廢舊材料豐富，教師對學生的創意、創新引導得當，學生的交流討論熱烈，思維活躍。最後的創意鞋精品展示會，現代激昂的音樂、學生有滋有味的"貓步"，教師巧扮的鞋商，把課推向了高潮。

生活情景的巧妙創設，對學生來講，本身就是創意的示範。靈活自如的創意示範，妙趣橫生的學生創意，充分詮釋了美術課堂美在創意、美在互動、美在參與。

四、因材施教，恰當示範

有些小遺憾，在這次活動中，有些老師示範不當，禁錮學生思維，還有的過於忽視教師示範，造成"有美無術"或"有美無法"的現象。

二年級"茂密的花"一課，教師通過 CAI【電腦輔助教學（Computer Aided Instruction，簡稱 CAI）】展示各種花，教師讓學生認識一種花，用圓形、方形、梯形、三角形、半圓形等去概括花和葉子的形狀。引導學生分析哪裡是花的根、莖、葉；哪裡是花瓣、花蕊、花萼；認識什麼是鬱金香、牽牛花、玫瑰花……但是，我們上的是生物課嗎？是科學課嗎？這些是美術課的任務嗎？對於二年級的小朋友，應該啟發鼓勵他們大膽去發現花兒的美、喜歡花兒的美、根據感受自由表現花兒的美。如果像上面那樣上課，那麼小孩子的熱情、天真、稚氣就會被抹殺，大膽靈活的表現被束縛，學生的課程淡然無味。四年級"泥玩具"一課，教師的示範講解方式是教師捏一個恐龍身體，學生捏一個恐龍身體；教師捏一個頭，學生也捏一個頭；教師捏一條腿，學生也捏一條腿……這種講解方式沒有啟發學生創新思維、創造表現和個性展示，方法呆板。

六年級"參觀券的設計""線描中的黑白對比"的教學中就沒有看到老師的直觀示範，但也是課件中機械的步驟展示。再如，四年級"香烙畫——羌族人物頭像"一課，老師帶給學生一堂別樣的美術課，學生也非常感興趣，對美術創作材料、形式的豐富性和多樣化有了一定的認識。學生對民族、民間文化也有一定的瞭解，通過藝術，增進了民族團結之情。遺憾的是教師缺少技法的直觀演示，比如，烙畫連接的處理，線條粗細的烙制方法、人物眼睛等細微處的處理形式等沒有傳授給學生，同時也缺乏精美的烙畫作品現場展示給學生欣賞、觀摩和借鑒，最後的學生香烙畫作品展示也沒有考慮添加襯紙，無法充分體現其藝術效果。

教師在確定示範教學時，一定要根據學生年齡特點、認知水準、教材內容、學生需要、教學需要等進行選擇。我們課堂需要的是"求真務需"，不能華而不實。"求真"就是追求真實的課堂，"務需"就是考慮教學的實際需要，"求真務需"是一種客觀真實的治學態度，這種態度能使課堂閃現出真誠、互動、探索、靈氣和激情，能讓我們追求到"簡約而不簡單"的高效課堂。

總之，這次賽課活動，讓我們看到了美術課堂的多元發展和精彩紛呈，品味到了一場視覺和思想的盛宴，帶給我們的思考和感悟很多，這裡僅針對教師示範教學談點粗淺的認識而已。

附3：運用操作成果提高小學美術課堂示範教學實效性的教學案例

《高效課堂——簡約而不簡單》
——小學四年級美術"猜猜我是誰"教學案例
李祥武（該成果榮獲縣教研成果一等獎）

[內容簡介]：本文將我執教的一節四年級美術課"猜猜我是誰"，進行全方位展示與多角度評析。文章從案例呈現（含過程描述與教學評價）、教學解析（含設計意圖、教學思路和教學要素）、學習活動、教學效果、經驗分享、問題探索、改進構想七大板塊進行闡述。我認為小學美術課堂要回歸本質，追求真實、樸實與紮實。構建小學美術實效、高效課堂，無須繁華富麗的教學設計，而要准確把握三維目標，凸顯學科特點，教與學的設計要符合課堂需要、學生需要、條件允許、彰顯簡約風格。"簡約而不簡單"是我們追求高效課堂的一個基本方向。

[關鍵字]：案例 解析 活動 效果 經驗 問題 改進

[施教對象]：小學四年級

[教學目標]：

認知目標：初步認識線條的美感。

能力目標：通過學習用線條寫生表現人物背像的方法，培養學生觀察能力，用線進行造型和表現的能力。

情意目標：通過寫生人物培養學生美術興趣，合作意識。

[教學重點]：仔細觀察，抓住背面人物頭像特徵，用線描寫生方法表現出來。

[教學難點]：怎樣運用有曲直、疏密等變化的線條表現出人物特徵。

[教學時間]：1課時

[教具學具]：教學課件、教師範畫、投影儀；學生準備記號筆、作業紙、剪刀、固體膠。

（一）教學過程描述

1. 激趣導入。帶著滿面春風的微笑，我走進了四年級五班的教室。"同學們，今天老師在操場上見到你們班幾位做好事的同學，他們在主動打掃操場，我不認識他們，偷偷用手機拍下了他們的背影，請大家來幫老師猜猜他們是誰。"CAI：出示三位同學的背影照片。全班同學興趣盎然，很快猜出了同學的名字。"好，咱們今天一起來學習—'猜猜我是誰'"（板書課題"猜猜我是誰"）。

2. 學習觀察方法，指導觀察。我先讓學生討論交流，你是根據同學背影的哪幾個方面的特點來猜的，然後師生一起交流歸納，觀察人物的背影要從哪幾個方面來觀察和抓特點，CAI：出示頭型、髮型、頭飾、服裝。然後我現場找了一男一女兩個同學做全班的小模特，指導學生從上面四個方面展開觀察，歸納出特點。

3. 引導學生發現美，欣賞美。"同學們，我們留心生活就會發現，人物的背影也很美，不同的形象有不同的美，我們一起來欣賞。"我先引導學生欣賞攝影作品中表現的人物背影美。再引導學生欣賞繪畫作品中表現的人物背影美。唐寅作品《仕女圖》——背影展現髮飾細節刻畫，表現人物形象美；《克莉絲蒂娜的世界》——背影表現人物精神美；王曉明《未來世界》——背影形態生動傳神，表現人物形態美。

4. 指導學生用線條表現人物背面頭像。我現場找一名女同學做模特，背向全班同學站立，我在投影儀上現場示範怎樣用線描的方法來表現人物背影頭像。我邊引導學生觀察，邊示範怎樣抓特點，怎樣用線條表現。"老師先畫出她的頭型，再觀察分析她的髮型，頭髮是梳的馬尾，確定紮頭髮的節點，表現出蝴蝶結，看看頭髮的走向，概括表現馬尾的形象，長長舒緩的線條，表現頭髮柔軟的質感……頭髮那麼多，我們看看梳理的走向，歸納概括出大塊面，用分組的方法，先分幾個大塊面，再細分組，再表現細節……順勢表現人物的肩部、服裝。最後進行美化、豐富，髮髻處頭髮紮一起，線條畫密一些，這裡光照強，有光感，線條稀少些，這裡有些零散的頭髮，表現一下豐富畫面……"同學們在我的帶領下，聚精會神地觀察學習我的示範，聆聽我的講解。然後我現場找一名男同學，指導學生觀察。CAI：出示這名男生的寫生像，引導學生分析怎樣抓特徵，用什麼樣的線條表現男生頭髮短、直的特點，頭髮的走向，從頭漩開始向外擴展等。

5. 師生一道歸納人物背面像寫生的方法和步驟。CAI：出示繪畫步驟，定位大輪廓、分組概括髮型、細緻刻畫。

6. 引導學生欣賞同齡學生作品，激發創作欲望。

7. 認真對待學生課堂練習。每個同學仔細觀察自己前面的同學，抓住特點，用線描寫生的方法畫一幅同學的背影頭像，可以對自己感興趣的特點進行誇張表現，最前排的同學在大螢幕上選擇一個同學的背面頭像照片進行寫生練習。我在巡迴指導中，重點幫助同學對構圖、抓特點、線條的組織運用，以及細節刻畫、特點的藝術誇張表現等進行指導。

8. 進行展示評價。"同學們真了不起，作品很生動，老師為了獎勵你們，請全班同學來參觀名畫。把你們的作品剪下來，貼到老師帶來的畫面上，讓他們代表你去盡情參觀吧！"（學生將自己畫的人物背面頭像貼在我事先準備好的廢舊畫報紙的下端，形成很多人物在欣賞名畫的情景）。我組織全班同學到作品前面，開展"猜猜我是誰"的活動，讓同學們相互間猜猜別人畫的是誰，是否抓住了特點、線條疏密關係、曲直表現關係等。

（二）教學評價

我在這節課中緊緊抓住"猜猜我是誰"這條主線，貫穿全過程，開始的猜同學活動，充滿激情、激趣，讓學生學習觀察方法。結束的猜猜活動，上升到運用所學的知識，結合線條美感進行評價，從簡單的猜上升到理性認識和分析的高度。我的示範也特別有層次性，先指導觀察，再指導抓特點，然後示範用線條表現，條理清晰，步驟清楚，特別是對線條的走向示範，先分組，再細化，讓學生清楚明白怎樣梳理、歸納、對比使用線條，感受線條表現的質感、美感。課中，我採用了交流、討論、歸納等學習方法，讓學生主動參與，運用個體寫生與集體創作（把個人作業集體佈置在一個畫面場景中）相結合的形式，豐富了教學內容。整堂課中，學生興趣濃厚，積極參與，輕鬆獲得基本知識與技能，從表像認識到學會觀察，學會抓特點，基本掌握用線條進行人像寫生的方法和技能，最後達到對人物特點的理性分析。在掌握一定技能基礎上感性表現，既避免了寫生的枯燥乏味，又學到知識技能，保護了學生濃厚的學習積極性和對美術的興趣。我覺得這是一堂平實、高效的美術課。整堂課知識點、技能點訓練十分明確，重點把握到位，輕鬆突破難點，注重方法與過程，同時充分考慮學生情感態度與價值觀。知識點、技能訓練把握準確到位，層層遞進，螺旋上升，紮實高效，教與學的設計彰顯了簡約的風格，又巧妙而輕鬆把握重點，突破了難點，實為一節"簡約而不簡單"的好課。

（三）教學解析

1. 設計意圖

"猜猜我是誰"是小學美術四年級上學期的課程，主要是對線條的學習和訓練。縱觀整個小學美術階段的教學，線條的訓練是一個重要內容，可以分三個訓練階段。第一階段是低段（一、二年級），主要是認識線條、感受線條。第二階段是中段（三、四年級），主要是認識線條美感，用線條組織畫面，並畫出有動感的線條。第三階段是高段（五、六年級），主要用線條細緻刻畫、描寫，增強線條的表現力，用線條表現更加複雜的物體，學習精細描寫。四年級的這個教學內容剛好介於兩個階段之間，具有承上啟下的作用。所以我很重視本節課的設計，通過創設情境的引入，激情、激趣。通過"猜"的遊戲活動學習觀察，學生樂學易懂。通過欣賞、討論、歸納等教學活動，讓學生學會抓特點，感受表現美的技巧。通過教師的精彩示範和講解，讓學生輕鬆獲得知識與技能，特別是示範的層次性，讓學生清楚明瞭線條的概括與處理。因此表現人物頭髮時我採用了"概括—分組—細化"的方法，巧妙突破了難點。這樣的教學設計，輕鬆達到了第二階段的目標：認識線條美感，用線條組織畫面，並畫出有動感的線條，為以後學習打下紮實的基礎。為了不落入寫生教學的程式化，我注重創設情景，加強學生對自己感興趣特徵的誇張表現、情感表現。這樣學生既不感覺單調、枯燥乏味，又有利於學生感性表現，培養興趣。為了培養學生的合作意識，學生寫生完成後讓所有學生將自己畫的人像剪貼到廢舊的大畫報紙上，組合成新的畫面，創設出許多學子觀賞名畫的場景，讓大家體會成功的喜悅，集體創作的快樂。最後再次組織"猜猜我是誰"的活動，緊扣題目和教學主線，讓學生進一步認識線條的表現力與美感。

2. 教學思路

根據心理學的觀點，興趣是最好的老師，因此我在教學中首先是用遊戲活動激發學生學習熱情和興趣。按照皮亞傑的兒童認知發展理論，兒童認知結構的發展是一個連續構造的過程，每一個階段都是前一階段的延伸，是在新水準上對前一階段進行改組而形成的新系統。皮亞傑關於兒童心理發展的理論，強調了兒童認識發展是一個積極主動的建構過程，教育要按照兒童的認知結構（智慧結構）來組織教材，調整教法，這些思想對兒童教育工作的理論與實踐都具有積極的意義。因此我在教學環節安排上先以學生感知認識為主，指導觀察，捕捉特點，歸納方法。然後通過教師示範，引領學生學習掌握基本技能，繼而拓展視野，啟發思維。接下來才安排學生寫生實踐，使知識點和技能點層層遞進，螺旋上升，訓練紮實有效。

3. 教學要素分析

本節課的教學，我最大的成功在於教學示範的恰當與高效。學生運用線條寫生的最大障礙與難點在於對線條的取捨和組織，要能恰當表現與運用，體現出作品的美感。學生對人物背影頭像的寫生，最難的是把握與表現頭髮的線條。我在示範教學中，準確恰當地教學生將頭髮先按大體結構分組、再分小組、再細化的方法，效果很好。線條取捨與疏密組織也是難點，我在示範中清楚明白地告訴學生創造美的基本形式法則：頭髮紮攏的地方線條密集一些。頭髮受光部分，線條捨去些，可以少畫，甚至不畫。為了美感需要，如要襯托漂亮的髮卡、蝴蝶結等，可以把四周的線條畫密一些。為了把握線條的走勢、動感、質感，我示範時強調女生的長頭髮用飄逸的長線條體現走勢與動感、柔軟的質感；男生的短髮要有直而硬的感覺，把握以頭漩為中心的頭髮走向等。這樣的教學，學生聚精會神，樂學易懂，實踐證明本節課的難點被輕鬆突破，學生的作業非常生動。

（四）學生學習活動分析

美術課是以形象感知為主的藝術，我在教學中先讓學生欣賞感知，從觀察人物背影到觀察教師示範，再欣賞評析同齡學生作業，然後再創作實踐。即使是寫生也要求學生以表達直觀感受為主。在學生學習活動安排上，我按照皮亞傑兒童認知規律，從感性到理性，從已知到未知進行安排。課的開始用"猜猜我是誰"的遊戲活動，讓學生積極投入到感性認識中，逐步引導觀察，讓學生總結觀察的方法。再引導學生用眼睛去發現背影的美，感受藝術作品的美。教師的示範，引導學生從感性認識到理性分析與表現，從掌握觀察，抓住特點的基礎上學習表現，層層遞進。這樣由淺入深，由直觀到主觀的學習活動安排，符合學生認知發展規律，效果好。

（五）教學效果分析

從美術教學三維教學目標的達成來分析，這節美術課的教學效果是很好的。第一，在知識與技能目標上，本節課學生在知識上瞭解了線條的相關美術知識，以及組織運用線條創作美的一些形式法則，如曲直、方向、疏密、對比等；在技能上，學會了如何觀察人物背影，從哪些方面抓特點，運用線條描繪人物背影頭像，並且用寫生的方法創作出了人物背影頭像。第二，在方法與過程目標上，學生積極參與全過程，加入遊戲、賞評、歸納、觀摩教師示範，爭當模特，加入集體佈置展示等，在教師主導下，充分體現學生主體地位，主動學習，主動發展。教師對學生的參與過程、參與方法給予適時積極的評價，注重學生學習的方法與過程。第三，在情感、態度與價值觀上，以"猜猜我是誰"這條主線貫穿始終，讓同學們團結協作，既當小畫家又當小模特，相互積極配合，最後的集體展示等活動，充分培養了學生的合作意識、審美情趣、美術興趣等。

（六）經驗分享

寫生教學要儘量打破程式化模式，避免使學生感覺枯燥乏味。兒童寫生教學是小學美術必不可少的內容之一，自由表達是兒童的天性，如果寫生教學太死板，太程式化，會使學生雖然面對的是寫生物件，但表現的卻是自己心中的想像，達不到寫生目的。如果教師強行要求學生寫生，有可能使學生失去興趣。傳統的人像寫生教學是教師一筆一畫示範，學生臨摹或寫生。我在本課教學中，以激發興趣為主，開展"猜猜我是誰"的遊戲，創設一定的情景，學生樂於參與，現場找班上的小模特，指導學生觀察，學生積極性很高。在學生情緒充分高漲的時候，恰如其分地示範點撥，學生輕鬆學到知識與技能。在啟發學生創意方面，我還鼓勵學生大膽描繪和誇張自己感興趣的人物特點。最後的作業展示，我也打破傳統的一畫一展形式，而是讓每個同學將自己寫生的人像剪下來，統一貼到老師準備的大畫報紙上，集體創作出新的畫面形象，學生爭先恐後，表現得非常踴躍。

示範教學是美術教學的基本原則，但教師的示範要準確恰當，儘量不束縛學生的思維。我在示範環節，儘量避免空洞的技能講解，而是以班裡的小模特為例，指導學生如何觀察，如何用線條表達。特別是面對很多頭髮，學生不知怎樣描繪，我分三個層次清楚明瞭示範"概括頭型—根據頭髮走向分組（先分大組再分小組）—然後細化"。在交給學生創造美的法則方面，我也現場示範：頭髮紮攏的地方線條密，頭髮受光的地方線條少畫點，為了襯托蝴蝶結的淺色，它周圍的線條畫密一點，形成對比關係，用長曲線表現女生長髮柔軟飄逸，用短直線表現男生頭髮短、直、硬等。為了不束縛學生思維，我告訴學生可以對自己感興趣的特點進行細緻描寫或誇張表現，並立即在 CAI 展示一些很有個性的學生線描寫生人像作品。這樣的示範，既讓學生學到了基本技能技巧，又不拘泥於教師示範的技能技巧，敢於大膽創新表現。

（七）問題探索

在本課教學中，學生對學習興趣很高，課堂氣氛濃烈，激發出有創新的思維方式，非常有利於學生全面發展，整個教學設計的流程節奏明快，有很強知識性和對動手能力的培養，但也存在某些不足之處。首先教師應重視學生在學習過程中的主體地位，教師應該將"主人"的地位歸還學生，讓學生自主學習、自主嘗試、自主總結、自主調整，教師則只需引導學生在美術活動中獲得成功的體驗，積累、提煉和昇華認識，説明學生形成美術自主意識能力與良好的習慣，讓學生在美術活動中增加悟性和獨特精神。然而，我上這節課時，首先是總擔心學生太小，不能自主學習，主導的地方偏多一些，課堂上學生"主人"的地位沒有充分體現，多數是以我引導學生說、引導學生歸納為主，忽略了很多學生自己自主的想法。其次是在教學流程中交流感受，欣賞評析時我做得也不是很好，在評價學生作品時沒能及時引導學生從外形、構圖、頭部裝飾、線條組織等方面進行思考。再次是對學生回答沒有給予適當的表揚和鼓勵，缺少激勵性的語言，在點評學生作品時，我應多用些建設性和詢問性的語言與學生商量，而不是以自己的想法去教育學生。

（八）改進構想

針對本堂課學生在學習過程中主體地位不夠突出的問題，可以試著這樣解決：課前讓學生猜一猜，學會觀察，知道從哪裡去觀察，從哪幾方面去抓特點；接著可安排學生嘗試著畫一畫，相互評一評，找找類似構圖、抓特點、線條組織等方面的問題；帶著問題去欣賞名家作品，看看他們是怎樣處理的；教師以班裡的同學為例子，現場示範，解決難點，然後再讓學生寫生。這樣讓學生去主動學習，主動嘗試，自己發現問題，解決問題，能充分凸顯學生主體地位，發揮學生個性特長，更有利於培養學生問題意識與創新意識。

二、研究成果說明

本課題取得了一些研究成果。主要有兩個方面，一是認識成果，二是操作成果。

我們把小學美術課堂示範教學置於新課程改革研究大背景之下進行研究，在認識上取得兩大成果：一是充分認識到示範教學在小學美術課堂教學的地位和作用；二是運用新課程理念重新詮釋了示範教學的概念，在內涵與外延方面獲得新的認識。遺憾的是因為研究時間短，水準有限，沒有形成專門的理論成果，只在相關文章中進行了一定的闡述。

在操作成果方面，我們對提高小學美術課堂示範教學實效性應當遵循的"六大基本原則"進行了全方位闡述，形成了科研論文。對提高小學美術課堂示範教學實效性的"六大方法"中的部分方法進行了論述。

因為研究內容多，設計範圍廣泛，研究時間短，我們還有兩大遺憾：

1.我們對提高小學美術課堂示範教學實效性的"六大策略"：①提高素質策略（通過提高教師素質來提高示範教學的實效性）；②激情激趣策略（通過激發學生情感和興趣來提高示範教學的實效性）；③創新模式策略（通過不斷創新課堂教學模式來提高示範教學的實效性）；④預案設計策略（通過不斷優化教學設計來提高示範教學的實效性）；⑤方法優化策略（通過不斷優化示範教學的方法來提高示範教學的實效性）；⑥學會放手策略（通過把兒童還給兒童，課堂大膽放手來提高示範教學的實效性）。

2.提高小學美術課堂示範教學實效性的"六大方法"，我們對其中的三大方法：裸課示範方法、趣味示範方法、創意示範方法進行了論述，形成了很多有價值的成果；對另外三大示範方法：殘缺示範方法、後置示範方法、微格示範方法目前成果不多，需要進一步深入研究。

三、研究成果運用

研究論文《小學美術課堂示範教學的基本原則》充分論證了示範教學在小學美術課堂的地位和作用。其中六大原則：針對性、直觀性、靈活性、適時性、適度性、啟發性原則，是小學美術課堂實施示範教學應當遵循的基本原則，同時也給廣大一線教師提供了可以實踐運用的寶貴經驗。

研究論文《求真務需，靈活示範》，通過生動的課堂實例闡釋裸課示範方法、趣味示範方法和創意示範方法，給廣大一線教師提供了可借鑒的方法，同時，希望能夠啟發教師在實踐中創造出提高示範教學實效性更多、更好的方法。

四年級美術課教學案例——"猜猜我是誰"，是我們的操作成果在美術課堂示範教學中的實踐運用，從案例呈現、教學解析、學生學習活動分析、教學效果分析、經驗分享、問題探索、改進構想七個方面來進行闡述，既是課堂示範教學如何提高實效性的典型案例，又是一個微型課題的全貌展示，給一線教師提供了借鑒學習的樣本。

我們課題組的認識成果、操作成果，近兩年來在遂寧地區得到廣泛的實踐運用，並取得顯著成效。一是運用在我們的教師培訓中，讓廣大一線教師充分認識示範教學在美術課堂中的重要地位和作用；二是將我們的認識成果和操作成果運用在遂寧市各級公開課、示範課當中，給一線教師提供範例；三是將我們的認識成果和操作成果運用在送教下鄉課堂教學中，帶給農村學校實踐經驗；四是將我們的認識成果和操作成果運用在平常教學中，提高教學品質；五是將我們的認識成果和操作成果運用在各級各類優質課比賽中，擴大輻射範圍。比如，課題組指導的四年級美術課"多姿多彩的靠墊"，課堂教學遵循操作成果中的"直觀性和啟發性"原則，該課例榮獲市縣優質課比賽一等獎、四川省優質課比賽二等獎。一年級美術課"手形的聯想"，課堂教學遵循操作成果中的"靈活性、啟發性"原則，採用"遊戲活動—趣味示範，啟發想像—創意示範"的方法，榮獲市區優質課比賽一等獎、四川省優質課比賽二等獎，該課在遂寧市送教活動中深受歡迎。四年級美術課"猜猜我是誰"，課堂教學遵循操作成果中的"適時性和適度性"原則，採用"殘缺示範"的方法，榮獲射洪縣優質課比賽一等獎。五年級美術課"有趣的漢字"，課堂教學遵循操作成果中的"直觀性、啟發性"原則，採用"啟發想像—創意示範"示範的方法，榮獲市優質課比賽一等獎。我們的操作成果還在"會變的線條""茂密的花""童話城堡"等 20 多堂小學美術示範課、比賽課中得以運用，極大提高了課堂示範教學的實效性，提高了美術課堂教學品質。

四、餘論

由於時間短暫，加之水準有限，該課題的研究，對提高小學美術課堂示範教學實效性的方法策略研究還不夠深入，或許只能是冰山一角而已，離我們課題組的研究目標還有相當大的距離，沒有達成我們預期美好的願望，值得我們進一步深入研究的問題還比較多。

1.我們的理論研究成果還很缺乏，很多東西沒有上升到一定的理論成果，缺乏理論的支撐。比如，我們的認識成果，沒有形成專門的理論成果，只在相關文章中進行了一定的闡述。

2.我們對提高小學美術課堂示範教學實效性的"六大策略"還沒有形成研究

成果。

　　3.提高小學美術課堂示範教學實效性的"六大方法"，我們對其中的三大方法進行了論述，積累了很多經驗和成果。對另外三大示範方法：殘缺示範方法、後置示範方法、微格示範方法還有待系統地深入研究。

　　"路漫漫兮其修遠行，吾將上下而求索。"我們不會終止我們的研究，我們將進一步深入開展研究活動，朝著我們美好的願望前行，相信我們的相關研究成果將陸續問世。在教學科研的征途上，希望各位專家與同行一路指引，各位讀者批評指正，美術教育美麗的風景將無處不在。

參考文獻：
①教育部基礎教育課程教材專家工作委員會.義務教育美術課程標準（2011 年版）解讀[M].北京：北京師範大學出版社，2011.
②肖虹.班杜拉社會學習理論的認知與融合性特徵研究[D].濟南：山東大學，2007.
③錢初熹.美術教學理論與方法[M].北京：高等教育出版社，2005.
④尹少淳.美術及其教育[M].長沙：湖南美術出版社，1995.
⑤陶旭泉.美術新課程教學技能訓練[M].北京：科學出版社，2012.

03
第三章

滋養兒童生命情懷的動物美術教學研究

美術課堂問道 — 美術基礎教育熱點研究

第一節 研究問題

一、問題的提出

（一）當今教育情感缺失的現狀，呼喚學校教育著力於健全兒童人格的生命教育

近年來，隨著中國經濟的迅速發展，人與人之間情感冷漠現象卻漸趨嚴重。前不久佛山市發生的"小悅悅事件"就折射出當前普遍存在的一種社會冷漠現象。此種現象的形成固然有著複雜的社會根源，但是，當今教育情感缺失，也是導致此現象出現的原因之一。在中國，長期以來由於受到"應試教育"和教育教學評價體制的影響，學習成績成為衡量學生的主要依據，而忽視了學生的情感教育、價值取向與心靈成長。2001 年，新一輪課程改革，國家課程標準中首次把情感教育列為課程的重要內容之一，並提出了三維目標之一的 "情感、態度、價值觀"，體現了"以人為本，以學生的發展為根本"的人文主義觀點。但現實情況卻是：應試模式的教學和育人方式依然盛行不衰，學校教育依然是重知識技能、輕情感態度，這一現狀與新一輪課改的要求極不相符，與社會良性發展的要求極不適應。當今教育情感缺失的現狀，呼喚學校教育著力於豐富學生情感、健全兒童人格的生命教育。

（二）美術學科具有塑造兒童健全人格的獨特優勢

愛美是人類的天性，愛畫是孩子們的共性，兒童天性喜歡畫畫、做手工，兒童美術教學不僅具有濃厚的趣味性還具有強烈的情感性，既直觀又形象，是最為兒童喜愛和接受的一種藝術形式。兒童是美術教育的對象，是美術教育活動的主體，兒童美術教育是兒童藝術教育的重要組成部分，在整個兒童教育體系中，具有任何其他活動不能代替的意義。兒童美術教育既是培養兒童手、眼、腦協調活動的操作教育，更是一種提高兒童審美能力和綜合素養，養成兒童優良個性品質、培養兒童健全人格的人文教育。

藝術來源於生活又高於生活，美術教育更是通過生活中直觀、生動、具有美感形象的事物來進行。因此，美術教育的一個重要任務就是啟迪兒童對真、善、美的認識，陶冶美的情操，激發美好的理想和追求。美術新課程標準指出："現代社會科學技術的高速發展，需要人的豐富而高尚的情感與之平衡，因為情感性是美術的一個基本品質，也是美術學習的一個基本特徵，所以美術課程能陶冶學生的高尚情操，提高審美能力，增強對自然和生活的熱愛及責任感，並培養他們

尊重和保護自然環境的態度以及創造美好生活的願望與能力。"因此，美術學科在培養學生的情感、態度與價值觀，塑造兒童健全人格方面有著其他學科無法比擬的優勢。

（三）動物美術教學有利於豐富兒童情感體驗

當今時代，隨著城市發展和居住方式的改變，兒童的成長生活與外界交往的機會變少了，與自然的相處機會也逐漸減少，而兒童的天性中情感方面的需求又是很強烈的，所以在學校與家庭中應儘量提供這方面的機會，並通過一些有利的方式增加孩子的情感。動物是兒童喜愛的對象，是人類的朋友，是自然生態系統的重要組成部分，是大自然賦予人類的寶貴自然資源。動物們在兒童成長過程中扮演著不可替代的角色，它們承載了孩子們許多不為人知的想像。動物世界裡豐富的情感故事、美好的"人際關係"，往往能陪伴孩子們度過如今"略顯孤獨"的童年生活。親近動物可以給孩子的童年帶來無窮的樂趣，滿足兒童多方面的心理需求，而且對兒童個性和人格的形成，對兒童形成正確的生命概念都能產生很重要的影響。

動物美術教學是很好的情感培養方式，滋養兒童生命情懷的動物美術教學，正是讓小學生走進自然、走進生活。在親近動物、關愛動物、救助流浪動物、創作動物的過程中，瞭解動物的習性，學會和小動物相處，也學會尊重生命、善待生命，幫助孩子形成寬闊的心胸、開朗的性格、和諧的人際關係，培養對生命的愛心和責任感，形成積極的情感體驗。

（四）開展滋養兒童生命情懷的動物美術教學研究是課程改革的需要

目前我省各地現有美術教材中的動物教學內容僅僅散落在各個學段的個別課例上，沒有形成系統的漸進系列，各地對動物教學的研究也僅僅是淺表性的實驗與探索，對教學尚未形成廣泛的共識，更沒有針對兒童進行生命教育的動物美術課程。2002年教育部頒佈的《全國學校藝術教育發展規劃》提出"各類學校藝術教師要結合本校實際情況創造性地組織教學，充分利用和開發本地區、本民族的文化藝術教育資源，拓展藝術教育空間"。因此，在小學進行滲透生命教育的動物課程教學，是拓展美術教學內容的一種大膽嘗試，也是對實施新課標、進行校本教材開發的一次前瞻性的探索。

因此，本課題的研究基於生命教育的價值取向，以兒童喜愛的動物美術學習為載體，聚焦"與自我和諧，與他人和諧，與自然和諧"的生命情懷培養的研究與實踐，為兒童幸福人生的實現奠定心理基礎和情感基礎。

二、本課題研究的意義

①通過本課題的研究，有利於對在小學美術教學中進行生命教育的現狀進行調查，總結經驗、發現問題，促進在美術學科教學中對兒童進行生命教育的研究。

②通過本課題的研究，促進探索以動物美術教學為載體的一種新的可操作、可借鑒、可持續、可推廣的具有美術特色的有效德育教育模式，推動小學美術教育的改革。

③通過本課題的研究，既有利於對現有美術教材進行梳理，又有利於學校德育活動與美術課程有機整合，形成體系化的育人功能的特色美術課程體系。

④本課題的研究基於生命教育的價值取向，以兒童喜愛的動物美術學習為載體，聚焦"與自我和諧，與他人和諧，與自然和諧"的生命情懷培養的研究與實踐，為兒童幸福人生的實現奠定心理基礎和情感基礎。

⑤通過本課題的研究，有利於幫助教師從單純地重視知識技能的傳授到關注學生知識、技能、情感態度等各方面的發展，改變教學方式，提高教師的研究能力和課程建設能力。

三、本課題國內外研究的現狀

1964 年，日本學者穀口雅春鑒於唯物教育盛行，導致親子與師生關係的決裂，出版了《生命的實相》一書，首先呼籲生命教育的重要性。1968 年，美國著名的演講者、作家與人生導師傑·唐納·化特首次明確提出生命教育的思想，並在美國加州創辦了"阿南達村"，宣導和實踐生命教育的思想。 近年來，日本、英國、臺灣、香港等國家和地區竭力宣導生命教育，各種學術團體紛紛建立。

在黨和政府特別是教育部門的重視下，各種有關以促進青少年生命健康成長為主題的活動相繼開展， 上海、遼寧、江蘇等省市富有創造性地開展了生命教育科研、教學實踐、教材編制、教學大綱試行等活動。比如：上海市制定並出臺了《上海市中小學生生命教育指導綱要》；遼寧省啟動了中小學生命教育工程，制定了《中小學生命教育專項工作方案》；湖南省頒佈了《湖南省中小學生命與健康教育指導綱要（試行）》；2005 年，中國宋慶齡基金會在北京主辦了"中國首屆青少年生命教育論壇"；2010 年，"北京師範大學生命教育研究中心"正式成立。各地中小學也積極開展生命教育的實踐與研究，比如：常州市武進區湖塘橋初級中學以"理解生命意義、呵護生命尊嚴、實現生命價值、提升生命品質"為主題，進行了系列生命教育改革；長春市朝陽區在全區範圍內開展了學科生命教育活動，初步形成了以"學科生命教育"為切入點的區域教育特色；浙江省寧波奉化錦屏中學積極開展生命教育主題班會，將生命教育融入班級管理之中。通過查閱相關資料，我們發現對於生命教育這類課題研究，中國還處於起步階段，發展緩慢。目前研究的熱點主要聚集在促進青少年生命健康成長的主題活動的開展上，而對怎樣長期有效地對學生進行生命教育，怎樣將生命教育融入學科教學中，怎樣將德育活動與美術教學有機結合，怎樣讓教師、學生、家長、社區共同參與到生命教育中都缺乏深入研究。同時，對融入生命教育的美術校本課程的開發缺乏深度研究；對融入生命教育的美術校本課程的課型、課例缺乏有效研究和實踐。

　　當然，在這些研究成果和活動開展中有很多值得借鑒的東西，如生命教育目標確定的原則、生命教育主題內容的選擇方法、生命教育活動開展的組織管理等，都有一些可供借鑒的成果。

四、相關概念界定

　　生命情懷：生命情懷是個體對自我生命的確認、接納和喜愛，是對生命意義的肯定、欣賞和沉浸，是對他人生命乃至整個生命世界的同情、關懷與珍惜。

　　動物美術教學：以動物為教學載體，開展動物主題藝術作品創作，延續和發展美術的知識和技能。

　　滋養兒童生命情懷的動物美術教學：在持續開展動物主題藝術作品創作課程活動中，使兒童具備基本美術素養和能力，形成健康的人與動物、人與環境的生命意識，促進兒童的全面發展。

第二節 研究的路徑

一、研究思路

（一）兩條途徑開發小學動物美術課程

"動物美術課程開發"是指利用多種動物教育資源，設計符合學生成長需要的各種美術教學實踐體驗活動，形成系列校本課程。擬從兩條途徑開發動物美術課程。途徑一是美術學科課程的開發。以美術學科教學內容為線索的主題研究，梳理現有美術教材中，哪些動物教學內容能更好地融合生命教育教學目標，挖掘各類新教材中顯性和隱性的生命教育內容，加以細化、整理，按照由低到高、由淺到深、循序漸進的方向進行動物美術課程內容的安排和設計，形成一至六年級系統、完整的動物美術教學系列，逐步形成小學動物美術校本課程。途徑二是德育活動整合課程的開發。改革學校德育活動形式，探索德育活動教學新模式，將學校德育活動與美術課程有機整合，形成特色德育活動課程。

（二）兩種形式開展兩類課型的教學活動，建構並實施"四情"教學模式

根據對美術學科中動物教學內容的梳理，在教學計畫中明確本學期動物教學目標，找出哪些目標需要在美術課堂上完成，哪些目標需要用德育活動課程來幫助落實，設計出每學期的動物課程內容和上課形式，做好時間、內容上的安排。圍繞教學內容以校內課和校外課的形式開展，美術學科課型以校內課為主，德育活動整合課型以校外課為主。校內課用美術課程時間完成，由美術老師進行美術課堂教學活動。校外課為學校集體組織的半天或一天到活動基地上的體驗課，用學校綜合實踐活動課程時間完成，由學校統籌安排。滋養兒童生命情懷的動物美術教學以美術學科課型為主，在進行動物主題教學時，逐漸建構並實施"情境創設—情態模擬—情感體驗—情感表達"的"四情"教學模式。情境創設是指通過聲像、表演、再現生活等方式創設情境，營造氛圍，激發兒童學習興趣；情態模擬是指順應兒童好動、好奇、好模仿的天性，在類比中體驗生活、認識世界；情感體驗是指兒童在教師引導下，結合自身的經歷和實踐、認識事物、豐富情感；情感表達是指兒童通過具有生命情懷的美術語言（如形狀、色彩、線條等）和口頭語言表達自己的認識和理解。"四情"教學模式從有趣的情境創設開始，在直觀、活潑、生動的模擬和體驗中，在美術創作、交流、欣賞與評述中體驗與昇華生命情懷。

（三）兩方面探索課程評價方式

為保障動物美術課程的有效有序開展，需要與課程相配套的評價體系，我們擬探索兩方面評價。

1.教師教學評價

對老師教學的評價主要是：能否根據動物課教學和生命教育要求，梳理現有美術教材，挖掘各類新教材中顯性和隱性的生命教育內容，加以細化、整理，設計可操作的教學內容、教學方式和學生作業，組織開展美術教學活動過程中學生所積累的典型課例、論文、校本教材等成果。

2.學生學習評價

學習評價包括課前準備、活動過程、作業完成、合作交流等實踐體驗學習的表現，用"美術課評價卡""課後隨想""成長檔案袋"等方式激勵學生積累學習成果。

二、研究方法

採用文獻資料法和行動研究法相結合的方法，通過收集國內外少年兒童生命教育方面的成果，借鑒其先進的理論和方法，結合美術學科的特點，在動物美術教學中科學地解決小學生生命教育中存在的實際問題。

（一）文獻法

在中國知網（CNKI）上，以題名為檢索項，分別以"生命教育""動物美術教學""校本教材"等為檢索詞，對從 1998 年至 2010 年間的中文期刊全文資料庫、中國優秀碩士學位論文全文資料庫進行了精確的跨庫檢索，其檢索的內容相關度最高，如以主題為檢索項，則其檢索的內容涵蓋面最廣。因此，本研究以第一種方式進行檢索的內容作為研究的基礎文本，以第二種方式進行檢索的內容和其他相關文獻作為本研究的拓展文本。

（二）行動研究法

為了更有效地促進本課題的研究，擬在課題研究的實施過程中開展行動研究，並開展以下行動促進本研究：

①關愛動物示範行動：教師、家長要成為關愛動物持久的示範者，積極的倡導者、組織者，合格的指導者。

②基地活動行動：組織學生到活動基地觀察、體驗、寫生，近距離感受動物、瞭解動物，和動物交朋友。

③展示、交流行動：德育處、班主任和美術老師配合，利用集體朝會、班會活動時間進行動物美術作品展示、展覽和比賽等活動。

④家庭拓展行動：家長根據"自選資源"的建議，指導並督促學生開展相應的延展實踐活動，將動物教學活動延展到課堂之外。

⑤動物美術課教學實踐行動。

⑥動物美術課教學研討行動。

⑦動物美術校本課程建設行動。

三、研究的突破或者研究的創新點

（一）創新德育教育新模式

將動物美術教學與生命教育有機結合，探索具有美術特色的一種新的可操作、可借鑒、可持續、可推廣的有效德育教育模式。

（二）開發學校獨有的美術特色課程

動物美術課程與學校已形成的綜合實踐活動課程、德育活動課程相整合，開發學校獨有的美術特色課程。

四、研究的過程

（一）課題準備階段（2012年4月—2012年12月）

這一階段主要完成了課題申報的前期準備工作，具體有：

①建立課題組，主持人為代小婭，主要研究人員有周雪蓉、龍蕾、彭玉龍、程燕。成員組基本分工為：成都市學科帶頭人、四川省教學名師、四川省骨幹教師為負責人；校長、美術教師為主要成員；班主任為基本成員；部分家長為參與成員。為課題研究奠定組織基礎。

②課題組成員明確對學生進行生命教育的意義和課題開展的意義。

③課題組成員通過從網路下載期刊文章、圖書館查閱重要資料等形式，閱讀有關文章，查找相關資料。

④圍繞課題進行調查和分析，擬定課題，明確了研究申報的課題為"滋養兒童生命情懷的動物美術教學研究"，對課題進行論證，確立研究方向，並進一步

收集、整理、學習相關知識。

⑤探索性地開展活動，收集資料，學習宣傳，總結前期成果，整理相關檔案。

（二）課題論證階段（2012年12月—2013年1月）

這一階段主要完成了課題的申報、論證和立項工作，具體有：①明確課題意義，確定課題組成員的職責與工作安排，制定了相關的制度。

②進行問卷調查，對調查結果做統計及分析。

③明確研究的內容，研究的主要內容有：開發小學動物美術教學課程，構建動物美術教學課程體系，在動物美術課程教學中對小學生實施生命教育。包括：

A.小學動物美術校本課程的開發與實施研究。

B.滋養兒童生命情懷的動物美術教學模式的研究。

C.動物美術課程評價方式的探索。

④進行理論學習，組織教師培訓，完成課題的研究方案。課題組成員外出培訓、交流，選派代小婭老師赴新課程改革先進地區學習先進經驗，成員們分別參加了四川師範大學組織的"四川省中小學教學名師"，四川省教科所舉辦的中小學優質課培訓，成都市教科院、武侯區教科院組織的"陶藝""剪紙""版畫"等教學培訓活動。

⑤圍繞主題開展動物美術實踐活動，提供優秀教學範例，組織教師研討、學習，提高操作技能和水準。

⑥完成課題的申報、論證和立項工作。經四川省教育廳、四川省教科所批准，本課題正式申報立項成功，成為四川省中小學名師課題（川教函〔2012〕901號）。2012年12月28日，四川省教育廳正式發文，將"滋養兒童生命情懷的動物美術教學研究"確定為省級名師課題。

（三）正式實施階段（2013年2月—2014年3月）

這一階段主要完成了三方面工作：一是課題開題；二是行動研究；三是中期研究成果的推廣工作。

①組織課題研究人員學習相關資料，設計課題方案，召開課題開題會。2013年6月3日，課題組於成都市磨子橋小學正式開題，並舉辦開題報告會。與會人員除了全體課題組成員，還邀請到了四川師範大學陶旭泉教授、四川省教科所美術

教研員馮恩旭老師等教育教學專家進行指導。會議由龍蕾老師主持，代小婭老師做了課題的"開題報告"，得到大家的肯定。其間，陶教授、馮老師分別做了指示和發言，提出了對課題的期望、要求。

②組織開展校外基地活動課和校內美術課的教學活動。

③聘請校外輔導員，邀請他們不定期走進課堂，或做專題講座、報告等，充分利用社會資源開展動物美術教學和生命教育。

④研究滋養兒童生命情懷的動物美術教學模式。

⑤開發小學動物美術課程。

⑥召開課題工作研究會和經驗交流會。

⑦探索課程評價方式。

⑧進行階段研究成果交流和總結，開展中期研究成果推廣工作。

（四）課題結題階段（2014年4月—2014年5月）

這一階段主要完成對課題研究工作成果的收集、整理工作，做好結題準備，具體為：

①圍繞主題開展動物美術實踐活動，形成5個主題活動課例。

②形成"滋養兒童生命情懷的動物美術教學研究"校外活動課運行機制。

③形成"滋養兒童生命情懷的動物美術教學研究"校外活動課程課堂教學模式。

④形成"滋養兒童生命情懷的動物美術教學研究" 校內美術課教學模式。

⑤對前期成果進行系統的總結和梳理，彙編動物美術教學案例集、論文集、學生作品集等材料。

⑥梳理、提煉課程建設經驗，完成校本教材資源包，形成具有縱向系列特色的育人功能的動物美術課程體系，做好結題籌備工作。

⑦完成研究報告、工作報告，召開課題研究結題工作。

附：研究活動大事記

	研究活動大事記		
時間	研究活動主題及主要內容	參加人員、人數	主持人
2012.5	"2012四川省小學美術教師培訓"，代小婭老師上現場課，進行現場交流、研討	四川教育學院老師、送教教師、課題主研人員、遂寧市美術教	陳實
2012.8	四川省民族地區省級美術骨幹教師培訓： 1.代小婭老師做"如何上小學美術欣賞課——教學案例賞析與探討"專題講座 2.現場交流、討論	四川省民族地區省級美術骨幹教師、課題主研人員，100人	李彥瑾
2012.9	理論學習： 1.學習新課標 2.樹立新觀念 3.學習科研方法	課題主研人員、參研人員，10人	代小婭
2012.10	動物題材美術課堂教學研究活動： 1.美術組老師集體備課 2.美術組老師上研究課 3.課題組老師聽、評課	課題主研人員、參研人員，10人	代小婭
2012.10	武侯區片區美術賽課在磨子橋小學進行： 1.龍蕾老師參加賽課 2.彭玉龍老師參加賽課 3.其他學校老師參加賽課	武侯區美術教研員伍凌燕老師、武侯區美術教師，30人	代小婭
2012.10	組織全校學生到基地進行社會實踐，開展課題校外課活動	全校師生	程燕
2012.11	"國培計劃（2012）中西部項目——四川省農村中小學教師置換脫產研修項目"： 1.代小婭老師做"小學美術課堂大家談——從兩節課說起"專題講座 2.現場交流互動	四川省農村中小學置換教師、課題主研人員，100人	陳實
2012.11	"國培計劃——緊缺薄弱學科骨幹教師培訓項目"美術班成都市磨子橋小學現場課活動： 1.龍蕾老師現場課"羌韻服飾" 2.金牛區老師現場課"泥娃娃" 3.代小婭老師評課 4.周萍老師評課 5.現場交流互動	成都師範學院教授陳實、"國培計劃——緊缺薄弱學科骨幹教師培訓項目"美術班參培老師、成都市金牛區美術教研員及美術老師，150人	陳實

續：

2012.11	"國培計劃（2012）小學美術農村學科帶頭人短期集中培訓"（跟崗研修） 1.跟崗老師與課題組老師交流研討 2.跟崗老師聽課 3.跟崗老師上課 4.跟崗老師與課題組老師交流研討	"國培計劃（2012）小學美術農村學科帶頭人短期集中培訓"（跟崗研修）老師、課題主研人員，10人	代小婭
2012.12	四川省教育廳立項"2012四川省名師專項課題"		
2012.12	浙江、四川基礎美術教育研討活動： 代小婭老師做主題論述	浙江師範大學教授李力加、四川師範大學教授陶旭泉、浙江省美術特級教師、浙江省美術學科帶頭人、四川省美術教學名師，100人	李力加 陶旭泉
2012.12	2012年武侯區美術教師優質課評比： 龍蕾老師獲得特等獎	武侯區美術教研員伍凌燕、武侯區美術教師，40人	伍凌燕
2013.1	教育部義務教育美術課程標準與教材採編研討會，代小婭老師做主題發言	四川師範大學教授陶旭泉、四川中小學骨幹教師，20人	陶旭泉
2013.3	課題組活動，研究人員介紹最近階段的研究情況和下階段設想	課題主研人員、參研人員，10人	代小婭
2013.5	開題準備會： 1.商議開題報告 2.確定參加人員 3.商議會議議程 4.落實各項工作安排	課題主研人員、參研人員，10人	周雪蓉
2013.6	"人與社區——創意放飛夢想"青少年藝術展： 1.輔導學生創作"夢想社區" 2.參加"人與社區——創意放飛夢想"青少年藝術展	英國領事館領事、武侯區教育局領導、武侯區美術教師、課題主研人員、學生，200人	武侯區教育局國際辦老師
2013.6	開題會： 1.宣讀"課題立項通知" 2.陳述課題開題報告 3.開題論證答辯 4.互動交流	四川師範大學教授陶旭泉、四川省美術教研員馮恩旭、主研人員、參研人員、特邀嘉賓、家長代表,20人	龍蕾

續：

2013.9	中期成果匯報準備會： 1.商議中期匯報報告 2.確定參加人員 3.商議會議議程 4.落實各項工作安排	課題主研人員、參研人員，10人	代小婭
2013.9	中期匯報： 1.陳述課題中期成果報告 2.專家指導 3.互動交流	四川師範大學教授陶旭泉、四川省美術教研員馮恩旭、四川省教學名師、四川師範大學美術教育研究生，30人	陶旭泉
2013.10	"四川省農村中小學骨干教師置換脫產研修項目"（跟崗研修）： 1.跟崗老師與課題組老師交流研討 2.跟崗老師聽課 3.跟崗老師上課 4.跟崗老師與課題組老師交流研討	"四川省農村中小學骨幹教師置換脫產研修項目"（跟崗研修）老師、課題主研人員，10人	代小婭
2013.10	2013年"相約成都，共謀發展""辜曉平名師工作室"美術教研活動： 1.工作室老師匯報 2.代小婭老師指導 3.自由交流	四川師範大學教授陶旭泉、四川省美術教研員馮恩旭、四川省教學名師、"辜曉平名師工作室"老師、課題主研人員、四川師範大學美術教育研究生，30人	辜曉平
2013.11	四川省中小學省級骨干教師培訓： 代小婭老師做"中小學美術教師的科研定位與價值—我的科研我的教學"專題講座。	四川省中小學省級骨干教師、課題主研人員，50人	李彥瑾
2013.12	武侯區美術教師說課比賽： 1.龍蕾老師說課 2.代小婭老師評課	武侯區美術教研員伍凌燕老師、武侯區美術教師、課題主研人員，60人	伍凌燕
2013.12	課題榮獲成都市教育科研年度考核一等獎		
2014.4	結題準備會： 1.商議結題報告 2.確定參加人員 3.商議會議議程 4.落實各項工作安排	課題主研人員、參研人員，10人	周雪蓉
2014.5	結題匯報： 1.陳述課題結題報告 2.專家指導 3.互動交流	川師大教授陶旭泉、成都市原美術教研員王培秋、四川省教學名師、川師大美術教育研究生，20人	陶旭泉

第三節 研究成果

一、研究成果呈現

本課題對動物美術教學的研究，產生了很多成果，這裡從認識成果和操作成果方面進行介紹。

（一）認識成果

1. 進一步促進了學生的全面發展

以動物美術教學為特色的生命教育思想，符合當前大力推進素質教育的要求，適應當今學生身心健康發展的迫切需要，學生在直觀、生動、開放而豐富的美術實踐活動中進行充分的體驗感悟、實踐操作、自由表達、大膽想像，在獲取知識技能的同時，不斷領悟生命的意義和世界的意義，在積累經驗的同時具有生命的體驗能力，提高道德品質，促進學生全面發展。同時，結合學校德育活動課程，引導學生走進自然、走進社會，把成長體驗的主動權交給了學生，推動了學生知識結構的完善、個性特長的發展，豐富的課程給孩子們帶來了快樂的童年，他們綜合素質得到了更好的提升。

2. 教師的課程建設能力得到提高

教師在開展研究中進一步提高了課程建設的能力，進一步感受到美術課程的獨特魅力，完善了課程觀，更好地教書育人。開發滲透生命教育的動物美術課程讓教師從被動的課程消費者轉變為主動的課程開發者，激發出教師身上蘊涵的巨大潛能，促使教師學習修煉，促進教師的專業發展。

附：教師論文發表或交流獲獎情況

師論文表或交流獲獎情況			
成果名稱	作者	刊物名稱（期刊號）、會議名稱、獲獎等級及評獎單位	發表（交流獲獎）時間
專題講座"如何上小學美術欣賞課——教學案例賞析與探討"	代小婭	"四川省民族地區省級美術骨幹教師培訓"，四川省教育廳	2012.8
論文《小學美術課堂教學層次論》	代小婭	"文軒杯"四川省第七屆中小學生藝術節展演活動藝術教育論文二等獎，四川省教育廳	2012.8

續：

專題講座"小學美術課堂大家談——從兩節課說起"	代小婭	"國培計劃（2012）中西部項目——四川省農村中小學教師置換脫產研修項目"，四川省教育廳	2012.11
論壇交流"美術校本課程的開發與使用"	代小婭	在浙江、四川基礎美術教育研討活動的論壇中做主題論述，浙江省教育廳、四川省教育廳	2012.12
主題發言"國家教材與地方教材的合理編排與使用之我見"	代小婭	教育部義務教育美術課程標準與教材採編研討會，教育部，四川師範大學	2013.1
專題講座"中小學美術教師的科研定位與價值——我的科研我的教學"	代小婭	在四川省中小學省級骨幹教師研修項目，四川省教育廳	2013.11
論文《陽光孩子家鄉行12基地活動課程建構與實施》	周雪蓉	在《綜合實踐活動研究》總第25期發表，ISSN 1992-7711	2012.2
論文《綜合性學習讓學生的表達"活"起來》	周雪蓉	四川省第十三屆教師優秀論文三等，四川省教育廳	012.9
參與編寫並擔任副主編	周雪蓉	出版《陽光孩子家鄉行》，ISBN 978-7-5602-8113-1	2012.4
論文《創新學校德育管理，促進學生健康成長》	周雪蓉	成都市第十四屆基礎教育優秀科研成果二等獎(微型科研成果)，成都市教育學會	2012.9
	周雪蓉	獲得成都市市級骨幹教師證書	2013.3
論文《一起流血事件引發的思考》	周雪蓉	"四川省第十四屆教師優秀論文評選活動二等獎"，四川省教育廳	2013.9
論文《以雙向互動綜合實踐活動課程為載體有效開展國際理解教育》	周雪蓉	發表在《世界教育訊息》專刊，ISSN 1672-3937	2013.12
論文《打破學科界限，實現學科整合》	龍蕾	成都市基礎教育課程改革優秀論文評選三等獎	2012.8
論文《在生活中感知，在實踐中提升》	龍蕾	"四川省第十一屆教師優秀論文評選活動"三等獎	2012.10
論文《兒童美術教育生活化教學初探》	龍蕾	成都市武侯區美術學科教育教學論文評選二等獎	2012.12
論文《走出仿寫作文的誤區》	殷有清	全國優秀德育論文評選一等獎	2013.12

3.逐步形成具有縱向系列特色的育人功能的動物美術課程體系

情感培育、生命教育充分融入美術課堂，一至六年級的動物美術教學形成了一個完整的系列，呈現出動物美術課程的整體性、層次性，逐步形成校本課程。

4.進一步完善了學校的課程體系

動物美術課程的開發與實踐充分利用社會教育資源，拓展了學習空間，補充了國家課程。美術教學活動與德育活動、綜合實踐活動整合，有效地促進了學科課程目標的達成，完善了學校的課程體系。

5.創新出一種新的生命教育模式

新的教學模式就是以動物美術教學為載體的生命教育模式。具有美術特色的生命教育活動是一種可操作、可參考、可持續、可推廣的有效德育教育模式，並可以在此基礎上不斷實踐、不斷創新。讓更多學生參與其中，珍愛生命，快樂學習，快樂生活。

6.進一步促進了學校文化的發展

動物美術課程構建進一步促進了學校文化的發展，進一步豐富了我校"陽光教育"理念，"開放、和諧、合作"的陽光教育思想也將在課程開發中得到實踐，助推學校教育品牌的形成。

（二）操作成果

1.形成 5 個主題活動課例

在學校領導的直接指導和參與下，全校各年級開展了與課題相關的美術教學、綜合實踐、德育活動，初步形成 5 個"滋養兒童生命情懷的動物美術教學研究"主題活動課例，即"約會大熊貓""關愛月熊，我們在行動""遊覽動物了國家課程。美術教學活動與德育活動、綜合實踐活動整合，有效地促進了學科

附：成都市磨子橋小學"滋養兒童生命情懷的動物美術教學研究"

校外活動課程安排表

年級	活動主題	活動名稱	主題活動課時數	基地主題活動時間	基地主題教育資源	自選主題教育資源	學科融入活動
一年級	愛心服務	約會大熊貓	課堂準備1 基地活動6 課堂創作2 課堂展示1 家庭拓展6 共計16	學年下學期	成都大熊貓基地	例：臥龍"熊貓之鄉"	美術語文綜合實踐

續：

二年級	生命教育	關愛月熊，我們在行動	課堂準備1 基地活動6 課堂創作2 課堂展示1 家庭拓展6 共計16	學年下學期	黑熊保護基地	例：善待流浪貓狗	美術品德與生活綜合實踐
三年級	環境保護生態平衡	遊覽動物園	課堂準備1 基地活動6 課堂創作2 課堂展示1 家庭拓展6 共計16	學年下學期	成都動物園	例：碧峰峽野生動物園	美術科學綜合實踐
四年級	生命教育	我愛大自然——奇妙的爬行動物	課堂準備1 基地活動6 課堂創作2 課堂展示1 家庭拓展6 共計16	學年下學期	中國科學院成都分院爬行館		美術科學綜合實踐
五年級	環境保護生態平衡	與海洋動物交朋友	課堂準備1 基地活動6 課堂創作2 課堂展示1 家庭拓展6 共計16	學年下學期	極地海洋世界		美術科學綜合實踐

園""我愛大自然——奇妙的爬行動物""與海洋動物交朋友"。

2.形成"滋養兒童生命情懷的動物美術教學研究"校外活動課運行機制

①統籌安排，納入計畫："滋養兒童生命情懷的動物美術教學研究"校外活動課程為學校集體組織的半天或一天到活動基地上的體驗課，用學校綜合實踐活動課程時間完成，納入了學校整體課程計畫，在國家規定的實踐活動時間中由學校統籌安排，保障了時間、空間，形成良好的運行機制。

課題組對學校二期（2009年—2015年）課程教學改革方案進行研讀，明確學校課程分為學科類課程、學科延展類課程、綜合實踐類課程。學科類課程主要按照科領域完成基礎知識、基本能力目標；學科延展類課程指由學科教師以提升學生能力為目標，開發實施的具有學科特點的實踐性質的活動課程；綜合實踐類課程指以"陽光孩子家鄉行"主題活動為載體，通過學生實踐，促進學生創新精神、探究能力、解決問題等綜合能力提升的活動課程。

②明晰流程，落實操作：根據各基地和設置的育人目標，圍繞不同的主題活動基地建立系統的活動內容和操作方式，形成了準備課、體驗課、創作課、展示課、家庭課的校外活動課教學模式。準備課用校本課程時間完成，由班主任主要進行活動安排和指導。體驗課為學校集體組織的半天或一天到活動基地上的觀察、體驗、寫生活動，時間由年級統籌安排。創作課用校內美術課時間完成，由美術老師在學生到基地體驗後所進行的美術創作活動。展示課是德育處、班主任和美術老師配合，利用集體朝會、班會活動時間進行的美術作品展示、展覽和比賽等活動。家庭課指學生在家自主完成實踐任務的延展課，由家長根據"自選資源"指導並督促學生開展相應的延展實踐活動。為了讓課程實施的各個環節都有序運行，我們梳理出活動課實施流程圖，為教師提供清晰明確的操作方式。

3.形成"滋養兒童生命情懷的動物美術教學研究"校外活動課程課堂教學模式

附：磨子橋小學"滋養兒童生命情懷的動物美術教學研究"

校外活動課實施流程圖

步驟1
課題組：梳理完善課程目標，擬定課程實施要點

↓

步驟2
德育處：聯繫基地，協調準備課事宜，協助各班召開家委會會議，召開年級銜接會，強化課程實施要點

↓

步驟3
班主任：執教準備課（或者協助外聘人員上準備課）

↓

步驟4
班主任、副班主任、家長志願者：組織實施基地活動課

↓

步驟5
美術老師：執教創作課，組織學生進行創作

↓

步驟6
德育處、班主任、美術老師：組織匯報展示課，組織教師總結評價課程實施情況，形成改進要點

↑（回到步驟1）

在各種課型中，我們都強調學生參與體驗，重視在真實的情景中引導學生觀察、表達、感悟、創造，提升道德認知和情感，提高能力，並逐步內化，以期達到"潤物無聲"的理想教育境界。課題組探索了准備課、體驗課、創作課、展示課四種課堂教學的基本環節。

准備課基本環節：

知曉主題，激發興趣—查閱資料，提出問題—歸類分組，明確任務

體驗課基本環節：

回顧要求，強化任務—班級參觀，聽看議畫—小組合作，調查訪問

創作課基本環節：

聚焦主題，交流見聞—梳理成果，創作表達—小組合作，完成作品

展示課基本環節：

展示作品，引發關注—互動交流，分享觀點—拓展認知，深化主題

4.形成校內美術課教學模式——"四情"教學模式

以校內課為主的美術學科課型，我們強調充分調動學生的情感體驗，重視在真實的情景中引導學生觀察、表達、感悟、創造，提升對生命的認知和情感，提高能力，並逐步內化，以期達到"潤物無聲"理想教育境界。

5.形成滋養兒童生命情懷的小學動物美術校本課程資源包

已形成滋養兒童生命情懷的小學動物美術校本課程資源包（目前資源包分為校內美術創作課教學課例和學生作品集兩部分），並逐步形成小學動物美術校本課程。

6.形成滋養兒童生命情懷的小學動物美術活動課評價表

為了更好地再開展主題活動並檢測主題活動課學習效果，我們設計並實施了活動課評價表，分學段對孩子進行學習評價，包括課前準備、活動過程、作業完成、合作交流、主動設計等實踐體驗學習的表現，以此增強學生的學習動力。

附1：成都市磨子橋小學"滋養兒童生命情懷的動物美術教學研究"
校內美術創作課教學內容安排表

年級	教學課題	教學領域	課時安排	教學時間	基地主題教育資源
一年級	美麗的蝴蝶書籤	造型與表現（黏土製作）	2課時	學年上期	拓展
	熱鬧的森林	造型與表現（線描、黏土製作）	2課時	學年上期	拓展
	約會大熊貓	設計與製作（廢舊材料、紙藝）	2課時	學年上期	成都大熊貓基地
	飛翔的小鳥	造型與表現（色彩：炫彩棒）	2課時	學年下期	拓展
二年級	貓頭鷹	設計與製作（廢舊材料巧利用）	2課時	學年上期	拓展
	紙杯小兔	設計與製作（廢舊材料巧利用、黏土製作）	2課時	學年上期	拓展
	關愛月熊，我們在行動	造型與表現（色彩：炫彩棒）	2課時	學年下期	黑熊保護基地
	我的愛，讓你不再流浪	造型與表現（黏土製作）	2課時	學年下期	拓展
三年級	保護珍稀動物	造型與表現（色彩：水彩+丙烯）	2課時	學年上期	拓展
	可愛的小猴	造型與表現（色彩、剪貼）	2課時	學年上期	成都動物園
	快樂的動物家族	造型與表現（黏土製作）	2課時	學年下期	成都動物園
	馬到成功	造型與表現（色彩：炫彩棒）	2課時	學年下期	拓展

續：

四年級	熊貓之家	造型與表現 （黏土製作）	2課時	學年上期	成都大熊貓基地
	昆蟲世界	造型與表現 （線描）	2課時	學年上期	拓展
	我愛大自然——奇妙的爬行動物	造型與表現 (色彩：水彩、丙烯)	2課時	學年下期	中國科學院成都分院爬行館
	牛奶盒巧變小動物	設計與製作 （廢舊材料巧利用）	2課時	學年下期	拓展
五年級	獨具特色的民間玩具	造型與表現 （黏土製作）	2課時	學年上期	拓展
	牛氣衝天	造型與表現 （廢舊材料巧利用）	2課時	學年上期	拓展
	與海洋動物交朋友	造型與表現 （黏土製作）	2課時	學年下期	極地 海洋世界
	節日賀卡	設計與製作 （黏土製作+紙材）	2課時	學年下期	拓展
六年級	中國龍	造型與表現 （黏土制製作）	2課時	學年上期	拓展
	怪獸	造型與表現 （黏土製作）	2課時	學年上期	拓展
	吉祥如意	造型與表現 （黏土製作）	2課時	學年下期	拓展
	箱板動物	設計與製作 （廢舊材料巧利用）	3課時	學年下期	拓展

附2：成都市磨子橋小學低段活動課評價表

項目	評價內容及等級	評 人員		
		自評	同學評	老師評
文明守紀	少先隊員參觀社會實踐活動基地時，能遵守紀律，講文明，懂禮貌。	☆	☆	☆
	在參觀基地時，能愛護環境，不亂扔果皮紙屑。	☆	☆	☆
學習態度	在活動中，能認真聽老師介紹相關的知識。	☆	☆	☆
	能按時完成一份活動課作品。	☆	☆	☆
合作學習	在活動中，與小組成員互相幫助，不發生矛盾。	☆	☆	☆
參與熱情	喜歡參加社會實踐活動，不缺席。	☆	☆	☆
成果展示	能積極參加作品展示，節目匯報。	☆	☆	☆
	活動結束時，能及時填寫評價表。	☆	☆	☆
總評	活動課教師簽名：　　　　等級：	☆	☆	☆

備註：評價好請在☆上塗上紅色，"自評""同學評""老師評"每一欄都獲得8顆小星，就塗紅3顆大的星，獲得優秀等級。"自評""同學評""老師評"欄有1顆小星沒有獲得，就不能塗紅對應的大的星，等級為良好。"自評""同學評""老師評"每一欄都有2顆小星沒有獲得，就不能塗紅對應的大的星，等級為合格。

附3：成都市磨子橋小學中段活動課評價表

姓名：	班級：		評價時間：年 月 日			
評價項目	具體內容		個人評	小組評	家長評	老師評
情感態度 （24分）	1.積極參與活動，不缺席。（2分）					
	2.主動提出設想和建議。（2分）					
	3.不怕困難和辛苦。（2分）					
合作交流 （12分）	1.主動和同學配合。（1分）					
	2.樂於幫助同學。（1分）					
	3.認真傾聽同學的觀點。（1分）					
學習技能 （32分）	1.活動方案構思新穎獨特。（2分）					
	2.活動方案細緻周全。（2分）					
	3.會用多種辦法收集並處理資訊。（2分）					
	4.實踐方法多種多樣。（2分）					
成果展示 （24分）	1.有成果意識，完成活動中的作業。（2分）					
	2.有活動檔案袋。（2分）					
	3.參與表演、競賽、匯報等。（2分）					
好朋友對我說（2分）						
爸爸媽媽對我說（2分）						
我的活動感言（4分）						
活動總評	總分： 等級： 活動課教師簽名：					

備註：總分90分及以上為優秀，總分89～75分為良好，總分74～60分為合格，總分60以下為不合格。

附4：成都市磨子橋小學高段活動課評價表

學生姓名：	班級：	評價時間：	年	月	日

評價項目	評價要點	自我評價	小組評價	家長評價	老師評價
活動表現 （36分）	積極參加本次活動，不缺席。（1分）				
	努力完成自己承擔的任務。（1分）				
	主動提出自己的設想。（1分）				
	樂於合作，能和同學交流。（1分）				
	準備工作充分。（1分）				
	尊重他人想法與成果。（1分）				
	愛護公物，愛清潔，不隨地扔紙屑果皮。（1分）				
	注意安全，遵守紀律，舉止文明。（2分）				
活動能力 （32分）	取資訊途徑、方法多樣，做好資料收集和處理工作。（2分）				
	能運用已有知識解決問題。（1分）				
	獨立思考、善於觀察，做好觀察記錄。（2分）				
	主動發現問題、提出問題，尋求解決問題的方法。（1分）				
	有獨特的見解，寫好心得體會。（2分）				
活動成效 （32分）	完成活動中老師佈置的作業。（2分）				
	成果多，形式多樣。（1分）				
	收集的資料豐富。（1分）				
	交流匯報積極。（1分）				
	虛心接受他人意見或建議。（1分）				
	作品或設計有創意。（1分）				
	能給其他同學提出有意義的建議。（1分）				
總評	總分： 等級： 活動課教師簽名：				

說明：總分85分及以上為優秀，總分84～75分為良好，總分74～60分為合格，總分60以下為不合格。

二、研究成果說明

這項課題從前期調研、課題申請、立項開題、具體研究、效果評價、成果提煉，歷時兩年多，探索出了將動物美術教學與生命教育有機結合的一種新的可操作、可借鑒、可持續、可推廣的有效德育教育模式，將動物美術課程與學校已形成的綜合實踐活動課程、德育活動課程相整合，開發出了學校獨有的美術特色課程。找到了開發小學動物美術課程的途徑，探索出了校內、校外課的不同教學形式和課程評價方式，形成了研究成果。

它適用於各類中小學的美術教學研究，它的推廣與應用，能改變學校教育中學科教學與德育活動相脫節的現象。改變對學生進行簡單、粗暴、說教的德育方式；改變學校教育重知識技能、輕情感態度的傳統教學模式，發揮美術學科對學生情感教育的社會價值，豐富學生情感，健全學生人格；改變社會低估美術教育價值的現狀，讓更多的人看到美術教育在育人中的價值；改變領導、教師、學生、家長對美術教育的輕視態度，使其能充分認識美術教育在人的成長過程中的重要意義，形成主動發展的動力。從而推動學校、社會和家庭美術教育的發展，推動中小學美術教改，促進美術教育的整體發展，促進學生的健康成長。

三、研究成果的應用

（一）利用主題活動課例，設計開展校外活動課程

參考我校"滋養兒童生命情懷的動物美術教學研究"校外活動課程安排表，設計開展融美術教學、綜合實踐、德育活動為一體的校外活動課，逐步形成本校的主題活動課例。

（二）利用校外活動課實施流程圖，有序運行課程實施的各個環節

利用校外活動課實施流程圖，根據各基地和設置的育人目標，圍繞不同的主題活動基地，建立系統的活動內容和操作方式，將校外活動課程納入學校整體課程計畫，在國家規定的實踐活動時間中由學校統籌安排，保障了時間、空間的有效利用，形成運行機制。

（三）利用校外活動課程課堂教學模式，有效開展活動課教學

課題組老師們在基本模式的指導下，開展活動課教學實踐，湧現出不少優秀的教學案例。

如二年級的"關愛月熊，我們在行動"活動課，老師是這樣設計與實施的：

"准備課"：1 課時，邀請"四川龍橋黑熊救助中心"的老師到校執教，利用學校主題教育課程時間開展，激發學生參與的興趣，明確參觀任務和注意事項。

"基地體驗課"：5～6 課時，由教師和部分家長共同承擔，將學生按 6～8 人分成小組開展，佔用學校安排中一天的實踐活動時間，按照教師事先設計好的課程目標，組織學生參觀黑熊（月熊）救助中心展廳，聽工作人員介紹黑熊救助的相關情況，訪問飼養員瞭解黑熊被救助前後的狀況，完成簡單的記錄。

"創作課"：2 課時，由美術教師引導學生通過討論、交流，梳理在黑熊救助中心的所見所聞，學習美術表現技法，獨立完成或小組合作完成繪畫、小報等作品。

"展示課"：1 課時，在集體朝會上通過作品展示等活動向全校進行彙報介紹。所有的活動設計都是以學生的參與、體驗，表達與分享為主線展開。很多孩子在看到、聽到被救助前的黑熊的遭遇竟來自人類的摧殘，都忍不住熱淚盈眶，主題課程激發出了孩子前所未有的對動物的關愛之心，每個孩子都知道了拒絕使用黑熊膽汁要從自己做起，關愛動物是善良的人應該堅持的。二年級的孩子參觀了四川龍橋黑熊保護基地，回到家裡，一個孩子這樣寫道："月熊，我想代表人類對你說，'對不起，我們人類當中的極少數敗類殘害了你們，他們被金錢燒紅了眼睛，被私利熏黑了心肝，他們榨取膽汁、買賣熊掌……對你們造成了各種傷害。大量地砍伐森林減少了你們生活的家園，把你們關在狹窄的鐵籠子裡，見不到明媚的陽光蔥綠的草地……我為我們人類極少數人對你們造成的傷害而感到羞愧'。我提議，從現在起不要再破壞環境了，就從不再取熊膽汁開始，不再做殘忍的事吧！月熊也是生命，它也有權利享受這一切，我們人類沒有權利剝奪任何動植物的生命權，世間的一草一木都有權利在這美好的世界上生活，讓我們共同建造一個美麗和諧的地球吧！"

四、餘論

（一）動物美術課程評價方式的進一步探索

1.教師教學評價

對教師的教學評價需要進一步積累，主要是：根據所要求的活動課主題，在參考資料的啟發下，設計可操作的活動和作業；根據動物課教學和生命教育要求，梳理現有美術教材，挖掘各類新教材中顯性和隱性的生命教育內容，加以細化、整理，設計可操作的教學內容、教學方式和學生作業，組織開展美術教學活動過程中學生所積累的典型課例、論文、校本教材等成果。

2.學生學習評價

對學生的學習評價重視過程，包括課前準備、活動過程、作業完成、合作交流等實踐體驗學習的表現，用"美術課評價卡""課後隨想""成長檔案袋"等方式激勵學生積累學習成果。

（二）動物美術課程校本教材的進一步完善

進一步科學地梳理、挖掘出動物題材美術教學中顯性和隱性的生命教育內容，對它們加以細化、整理，按照由低到高、由淺到深、循序漸進的方向進行動物美術課程內容的安排和設計，形成更加科學、合理、系統、完整的 1~6 年級的動物美術教學系列，形成滋養兒童生命情懷的小學動物美術校本教材。

參考文獻：
①馮建軍.生命與教育[M].北京：教育科學出版社，2004.
②劉濟良等.生命的沉思：生命教育理念解讀[M].北京：中國社會科學出版社，2007.
③[日]穀口雅春.生命的實相[M].臺北：商鼎文化出版社，1992.
④鄭新蓉.尊重生命應是道德教育的基本內容和原則之一[J].江西教育科研，1996.
⑤王東莉.生命教育與人文關懷——青少年教育的終極使命[J].當代青年研究，2003.
⑥錢巨波.生命教育論綱[J].江蘇教育研究，1999.
⑦[美]卡羅·奧林奇.塑造教師：教師如何避免易犯的 25 個錯誤[M].吳海玲，譯.北京：中國輕工業出版社，2002.
⑧[美]約翰·杜威.我們怎樣思維、經驗與教育[M].姜文閔，譯.北京：人民教育出版社，2005.
⑨[美]羅恩菲德.創造與心智成長[M].王德育，譯.長沙：湖南美術出版社，2002.
⑩[美]艾略特·W.艾斯納.兒童的知覺與視覺的發展[M].孫宏，張丹，葛凌凌譯.長沙：湖南美術出版社，2002.
⑪[英] 赫伯特·裡德.通過藝術的教育[M].呂廷和，譯.長沙：湖南美術出版社，2002.
⑫劉旭東等.校本課程與課程資源開發[M].北京：中國人事出版社，2001.
⑬馮建軍.當代主體教育論：走向類主體的教育[M].南京：江蘇教育出版社，2001.
⑭尹少淳.走進課堂：美術新課程案例與評析[M].北京：高等教育出版社，2003.
⑮陶旭泉.美術教師培訓理論與實踐[M].成都：四川大學出版社，2012.
⑯王大根.中小學美術教學論[M].南京：南京師範大學出版社，2013.
⑰李力加.名師如何煉就名課（美術卷）[M].重慶：西南師範大學出版社，2010.

04
第四章

美術創作促進留守兒童心理健康成長的探索與實踐

美術課堂問道——美術基礎教育熱點研究

第一節 研究問題

一、問題的提出

農村大量的留守兒童"留守"的現象已是一個不爭的事實，儘管留守兒童的生活狀況在政府和各界人士的關懷下，物質上得到了較大改善，但是，長期與父母分離，他們在生理上與心理上的需要得不到滿足，許多的煩惱和問題沒有傾訴的管道和正確的引導。即使父母一方在家，也因為忙於家務和其他勞動，無暇顧及他們情緒、情感的變化，使得留守兒童缺少了與父母交流溝通的機會，無助感、失落感和被遺棄感逐漸形成，影響他們心理的健康發展。留守兒童的心理問題如得不到及時的疏導矯正，就會在性格、情緒，甚至行為習慣上產生諸多的負面影響。

本課題針對留守兒童的心理問題，拋棄枯燥的一般說教或嚴厲的條規約束，利用美術創作過程中的情感體驗、創作內容的自主選擇、表現方式的多樣化，開創適合留守兒童心理健康發展的美術創作活動，讓留守兒童在美術的創作過程中，自然而然、潛移默化地得到心靈撫慰，得到正常發展。目前對兒童畫的本質、兒童畫與兒童心理、兒童畫與兒童性格、促進心理健康的兒童美術教學方法已有研究著述，針對心理疾病患者、殘疾人、智力障礙者的美術心育治療也有探究，但對本課題涉及的留守兒童特殊的心理健康教育的美術創作還沒有具體的研究。在前人相關的研究基礎上，本課題側重在美術創作活動中用撫慰、釋放、疏通、引導、調節、自我實現等方式，讓留守兒童在美術創作活動中，通過外部的調控和自身的調理以達到心理的健康發展。

二、本題研究的意義

第一，本課題的研究，利用美術創作促進留守兒童心理健康成長。

第二，通過本課題研究，形成適合留守兒童心理健康成長的美術創作方法和途徑。

探索出有利於促進留守兒童健康心理發展的具體的美術創作活動形式、內容及實踐操作策略，具有較強的實踐意義。對這一特殊的群體既有共性又有個性的不良心理健康探索出矯正、疏導的共同性辦法和不同個體的個案方略。

第三，本課題的研究，可以引起更多的社會人士關注這一特殊的群體。

對留守兒童創作出的美術作品進行收集整理並出版發行，開展作品展覽交流。他們的心靈需求、情感訴求將會展現在公眾視野，使政府、社會人士更多地對他們進行恰當、準確的關愛。

第四，本課題的研究，為當前各級關心留守兒童的政府部門，提供可行的分析資料。

三、本問題國內外研究的現狀

與本課題類似的研究主要有：①梅方勝在《小學教學研究》2008 年第 4 期發表的《美術教學改善留守兒童心理健康的對策與方法》文章中提出：在美術教學中，從教師的角度如何在提高留守兒童的美術表現力方面滲透心理健康教育的內容。②金銳在《藝術教育》2008 年第 7 期發表的《美術心育療法》是關於農村留守兒童心理問題矯正的策略研究，在心理治療方面對留守兒童的心理健康教育做了一些重點探索；在美術創作中的心育治療方面對美術與心理健康的作用進行了簡單的闡述。③還有《談談美術教育對學生心理健康成長的作用》《將心理健康教育融入美術教學中》等幾篇文章對美術教學及其對心理健康的促進作用，進行了理論上的探索，但停留在美術教學促進心理健康的意義、價值、觀點等理論上的探討。④國內外著述對美術與心理的研究有錢初熹的《美術教育促進青少年心理健康》、美國瑪考爾蒂（Cathy A.Malchiaodi）的《兒童繪畫與心理治療》。這些著述在兒童畫的本質、兒童畫與兒童心理、兒童畫與兒童性格、促進心理健康的兒童美術教學方法等方面做了闡述，對本課題涉及的留守兒童特殊的心理健康教育的美術創作沒有具體的研究，但是為本課題的研究提供了理論方面的依據。

四、相關概念界定

三個核心概念的界定：

①留守兒童：是指父母雙方或一方外出到城市打工，而自己留在農村生活的孩子們。他們一般與自己的父親或母親中的一人，或者與上輩親人，甚至父母親的其他親戚、朋友一起生活。

②心理健康：從廣義上講，是指一種高效而滿意的、持續的心理狀態；從狹義上講，是指人的基本心理活動的過程內容完整、協調一致，即認識、情感、意志、行為、人格完整和協調，能適應社會，與社會保持同步。

③美術創作：是人的審美創造活動。它是一種複雜的審美認識活動和審美表現活動，同時也是一個從審美認識到審美表現、從藝術構思到藝術傳達的過程。美術創作的最終成果是美術作品。所以，通俗地說，美術創作就是從醞釀、構圖到製作完成美術作品的一系列活動及其過程。

本課題的美術創作主要指學生在課堂內外的造型表現活動以及圍繞造型表現開展的教育教學活動。

第二節 研究的路徑

一、研究思路

本專案研究的途徑是在理論研究的引導下，進行應用研究與實踐研究。

①對留守兒童的心理狀況進行調查分析，查找留守兒童的心理癥結、具體表象。

②激發留守兒童的美術創作興趣，降低創作的技術難度，吸引他們自覺地參與到美術創作中，輕鬆自由地進行創作，爭取留守兒童對心理健康發展的主動配合。

③引導留守兒童在美術創作中釋放情感、宣洩情緒，達到疏導的作用。

④針對留守兒童不良心理狀況開展美術創作活動實驗、實踐研究，促進留守兒童健康心理品質的形成。課題組將在美術創作活動中，促進以下幾方面心理品質形成的探索研究：

親情饑渴—親情撫慰(模擬親子實驗繪畫)

孤獨、寂寞—交往、交流合作（集體創作，同學之間的作品展評，作品本身的情感表達）

無助、依賴—獨立個性（表現的自由）

冷漠、任性—感恩心、責任感（情感誘導下的主題創作）

自卑、不上進—自信心（作品展覽的自我意識，創作過程中點滴激勵）

⑤留守兒童美術作品的交流展覽形式的研究，實現自我價值。

二、研究方法

本專案的研究以理論研究為指導，以應用研究為主體；個案研究與綜合研究相結合，強化綜合研究；採用調查分析法、實驗法、個案研究法、文獻資料法等。

三、研究的突破或者研究的創新點

①創新的研究角度，本課題面對留守兒童心理問題，利用美術創作矯正、疏導，促進其發展，選擇了一個全新的角度進行研究。

②創新的解決方法，讓留守兒童在調控有序的美術創作活動中去感悟、釋放，潛移默化地自我調理、內化，達到研究目標。

③創新的研究價值，本課題的研究產生的理性意義與操作技術成果，是對新課程理念下美術學科價值的豐富與體現。

四、研究的過程

（一）留守兒童的不良心理狀況調查分析活動

課題組通過訪談、問卷、交流、觀察、瞭解的方式，分別在仁壽縣的縣城（仁壽師範附小）、鄉鎮（文宮鎮、龍正鎮、禾家鎮）、山區（文宮五馬村小）、壩區（合心鄉完小、三溪鄉完小）展開調查活動。

調查的基本情況：

①父母雙方外出打工：縣城佔 10%左右，鄉鎮佔 30%左右，山區佔 46%左右。

②父母一方外出打工：縣城佔 17%左右，鄉鎮佔 60%左右，山區佔 76%左右。

③留守兒童家庭撫養情況：父母一方撫養佔 48%，祖父輩撫養佔 36%，親戚朋友寄養佔 16%。

從調查的情況看，留守兒童的留守人數呈生活條件越差的地方留守現象越嚴重的趨勢，父母雙方都外出的孩子心理困擾的程度更為嚴重。留守兒童心理問題產生的原因是綜合的、複雜的，社會、家庭環境、監護人的教養方式、兒童的年齡和個性等不同方面都對留守兒童產生影響。根源性的原因是"留守"，即和父母分離。童年早期與父母頻繁分離的兒童無法與父母建立安全依戀，無法持續穩定地獲得親子關係帶來的安全感、溫暖感和社會交往能力等；監護人對留守兒童採取的教養方式影響留守兒童的性格形成與發展。歸結起來，留守兒童主要有以下不健康的心理問題：親情飢渴、孤獨、寂寞、無助、依賴、冷漠、任性、自卑、不上進等。

（二）激發留守兒童美術創作興趣的探索活動

留守兒童對美術創作的興趣是課題實施的關鍵，也是健康心理形成的切入點。興趣是認識某事物或參與某種活動的積極傾向，是進行美術學習和創作的動力。激發興趣對於調動學生進行美術創作的積極性和主動性起著無可替代的作用。

　　孩子天生就喜歡畫畫，可是隨著年齡的增加畫畫的興趣卻呈遞減趨勢。到了小學高段，部分學生喜歡美術課，僅僅是因為美術課上提供的相對寬鬆的空間和時間，覺得美術課"好玩"，而不是真正在"玩"美術。課題組本著保護孩子的繪畫興趣，並使這種興趣轉化為持久的情感態度，開展了一系列的探索活動。

　　1.保護"童心"，體驗愉悅

　　童心最主要的特點就是好奇心和天馬行空的想像力，以及不受法度約束、自由自在的"信手塗抹"的繪畫狀態。只要不影響、阻礙孩子的這三個方面，他們就會以非常積極的態度進行美術創作。有了愉悅的積極體驗，他們就會期待下一次活動的到來。

　　在美術創作活動中保護"童心"，鼓勵他們按照自己的意願去選擇"興奮點"——畫面中最想表達的內容，如蝸牛的表現，有的孩子著眼於外殼花紋的刻畫，有的孩子喜歡蝸牛群的遊戲場景，還有的孩子則給蝸牛添加車輪、火箭裝置等。對於奇特的想像力，不要用成人的眼光去評判，多一點包容理解，即使出現與現實生活相違背的情景也不要去干涉（有可能是孩子的一種新發現，即使真有誤，他們會隨著知識的增加自己修訂）。

　　對於美術的形式要素及美術的知識技能的滲透，要因人而異，選擇最恰當的時機，分解後教給孩子，不能成為阻礙他們畫畫的絆腳石。

　　2.選擇走進心靈、貼近生活的題材進行創作

　　孩子們對身邊熟悉的事物以及發生的事件都會不同程度地在心理做出反應，同樣的事件不同的孩子心理感受是不同的。因此選擇孩子熟悉並喜歡的內容，畫出他們不同的感受，讓他們的作品做到"有感而發"。如"下雨了"的命題創作，有的孩子表現斜斜的雨絲，有的表現雨中昆蟲，有的表現孩子們雨中嬉戲，還有的表現重重疊疊的花雨傘……從孩子的需求點出發，利用他們現有的生活經驗，選擇具有較強吸引力的內容作為繪畫題材，會使他們快樂不已。比如，喜愛的小動物，我的好朋友，我的家，路邊的野花、小草，我的玩具等。

　　3.開創生動有趣、喜聞樂見的美術創作活動形式

　　在美術創作教學中使用教師示範，如果一味進行枯燥、單一的技能訓練，學生依樣畫葫蘆的創作手段，不但會使他們失去作畫的興趣，還會失去對周圍事物的敏感性，失去個性形成的機會。

在美術創作實踐中，課題組遵循兒童審美心理發展的規律，根據不同年齡段的心理特點進行了以下五種創作形式的探索。

①故事引入創作：聽故事，每一個孩子都喜歡，也是孩子獲得知識的一種途徑。用故事引入教學內容，能充分地吸引孩子的注意力。在孩子創作過程中，注入故事情節，他們會十分投入地進行創作，甚至還會一邊畫一邊口中念念有詞，講著自己的故事。有時是先聽故事後畫畫，有時是畫完畫，再創編自己的故事；有時是聽孩子講，有時聽老師講；有時老師講開頭，孩子們去創編後面的情節。作業展評的時候還可以把自己的故事講給大家聽。

②遊戲式的美術創作：孩子在做遊戲的時候總是全神貫注、全力以赴的，他們會調動所有的感覺器官，這時生動活潑的思考和表現行為也就隨著出現。如吹畫、頭飾的製作與表演、水漬聯想添加、繪畫接龍、對印畫等。再比如，做完遊戲活動，帶著自己切身感受用創作去表現遊戲活動。

③創意臨摹：臨摹是學習美術的一種有效手段，特別是小學高段的學生尤其喜歡臨摹，但是臨摹是提高美術技能的一種手段，而不是美術創作的根本目的。創意臨摹就是學生選擇自己喜歡的名家作品，選擇性地臨摹部分內容，融入自己的想法，變成另一幅作品。有的臨摹局部的細節，有的是構圖，有的是色彩等。

④繪畫日記：是記錄自己的生活觀察或者心靈感受的創作形式。繪畫語言採用簡單易學的線描或色塊，也可以是相對豐富的表現形式，再配以簡要的文字說明。這種創作形式，可以讓學生用美術的形式去感受、記錄生活，也可以成為創作收集的素材，還可以形成連續的故事繪本。

⑤合作畫：可以是 2~3 人的合作，也可以是 7~8 人的小組合作，還可以是一個班集體共同完成一幅長卷。

合作畫可以彌補孩子之間的美術差異（誰擅長什麼就畫什麼），互相之間取長補短，增進他們之間的情感交流，促進友誼的形成，是孩子們喜歡的一種繪畫形式。

美術創作活動中，手法的豐富、創作工具的更新、創作材料的創新等，都可以給孩子們帶來創作的樂趣。

4.激勵性的作品展評方式

美術創作的結果最終以作品的形式出現，作品的評價既是對學習的回饋，也是對孩子勞動成果的肯定，更是讓他們得到成功體驗的重要機會。由於每個孩子的美術創作能力參差不齊，每次設置難易不同的創作要求，讓每個孩子選擇適合自己水準的要求進行創作，儘量降低技術難度，用簡單的符號自由表達。這樣，每個孩子都可以完成創作，各自得到不同的發展。作品展評時，可以學生之間自評、互評，也可以師生共同評價。操作時，分幾個大組進行，一個大組展示作品，另一個大組進行評價。評價要求：指出一個優點，提出一條建議，前面說過的後面不能重複。最後教師做總結性的小結，對於創作能力弱的學生，要挖掘他們創作過程中以及作品裡的閃光點予以肯定。

這樣的方式，每個孩子都有能力去創作，都有機會參與展評，都會得到成功的體驗，也就會興趣盎然地期待下一次的美術創作。

（三）促進留守兒童健康心理形成的美術創作活動探索

1.留守兒童釋放情感、宣洩情緒的美術創作活動

留守兒童由於父母長期不在身邊，監護人無暇顧及他們的心理感受，或者由於年事已高又沒能力與孩子交流溝通，久而久之諸多的心理問題形成積壓、滯重，造成孩子壓抑、焦慮的心理情緒情感。

課題組進行了兩種形式的美術創作活動實踐。一種是遊戲性的美術創作，一種是較為投入的注重結果的創作。

遊戲性的美術創作，在實施的過程中，盡可能地營造寬鬆的創作環境，創設有利於孩子無拘無束盡情地發揮的創作內容。在創作活動中，教師要具備足夠的耐心、愛心，注入關愛的情感。面對他們的"恣意放縱""胡亂塗抹"，甚至"忘乎所以"等狀況，不去干涉，而是包容和合理地引導。遊戲式的美術創作，可以讓孩子放鬆身心，進入"不計後果"的玩耍狀態，宣洩內心以達到心理的平衡。

注重方法和效果的美術創作，運用各種材料及工具充分調動多種感官，使孩子進入一種聚精會神、專注投入、平心靜氣的創作狀態中，達到平穩情緒、心靈淨化的效果。比如，手工製作、主題創作、線描寫生練習等。

附 1："操場上的戲水，大地的花紋"

背景：週二下午，天氣悶熱。第二節課是六一班的美術課。

走進教室，悶熱中夾雜著吵鬧聲，還有兩個孩子站在座位上小聲地嘟嚷著："老師，他把我的衣服弄濕了""老師，他把水灑在我的本子上了"。原來是兩個孩子把自己喝的水互相噴灑了，我迅速處理好這個事件，轉身準備上課。突然，一個想法在腦海裡出現：何不帶孩子們去操場用水在地面上畫畫，既涼爽又好玩。

"同學們，今天的美術課去操場上。"

"安逸，寫生課"，一個孩子開心地說道。

"今天不帶任何工具，只帶塑膠瓶！沒有塑膠瓶的同學在廢品箱裡找一個（班級發動學生在收集廢舊物品）。"

"請每個同學用圓規把瓶蓋紮一個小孔，到衛生間盛滿水，去操場用水畫畫。"

"啊、哦……"孩子們一陣歡呼雀躍。

到了操場，按三個人一個小組分開，在操場裡劃分位置，用水在地面上畫出紋樣。可以單個進行，也可以小組合作。孩子們在操場裡一邊跑一邊畫，有的反手畫，有的倒著畫……有的精細，有的粗狂；有的謹慎，有的率意。

最後把整個操場畫滿了，連成一整幅畫。孩子們看著自己的傑作心裡說不出的痛快。我再看這些孩子們，有的頭上、衣服上有些水漬，原來他們還偷偷地幹起了"水仗"，煞是開心。

在活動中要適時提醒他們注意安全。接下來，我用繪畫日記的形式，讓孩子們在圖畫紙上把當時的情景畫下來，在旁邊用文字把自己的感受記錄下來。

案例分析：在本案例中，"戲水"讓留守兒童不由自主地參與進來，由於灑水的隨意性大大降低了作業完成的難度，讓他們感覺輕鬆，抱著玩耍的心態很容易地投入了創作。在這個過程裡，內心就自然而然得到釋放了。

附 2："古鎮——黃龍溪線描寫生"教學隨筆

暑假裡受朋友之托，邀約了七八個孩子去黃龍溪畫畫玩（年齡從七八歲至十三歲不等），既然是玩的想法，我們就輕裝上陣，每個孩子帶了一個畫夾，幾只中性筆，二三十張 8K 的圖畫紙就出發了，前後一共畫了十天時間。

剛開始的時候，孩子們面對景點畫了一些粗略的輪廓線，概念式地畫了幾筆門窗，不到 40 分鐘就收工了，完成任務了事。孩子們對自己的作品不滿意，在創作過程中也是慌裡慌張的。究其原因，是缺少對景點美的發現，不瞭解線描的表現手法及畫面構成要素的運用。

後來，我就讓他們在一個物件中尋找線條豐富的局部進行創作，不放過眼睛看到的任何細節，讓他們有內容可畫，讓他們的畫面繁複起來。接著讓他們繼續繁與簡的對比，如屋頂瓦片細密的線條表現與牆壁、樹葉與樹幹、窗格與門框，概括地表現點的疏密大小，線條的長短、粗細、直曲。最後感悟線條的"軟硬"等。引導他們在景點中發現具有畫面感的事物，如：老榕樹彎曲的樹幹、茂密的樹葉與平直簡潔的老街，老房子的寬窄、高矮變化等。根據自己的畫面需要，結合內心的感悟添加適當的人和物，強化古鎮的意境。

在後面的寫生中，大多數孩子一張畫能畫到 2～3 個小時，甚至有的孩子一張畫會用上整整 4 個小時，畫面效果大為改觀。

案例分析：當孩子們具備發現生活美的眼光，掌握了一定的表現技能，在專注投入的創作裡，享受快樂創作的同時，內心的焦慮、不安早已蕩然無存，愉悅的情緒有利於身心健康的發展。

2.撫慰留守兒童親情饑渴的美術創作

父母是孩子的依靠，是孩子心靈的庇護所，父母在自己的身邊他們就會有安全感、自豪感。父母與孩子的一次次分離，造成他們撕心裂肺的傷痛，孤獨和害怕油然而生，在無助的期盼中等待下一次的重逢。尤其是年齡越小的孩子對親情的渴望越強烈。基於此，課題組進行了釋放、撫慰親情饑渴的美術創作活動探索。

（1）針對留守兒童的親情缺失，課題組開創了系列情緒釋放的主題創作："思念""我的家""我的爸爸媽媽""快樂的一家"等。孩子們在創作中，表達了各自不同的感受：有的是對父母無盡的思念，有的是對父母離開的悲傷，有的是對父母在家時溫暖的回憶，有的是再現了一家人在一起的溫馨場面，有的是對和父母一起的幸福憧憬，還有的孩子表達了對遠在他鄉的父母的擔心及關懷……

（2）父母遠離他鄉，孩子對他們的思念無時不在。因此，課題組開發了"親子實驗繪畫"。這種創作形式的特點是：畫面內容以滿足情感需要的父母照片或孩子和父母一起的照片為主題，繪製可以是父母和孩子共同完成，也可以孩子單獨完成；作品畫面大，製作時間長（每天半小時，半年左右完成）；難度小、操作簡單，便於廣泛實施；有利於孩子耐心、細心、毅力等品質的培養；創作過程彌漫著濃濃的親情。

具體的製作程式：

①選材

照片的選擇細節要少，主題突出。照片選擇要求：圖元高，可打 A3、A4 的圖片。可以從以往的影集裡篩選，也可以重新按自己的想法拍照片。

②準備階段

A.在電腦上用 CorelDRAW 軟體，將一張照片分割成上下兩份，分成若干小正方形格子，10×14 格，畫出細線條。

B.分別彩色列印出 A3 的相紙，在背面編號。從右到左，1～140，再從 141～280，不得有誤。

C.切割成小塊。

D.粘貼小色塊在作業紙上（所有作業紙均是正方形，且大小一樣），把小色塊背面的編號對應地標在作業紙的下方。

③繪製

按照小色塊的顏色、形狀，沿著一個方向塗色，色彩、形狀比例大致接近就可以了。父母和孩子每天分別塗一張，也可以由孩子每天單獨塗兩張。完成一張，收撿一張儲存，接著完成下一張（不得丟失一張）。

④拼貼

將塗好顏色的圖片按編號拼擺，並一排一排刷上白乳膠粘貼好。這一過程，等父母回家後，和孩子一起完成。

特別注意：程式中的一、二、四在老師的指導下，和父母一起完成；程式三由父母和孩子分別完成；編號不能失誤，作品一張不能少。

附："渴望親情的小琴"案例分析

小琴是一個 7 歲的小女孩，父母都在石家莊打工，和奶奶一起生活在山區的村子裡，爸媽一年回來看望一次。

小琴是一個聽話的孩子，學習也不錯，從美術課上看她的繪畫能力也不差，就是平常不愛說話，很少和其他孩子一起玩。"出殼了"一課的美術作業引起了我的注意，畫了幾隻小雞和雞媽媽，遠處有一隻小雞在哭。我問她，這只小雞怎麼啦？她說，玩丟了，找不到媽媽了。我看她的畫面比較空，就建議："可不可以把你自己畫上去，把小雞帶到雞媽媽身邊。""好啊。"她很高興地去完成了這幅畫。通過她的奶奶瞭解到，這個孩子每次面對爸媽的離開，都會難過好久，經常會在夢裡叫媽媽，甚至從來都不去親戚家，原因是生怕爸媽回來，自己沒見著又走了。

　　放寒假的時候，她的爸媽回來，我主動與他們聯繫，建議用他們一家三口的照片做一次親子實驗繪畫。要求孩子和媽媽共同完成，每天只能畫一張，每週通一次電話，關心督促一下。

　　剛開始的幾天，孩子熱情高，後來幾天就有些不情願了，媽媽在電話裡說："孩子，我已經塗好你的頭髮了，明天開始塗你的臉蛋了，媽媽回家就和你一起拼貼出你了。"在奶奶的鼓勵下，孩子又開始堅持塗色了。再後來，她奶奶告訴我，現在孩子好多了，每天都會認真地塗色，還邊畫邊說："這是媽媽的眼睛，要畫仔細些。"好像在和媽媽說話的樣子。與媽媽通電話時也會主動地告訴媽媽畫畫的情況。

　　暑假媽媽回來和孩子一起拼貼出來，掛在家裡，孩子很興奮。新的學期他們又開始另一幅畫的實驗。

　　案例分析：在無法改變留守兒童與父母分離的狀況下，親子實驗繪畫撫慰孩子渴望的心靈，聯絡情感，是一種有效的創作方式，也促進了孩子與父母的交流，增進了孩子與父母的感情。

　　3.針對孤獨、寂寞心理問題的美術創作

　　留守兒童在生活學習中，遇到各種各樣的問題，不能及時與父母溝通交流，祖父輩繁重的事物以及與孩子們之間的代溝，無能力為孩子們疏通。這樣問題長期積壓在心裡，由沒有傾訴物件到不願傾訴，留守兒童產生孤獨、寂寞的心理問題。這些孩子，往往不願傾訴內心，也不大與人交往。

　　課題組創設了利於交往、合作能力培養的美術創作活動，在交往、合作中改善孤獨、寂寞的心理問題。

　　美術作品可以增加情感交流，將孩子不願說的心裡話通過美術作品吐露出來，也可以在別人的作品裡去感受不同的情感，達到情感交流的目的。

　　作品的評述是對孩子交往能力的培養，通過美術作品的自我介紹、同學之間的相互評述來進行。作品完成後，在小組裡互相介紹自己的作品，欣賞、評價他人的作品，然後每個小組依次輪換上臺介紹自己的作品，品評他人的作品。

　　合作畫是對孩子合作能力的培養，在各種美術合作活動中，學會與他人相處，學會合作的方法。比如，我們設計的 30m×1.2m 的"可愛的家鄉——桃花林"集體製作活動，分成活動小組：首先手工製作桃花（規定時間內，以哪個組做得多、品質好為評比標準）；然後是桃樹的繪製；最後是花的粘貼、人物的添加；還要注意組與組之間畫面的銜接等。老師交給他們分工與合作的方法，具體的實施放手讓他們自己去施展。

　　在這些活動中，孩子們孤獨、寂寞的內心自然得到緩解。

　　附1："吵鬧外表，寂寞內心的小俊"案例分析

　　小俊，男，11歲，父母在廣州打工，隨爺爺和3歲的妹妹一起生活在小鎮上。

　　小俊學習不好，經常影響老師上課，老師講一句他胡亂地接下一句，還吵個不休地影響周圍的同學，所以老師不喜歡他，同學不理他，家裡爺爺又時常呵斥他沒看好妹妹。因為得不到別人的尊重，他就用搗亂的方式去引起別人的關注，內心其實很寂寞孤獨。

　　做桃花的手工課上，分組進行比賽，誰都不願和他一組。我發現他特別想參與，我就悄悄地告訴他：只要你這節課做到不說話，我保證每一個組都歡迎你加入（他其實聰明，動手能力也強，只是由於沒有好的學習習慣而影響了學習）。然後，我問他："你擅長做桃花的哪一個環節？"他說："剪花瓣。"我就把他安排在一個組裡，並承諾其他組員"如果影響了你們組的成績，我負責"。

　　他開始認真地剪起來，還把皺紋紙疊起來一下就剪出很多個花瓣，提高了整個組的速度，這個組也取得了第一。我又及時表揚他，一堂課他還真沒說話。課堂小結的時候，專門把他提出來表揚，讓大家都知道是因為他的聰明和靈巧才使該組拿了第一。問大家："下一次喜歡他和你們一組嗎？"同學們說："喜歡。"接下來，我告訴他，要得到別人的尊重，就要學會做事，會做事，就要靜下心來認真學習本領，日後才能成為一個可用、有用的人。課堂吵鬧不但影響自己學習

本領，而且干擾了別人。

在後來的美術課上我安排他為同學做一些服務性事情，讓他管理一個小組的紀律，每次的創作實踐適當降低標準，不斷肯定他的優點。在美術課上，逐漸少了他的吵鬧聲。老師不斷的表揚，以及他自己的認真努力，和他一起玩耍的朋友也多起來了。

案例分析：利用班集體的正能量，在同齡人的團隊裡，在創作活動中一點一滴地促進內心的改變。教師及時的疏導與鼓勵，不斷促進他人對小俊的接納、認同，隨著合作機會的增加、合作能力的提高，內心的寂寞就逐漸消解。

附2："神奇的手影變換"課例

教學內容：利用手形影子進行有創意的添加聯想。
教學目標：添加、聯想的技能訓練；合作能力的培養；創新意識的培養。
教學流程：
①創意手形的鑒賞。
②各種姿態的手形、手勢的動作擺弄練習。
③手影的繪製。

三人為一個學習組，一人做手形，一人打手電筒，一人描畫手影（三人的密切配合是完成任務的關鍵），每人得到一張不同手勢的手影初稿。

④創意聯想

每個人按照自己的手影圖，旋轉不同的方向，確定最佳角度添加創意，然後按自己的想法添加，完善畫面，給自己的作品命一個別致的名稱。

案例分析：孩子們對手影變換興趣濃烈，對手勢的擺弄十分專注投入。手影繪製的配合關鍵點在於：執手電筒和做手勢的兩個孩子的穩定性，描畫者的準確性與速度。合作的三人都是關鍵，缺一不可。該課例對孩子情感交流、交往、合作能力的培養效果明顯。

4.克服無助、依賴性的美術創作

留守兒童缺少父母的關愛，沒有親情溫暖下的安全感，面對父母不在身邊的現實情況，容易在內心產生無助、失落的情緒。遠離他鄉的父母沒有隨時關注孩子成長的條件，就滿足孩子在物質上的需求，彌補自己內心的遺憾，加上祖父輩們對孩子的溺愛，他們也會盡力滿足孩子生活上的需要。這種用物質替代真正的教育的方法，久而久之，孩子就會產生依賴性，並嚴重缺乏獨立個性。

針對留守兒童無助、依賴感強的心理特點，課題組開展了寫生聯想、卵石畫、命題創作、科幻畫創作等創作活動。

寫生聯想，就是通過實物觀察，尊重物體的形體結構進行寫生訓練。把寫生的作品進行二次創作，添加改變成另外一個物象，聯想可以用寫生的單個物體聯想，也可以用寫生物象進行組合聯想。如把一雙靴子倒過來組合成公園大門，四只高跟鞋組合成一個酒罐，頭盔聯想為新型汽車、太空飛行器，灑水壺聯想成樓房等。

寫生聯想要凸顯一個"敢"字，敢於想像，敢於表現，敢於張揚自己的見解，這很好地促進了兒童個性的發展。

卵石畫就是依據卵石的形狀、紋樣特點進行巧妙的添畫，採用黑白、彩色等方式進行。通過卵石畫，培養兒童善於發現的意識，讓他們相信自己發現的才能。相信自己的發現，並把自己發現的事物或現象表達出來，最終形成個性意識。

命題創作是給孩子們一個題目，在題目的引導下，激發他們對生活的感悟，能夠按照自己的意願進行大膽的表達。在命題創作中，兒童享有較高的自由性，如表現內容、表現手法等。在自由的選擇中，也促使他們自己替自己拿主意，形成獨立的自主意識。

科幻畫創作是培養留守兒童關注自己的現實生活，發現生活中的問題，並對其展開聯想，尋找可能解決問題的辦法，最終用美術作品的方式表達出來。在這個過程中，"發現問題""解決問題"都是對他們創新意識的培養，創新意識促進了獨立個性的形成。

附1：科幻畫創作活動

一、影視引導，激趣活動

利用小學生喜歡看電視的特點，引導他們看科幻片或科普節目，潛移默化地影響他們。

二、走進科普讀物——讀書活動

讓每個學生從科普讀物中享受科學的快樂，吸取科學營養，提高自身科學素養，積累科幻畫創作的科普知識，形成熱愛科學的思想意識，養成讀科普讀物的習慣。

活動內容：一、二年級的同學讀《科學畫報》《小牛頓》等，三至六年級的同學讀《十萬個為什麼》《百科知識全書》《青少年科普知識必備》等。三至六年級的同學每人還要讀一本科幻小說，如《海底兩萬裡》《探索百科全書》等。

三、創新能力培訓活動

在這一活動中我們選擇了適合小學生特點的兩大類思維方法進行培訓，開展了"我的創意""精點子——解決辦法"的創新實踐活動。

（一）創新思維培訓

活動內容：組合創新法，聯想創新法。

組合創新法：聯想組合法，因果組合法，直接組合法，滲透組合法，互求組合法，成套組合法，過渡組合法，載體組合法。

聯想創新法：自由聯想法，仿生聯想法，藝術聯想法，強行聯想法，跟蹤聯想法，相似聯想法，逆反聯想法，置換聯想法，綜合聯想法。

活動要求：

①運用大量的實例教學，讓學生掌握每種創新法的定義和操作要點。

②每位學生用每種方法進行創新練習，寫一份創新法的生活實例。

③評選最佳的案例，進行獎勵、展評。

④收集整理創新案例集，裝訂成冊。

（二）創新實踐活動

為了使學生運用創新法進行思考，提高創新思維能力，養成立足現實生活、進行科學遐想的好習慣，學會探索科幻畫的主題創意的方法，我們開展了"創意徵集活動""精點子——解決辦法"的創新實踐活動。

（1）創意徵集活動：問題的發現

活動要求：

①每位學生從現實生活中的實際問題入手，關注社會現狀，大膽質疑。比如，學生在學習、生活中遇到什麼困難，感覺有什麼不滿意的地方，生活中的日常用品哪些可以改一改等，寫一份創意文稿。

②評選"我的創意"，進行班級與個人獎勵。

③收集整理"我的創意"案例，裝訂成冊。

（2）精點子——解決辦法

活動要求：

①向全校公佈學生提出的最有價值問題（或教師命題），獎勵最佳解決辦法。需要強調的是，解決問題的方法也可以是未來社會有可能實施的，而不是現在就一定能實施的。

②學生選擇自己喜歡的問題進行回答，並說明科學依據或科學來源。

③評選最佳解決辦法，進行獎勵與展出。

④收集整理"精點子——解決方法"案例，裝訂成書。

四、藝術表達活動

科幻畫的創新活動，要從現實生活出發，找尋好的創意，最終以繪畫的形式表達出來，選擇自己喜歡的工具、表現手法進行科幻畫的創作，用文字說明自己的創意設計。對於小學生的表達，還要遵循兒童的身心特點，結合美術課堂教學，根據不同的階段及需要實施技能、技法的輔導。

五、作品展評活動

每學期舉行兩次優秀科幻畫的評選活動，按年級評選出一、二、三等獎，頒發獎狀，獎勵一套繪畫工具，在教室和學校展覽。選擇最優秀的作品進行打磨加工，收集存檔，還可參加縣、市、省科幻畫的創新大賽。

案例分析：科幻畫的創作活動在內容、形式和實施過程上，著力體現出創新精神，突出"與眾不同"，這對留守兒童的獨立意識及個性的形成起到了有效的促進作用。

附2：科幻畫促進孩子的成長

小韓，男，9歲，小學三年級的時候從江蘇轉回老家學習，之前一直隨父母生活，因為家裡生了一個妹妹，照顧不過來，所以回到了外公外婆身邊。外孫突然回到身邊，外婆疼愛有加，但由於孩子和父母分隔兩地，常哭鬧著回父母的家，所以外公外婆就儘量滿足孩子吃、穿、用的物質需要，小韓成了"衣來伸手，飯來張口"的小王子。孩子的依賴性就這樣逐漸養成了，即便是這樣，孩子也不快樂，因為突然來到一個陌生的環境，離開父母，心裡無比的失落。

第一次的美術課上，我發現他的繪畫能力還不錯，尤其是喜歡用線條表現卡通形象，雖然大多都是臨摹的形象，但較為準確。我開始讓他從技法上做些改變，在以線為主的畫面上讓他加一些點，告訴他畫畫就是要與別人不一樣，要有自己的特點，否則就只是在重複別人的作品。接著，我讓他嘗試改變卡通形象，在借鑒的基礎上，創作出一個全新的形象，他開始是"張冠李戴"地拼湊，但慢慢地創造出一些獨具特點的卡通形象。我讓他把創造的卡通進行故事情節的編排形成完整的畫面，他開始感覺到了這種創新的快樂。在科幻畫的創作活動——"敢想、敢畫"的影響下，他大膽地用線描的方式畫了一幅魚類、飛禽、人類共同生活在一個空間的作品，取了一個題目：人類一千年後的生存空間。我給予了他極大的肯定，把這幅作品展覽在校園裡，後來這幅作品被送去參賽，還獲得了省二等獎，這對他獨立自主意識的形成給予了極大的鼓勵。

在這一系列的活動中，我引導他作畫，也引導他做人：作畫要有與眾不同的畫面特點，做人也要有主見，要有獨立意識。讓他理解父母的難處，面對自己的現實，形成獨立的生活意識，告訴他："遲早有一天要自己獨立地生活，從現在開始培養獨立生活的自理能力，不要過分依靠家人。"

從他父母給我打的電話裡得知，他非常信任、敬重我這個美術老師。經常會用："鄭老師說……"的話語和父母交流。隨著時間的推移，美術創作不斷促進孩子的成長，孩子的情況也就慢慢地穩定下來。

案例分析：此個案中，教師摸準了小韓的心理狀況，抓住了教育的契機，利用美術創作循循善誘，從作畫的"獨特"到做人的"獨立"，成功地克服了孩子無助、依賴的心理狀況。

5.改善冷漠、任性心理的美術創作

留守兒童的心理問題，父母鞭長莫及，不能針對孩子隨時出現的各類狀況進行及時的管教，而寄養人在管教中又顧慮重重，對孩子早期出現的狀況聽之任之、過分寬容、放任自流。時間長了，孩子形成以自我為中心，對他人冷漠、對自己任性的心理問題。針對此類情況，我們進行了情感誘導下的教學，以及促進感恩心、自製力形成的各類主題創作和綜合探索活動。

主題創作是根據孩子們的生活經歷，進行情感誘導、啟發，開創各類主題創作。比如，美麗的家鄉—寫生畫、我和小伙伴、父親節、母親節、快樂一家人、溫暖的家、我來做家務、我是小主人、傳統節日、我們的學校等，讓留守兒童自覺地進入角色，潛移默化地消解冷漠，關注他人，約束自我。

在"可愛的小動物"綜合探索活動中，班級的學生分組進行養殖小動物、畫小動物、寫小動物的活動，每個組養一種動物，每個同學分別在家裡獨立實施，最後以繪畫和文字結合的手抄報形式在班級展覽。在這個活動過程中，利用孩子喜愛小動物的心理特點，形成關心、關愛的情感。通過盡心盡力的餵養，促進責任感的培養。

附1：傳統節日的美術創作

傳統節日是培養留守兒童體驗關愛他人、感恩父母的最佳時機，我利用節日開展了系列活動，收到了良好的效果。

傳統節日美術創作活動一覽表

元旦節	向親人和朋友打電話或寫信送去新年祝福	製作新年賀卡
婦女節	給母亲、奶奶和外婆等女性送賀卡或打電話送上祝福	製作手工禮物
母親節	給母親打電話送去節日問候，並感謝母親的愛	主題創作：感恩母親
父親節	給父親打電話送去節日問候，並感謝父親的愛	主題創作：感恩父親
中秋節	給父母親打電話送去節日問候，並表達對家長的思念	主題創作：歡樂團圓
重陽節	為老人祝福，感激老人的付出，並用行動表示	主題創作：敬老愛老
感恩節	對所有幫助過的人說一聲"謝謝"	主題創作：關愛他人
長輩生日	主動提前問候和祝福	畫一幅祝福的畫

附2：藝術創作促進孩子的成長

小豪，男，8歲，父母在大連建築工地打工，他隨外婆生活在一起。小豪脾氣急躁，他和媽媽通電話時，稍有不順心就把電話掛了。貪玩、翹課，外婆管教他時說兩句，他就對媽媽說，外婆又不愛他了，等等。和同學相處，發生摩擦總是指責別人的不是，是典型的以自我為中心、任性、自我約束力差的孩子。

我留心觀察了他幾次作畫的過程，投入的狀態不好，一會兒塗抹幾筆，一會兒玩手中的筆，一會兒和別人講話。制止他，會收斂一會兒，然後又是老樣子。一次，我們進行"我的快樂"主題創作，他畫得很專心，仔細一看，他畫的是自己在玩滑板車，滑板車畫得很仔細，畫面效果也不錯。我在與他的對話中瞭解到，是媽媽給他新買的滑板車，最近也剛學會玩。抓住這個契機，我把他前面的作業翻開，告訴他："這些都是你的畫，為什麼差別這麼大呢？你是有能力畫好畫的，老師就非常喜歡今天的畫。你喜歡今天的內容，就很高興地去畫了，畫畫給你帶來了快樂。相反，前面的畫，不認真畫，也帶給你不快樂。就像照鏡子一樣，你笑他就笑，你發怒他也對你不客氣。我要你從現在開始每張畫都要認真畫，把前面的畫換掉，到期末為止，重新做一個封面把圖畫本變成你的個人畫冊。如果你做到了我獎勵你一個禮物，再告訴你媽媽，讓她給你一個喜愛的玩具。"就這樣，我們達成了約定。（培養他的責任感）

在"我是小主人"的創作中，讓他去體會爸媽作為一家之主的責任和義務，自己當一次小家長，他畫的是家裡來客人了，自己給客人倒開水的場景。畫面有些簡單，我建議他添上了桌子和桌面上的水果，並用暖色調處理背景，表達出主人好客、熱情的感覺。（促進主人翁意識的形成）

後來在"感恩的心"主題創作中，他畫了很多父母工作的情景，還有外婆送他去醫院治病的畫面。在這些主題創作過程中，我提醒他要站在他人的角度去理解、體諒父母等長輩，感恩父母為他所做的一切，也要感恩每一個幫助他的人。（學會體諒關心他人）

一學期結束了，小豪性格逐漸有了好轉，自控力也增強了，在後來的美術學習中，他的情緒逐漸穩定，通過及時的關愛與長時的督促，我相信會讓他變得越來越好。

案例分析：在此個案中，利用主題創作中情感的滲透，從"責任感""主人翁意識""體諒關心他人"等幾方面循序漸進地促進孩子的健康成長。

6.激勵自卑、不上進心理的美術創作

留守兒童最嚴重的心理問題就是自卑、不上進，這也是制約他們心理健康發展的重要因素之一。因此，樹立他們的自信心，是讓他們快樂成長、健康發展的先決條件。為此我們進行了三個方面的探索活動。

（1）自我認同。改善這些孩子在班級中的學習環境，營造有利於健康成長的氛圍。讓他們擔任美術課堂教學的小幫手。如作業本的收發、美術教材的整理、各類準備材料的通知、小組長的任命等，培養他們的自我認同感。

（2）發現亮點，及時肯定。在美術創作過程中，利用美術創作的不唯一性、表現的自由性，發現、挖掘孩子在創作過程中及作品裡的閃光點，及時鼓勵，給予肯定，他們的成功感與自信心隨之產生，自卑感逐漸消失。有的孩子的優點是在畫面構圖方面，有的是有與眾不同的創意，有的是在精彩的局部細節，有的是在線條的流暢與變化方面，有的是在色彩的精巧搭配方面……他們在創作過程中表現出來的認真細緻的創作態度、樂於幫助他人的行為、積極表達觀點的發言等，都是教師鼓勵孩子的有根有據的亮點。

（3）作品展覽，樹立自信。利用美術作品的展覽獲得內心的成功感，讓留守兒童獲得展示自我的機會。孩子在課堂上的作業展評、教室裡的小畫家園地、家裡的牆壁、學校的畫廊、校外的展覽，甚至自製的畫冊上，都可以見到自己的作品，聽到他人讚揚，引起別人的關注和自我欣賞，從而實現自我價值。

課題組在課題研究的過程中，做過兩次大型展覽，一次是在春節期間，把所有學生的作品展覽在校園的走廊、教室裡。展覽作品分三個部分，分別是學生作品（要求每人至少一件）、教師作品和名家書畫。春節裡，孩子在家長的陪伴下一一參觀。一位家長留言道："沒想到我的孩子畫得這麼好，更沒想到美術課能創作出這麼多作品。"另一次是把作品展覽在縣政府的鄉村旅遊節主會場，吸引了很多遊客前來參觀，甚至還有遊客買了些作品回去。

第三節 研究成果

一、研究成果呈現

1.成果一：形成了五條理性認識

①美術創作是促進心理健康的有效途徑。

②形成了美術創作的課堂教學模式。

③對於兒童心理問題的矯正、恢復要善於等待。

④促進留守兒童健康心理形成的美術創作是多樣化的。

⑤美術創作中基本的美術技能不容忽視。

2.成果二：提煉出三類技術成果

教學"六化"模式：教學用具"自備化"、教學方式"田野化"、教學內容"生活化"、教學活動"多樣化"、教學成果"理論化"、教學作業"展評化"。

三條策略：

①干預、矯正留守兒童心理問題的有效流程。

②激發留守兒童美術創作興趣的四部曲。

③探索出了"生活體驗—美術再現—感悟心語"相結合的心靈表達方式。

六種促進留守兒童健康心理形成的有針對性的美術創作形式：

①釋放情感、宣洩情緒，以達到合理疏導的美術創作。

②撫慰留守兒童親情饑渴的親子實驗繪畫。

③針對留守兒童心理孤獨、寂寞，培養有助於提升他們交往、交流、合作能力的美術創作。

④在美術創作中，克服兒童無助感、依賴性，促進獨立個性發展。

⑤改善冷漠、任性的性格，培養有助於感恩心、自製力形成的美術創作。

⑥摒棄自卑、不上進的性格缺點，培養有助於樹立兒童自信心的美術創作。

二、研究成果說明

1.理性認識

理性認識是在研究探索實踐中提煉的觀點及較為深刻的認識，在促進留守兒童心理健康的美術創作教學活動中具有指導意義，也是對美術教學育人理念的豐富和發展。

2.技術成果說明

①教學"六化"模式：適用於留守兒童比例高的農村學校，該模式有利於美術教學條件欠缺的邊遠山區學校的美術教學的正常開展，也有效地促進了留守兒童心理健康成長。

②形成適合留守兒童美術創作的三條策略。

策略一：形成干預、矯正留守兒童心理問題的有效流程，該策略強調美術創作要促進心理健康應遵循的規律及實施的步驟，明確每個階段的活動內容和達到的目的。

策略二：激發留守兒童美術創作興趣的四部曲，該策略是促進留守兒童心理健康發展的前提和保證，配合具體的操作方法，可以形成留守兒童對美術創作持久的態度，也適用於對所有學生美術興趣的激發。

策略三："生活體驗—美術再現—感悟心語"相結合的心靈表達方式，該策略是針對小學中高年級的留守兒童美術創作技能的欠缺，用文字輔助畫面的一種創作形式，有利於孩子們準確地表達出內心的感悟。

③六種促進留守兒童健康心理形成的美術創作形式：根據留守兒童各種不同的心理健康狀況選用相對應的美術創作形式，這些美術創作形式可單獨使用，也可以綜合運用，在運用時要注意相互之間的聯繫，不能片面、孤立地運用。這些創作形式也適用於促進非留守兒童心理健康的形成。

三、研究成果的應用

（一）五條理性認識的應用

1.美術創作是促進心理健康的有效途徑

美術創作教學活動中，學生在自由放鬆的狀態下，大膽進行內心的表達，宣洩情緒，釋放壓力，撫慰心靈。在創作過程中接觸到的各式各樣的工具、材料、表現形式和表現手法，都使他們內心獲得豐富的體驗和滿足。美術創作成果的多樣性易於促進兒童生動活潑的個性潛能發展，作品個性的肯定容易讓他們建立自尊自信的品格。

豐富多彩的美術創作活動形式，可以激發兒童參與的主動性，讓不同的內心需求獲得創作的滿足感，讓不同的心理問題在多彩的創作過程及創作結果裡得到矯正轉化。

2.心理問題的矯正、心理健康的恢復要善於等待

在研究過程中我們發現，如果留守兒童缺少父母的關愛，又沒能及時疏導心理問題，長時間積壓，就會慢慢形成心理健康問題。在矯正的過程中，他們情緒時好時壞，反復不定，一些家裡或生活中的突發、偶發事件，會加重他們的心理問題。面對他們出現的狀況，教育者要有博大的愛心去包容、理解、善待他們，不要輕言放棄。心理問題的矯正是一個緩慢反復的過程，教育者不能著急，更不

能一曝十寒，要有足夠的耐心等待，等待他們數次的愉悅心理體驗之後所產生的穩定情緒。在創作過程中，兒童經過多次成功感的累積，會逐漸內化成自覺的態度，形成主動積極的生活態度，達到矯正心理問題，恢復心理健康的目的。

等待是一種教育藝術。教師要在等待中細心地發現問題，在等待中巧妙地創造教育契機，在等待中機智地尋找教育策略。

3.多樣化的美術創作形式

留守兒童心理健康問題是由多種原因造成的，兒童的個體之間存在著諸多的差異，他們的心理問題也是各不相同。因此，美術創作要針對他們不同的心理問題，採用不同的創作形式。在實施的過程中，也要因人而異，採用不同的策略。單一、陳舊的美術創作方式，只會讓孩子們淺嘗輒止，多樣化的美術創作才能激發留守兒童參與活動的興趣，讓他們樂此不疲。只有當他們盡情地投入創作活動中，才能有觸及內心的釋放和表達，才能對他們的心理健康問題進行調控和矯正。

4.美術創作中基本的美術技能不容忽視

在美術創作活動過程中，通過降低技術難度，從而激發孩子的參與熱情，積極地投入創作，在促進他們健康心理的形成方面，取得了階段性的效果。隨著孩子年齡的增長，對創作結果評判標準也要提高，淺層次的美術技能已經不能滿足他們創作的需要，也不能滿足孩子的內心需求。基本的美術技能分為造型能力、構成形式要素、繪畫語言三個部分，在創作活動中，造型與構成是貫穿整個創作過程的技能，只是每個階段的要求不同，出現的形式和側重點不同。繪畫語言是逐漸認識、累積的一種技能。因此，在創作中，要遵循孩子的審美認知規律，結合美術創作的具體需求，一點點地注入適度的技能訓練。兒童的技能訓練需要不斷地重複，才能讓他們融會貫通、運用自如，把枯燥的訓練融入豐富多彩的創作活動中，會相得益彰。

美術技能是美術學科的本位體現，也是美術創作的必備手段。《義務教育美術課程標準》中也強調："美術課程凸顯視覺性、表現性。"在美術創作教學中，利用身邊的材料不斷地開發新的工具、新的表現技法，是吸引學生美術創作的有效途徑。

（二）技術成果的應用

1.行之有效的農村小學美術教學"六化"模式

大量的留守兒童聚集在山村、鄉鎮，而這些地區的學校的美術教育設備、設施相對滯後，美術師資也欠缺，學生的美術創作工具、材料簡陋。針對現有條件的不足，我們充分利用農村學校擁有的美術資源，進行因地制宜的美術教學活動，探索出了農村學校美術教學"六化"的模式。

教學用具"自備化"，利用農村豐富的樹葉、莊稼杆、泥土、卵石等現成的材料，使之成為教學的教具、學具。

教學方式"田野化"，教學課堂經常是在鄉村田野裡進行的寫生教學，便於學生觀察事物、收集材料等。

教學內容"生活化"，根據美術教材內容，結合農村實際情況對教學內容進行適當拓展和改編，補充農村生活題材的內容，讓學生從生活中去感受、發現、表達美。

教學活動"多樣化"，由於教學活動受現實條件的限制，就可以把畫畫、粘貼、鑲嵌、手工等多種形式融合在一起，讓學生用多種觸覺去表現。

教學作業"展評化"，農村學生的美術作業往往是一個放在書包裡的"本子"，在教學中可以利用教室的牆壁、學校的走廊把作業展示出來，這樣不僅提高了學生的積極性，還美化了校園，同時給學生創造了表達美與展示美的機會。

教學成果"理論化"，把自己教學中的點滴成功體會寫成教學論文，提高自己的理論素養，更好地促進下一步的教學活動。

2.美術創作促進留守兒童心理健康成長的策略的應用

①干預矯正留守兒童心理問題的有效流程：心理問題的形成有諸多的原因及複雜的個人因素，對此進行的疏導、調控、矯正必須找到恰當的突破口，採用適時、適當的方式，方可產生效果。不當的方式不僅不能起到促進作用，還可能造成新的心理問題。我們探索出的調控流程進展順利，效果明顯，並形成了良性迴圈。良性迴圈示意：

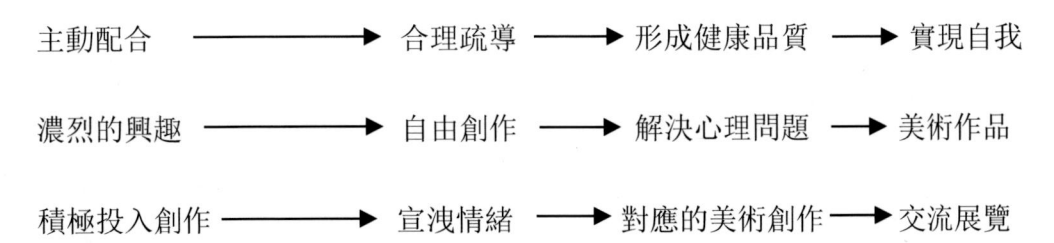

主動配合 ⟶ 合理疏導 ⟶ 形成健康品質 ⟶ 實現自我

濃烈的興趣 ⟶ 自由創作 ⟶ 解決心理問題 ⟶ 美術作品

積極投入創作 ⟶ 宣洩情緒 ⟶ 對應的美術創作 ⟶ 交流展覽

對留守兒童的心理健康狀況進行調查分析，查找留守兒童的心理癥結、具體表像；激發留守兒童的美術創作興趣，降低創作的技術難度，吸引他們自覺地參與到美術創作中，輕鬆自由地進行創作，爭取留守兒童的主動配合；引導留守兒童在美術創作中釋放情感、宣洩情緒，以達到疏導的目的；針對留守兒童心理健康問題開展對應的美術創作活動，促進健康心理品質的形成；通過留守兒童美術作品的交流、展覽，實現他們的自我價值。

②激發留守兒童美術創作興趣的四部曲：孩子天生就喜歡畫畫，可是隨著年齡的增長畫畫的興趣卻呈遞減趨勢。要保護孩子的繪畫興趣，並使這種興趣轉化為持久的情感態度，才能讓美術創作對心理問題的矯正發揮作用。四部曲為：

第一步，快樂的起點——保護"童心"，體驗愉悅。

第二步，快樂的內容——選擇走進心靈、貼近生活的題材進行創作。

第三步，快樂的形式——開創生動有趣、喜聞樂見的美術創作活動形式。

第四步，快樂的體驗——採用激勵性的作品展評方式，讓孩子有成功感的體驗。

③形成"生活體驗—美術再現—感悟心語"相結合的心靈表達方式。大量留守兒童所處的農村地區美術教育滯後，造成這些孩子到了小學中高年級，由於技術與認識的差異而不敢畫，或者無法準確表達自己的感受。

我們就鼓勵孩子用符號化的方式再現自己的感受，然後把這些符號不斷地豐富、更新、再創造，形成較為豐富的畫面。在畫面適當的位置寫下自己的心靈感悟，可以是對作品裡物象的補充、情景的交代，也可以是繪畫過程中情緒情感的表達，也可以是畫面寄託的期望、訴求等。三者相結合的方式，創作難度低，凸顯個性，受到留守兒童的歡迎，也使課題得以順利開展。

3.六種促進留守兒童健康心理形成的有針對性的美術創作形式

①釋放情感、宣洩情緒達到合理疏導的美術創作活動。

留守兒童的內心壓抑、鬱悶，沒機會向最親近的爸媽訴說煩惱，也不願將內心的想法透露給其他人。留守兒童通過美術創作釋放壓抑的情感、情緒，舒緩緊張、焦慮的心理狀態，利於他們心理的健康發展。

美術創作的兩種宣洩方式，一種是遊戲式的創作，注重過程，讓留守兒童在"玩耍"的過程中，輕鬆自如地進行美術表達活動。美術創作過程中的愉悅性成為宣洩的有效途徑。另一種是注重方法與結果的創作，讓孩子們在相對安靜的環境裡，通過專注投入的創作淨化心靈。

②通過親子實驗繪畫緩解留守兒童的親情饑渴。

親子實驗繪畫，就是留守兒童和父母分別在不同的地方，完成同一張作品的各個部分，最後合成一張完整的作品。

畫面內容的指向性要滿足孩子的親情需求，內容是父母的照片或孩子和父母一起的照片，也可以是孩子單獨的照片。

製作的方式是把他們的照片分成若干小塊（按順序編號），按照小塊的顏色塗成大色塊(背面注明對應編號)，最後把大色塊按順序粘貼在一起就製作成完整的作品了。這樣的方式簡便易行，難度小，操作簡單，便於順利地實施。

留守兒童和父母各自在異地分別塗作品的一半，每天完成一小塊，一張作品需要較長的時間完成。和父母一道畫畫，孩子心裡充滿了幸福感，長時間的制作，讓孩子的感情慰藉得以延續。

③利用美術創作培養孩子交流、交往、合作能力，改善他們孤獨、寂寞的心理問題。

首先，作品本身的情感交流。美術創作作品是孩子情感的真實表露，在展露自己情感的同時，也獲得他人對自己情感的認同。

其次，美術創作中交往能力的培養。通過自己對美術作品的介紹和同學之間的相互評述進行。對作品的介紹是對自我的認可、對他人優點的肯定，鼓勵了別人也收穫了友誼，給他人提出合理化建議換來一份尊重，反之亦然。

最後，合作能力的培養在美術合作項目中進行，有小組合作、兩人合作、大組合作、班集體合作等方式，重點是既要分工明確，又要精誠團結。

通過美術創作中的情感交流、與人合作，改善孩子孤獨、寂寞內心的目的就水到渠成了。

④在美術創作中，克服無助、依賴性，促進留守兒童獨立個性發展。

留守兒童由於父母的"缺愛"，產生無助感；由於祖父輩的溺愛，產生依賴性。因此缺乏獨立個性。

美術創作有較大的自由性，在選題、內容、手法、與眾不同的感受等方面進行自由的選擇，培養孩子們的自主意識，學會自己給自己做主。創作過程中從孩子們的內在需要出發，因勢利導，鼓勵他們個性化地表達自己，張揚自己的見解與認識，從而促進良好個性的發展。在寫生聯想、卵石添畫、科幻畫創作、命題創作等活動中，從不同的角度促進了留守兒童的個性發展。

⑤改善冷漠、任性，促進感恩心、自製力形成的美術創作。

留守兒童容易以自我為中心，對他人冷漠、不關心，對自己任性不節制。針對此類情況，我們進行了情感誘導下的各類主題創作及綜合探索活動，促進感恩心、自製力的形成。

主題創作，根據孩子們的生活經歷，進行情感誘導、啟發，開創各類主題創作。關注身邊事物的有美麗的家鄉——寫生畫、我們的學校、可愛的動物；關愛他人的有我和小夥伴、春遊、身邊的小雷鋒；感恩長輩的有父親節、母親節、快樂一家人、溫暖的家；自我約束的有我來做家務，我是小主人；還有傳統節日等。讓留守兒童自覺地進入角色，潛移默化地消解冷漠、關注他人、約束自我。

⑥改變自卑、不上進的心理，樹立有自信心的美術創作。

自卑的留守兒童總是自己看不起自己，缺乏自信心。美術創作過程中，利用美術創作結果的不唯一性、表現的自由性去發現和挖掘他們在創作過程中及作品裡的閃光點，及時予以鼓勵和肯定，樹立自我認同感，自我認同的產生會使自卑感逐漸消失。

美術創作的結果：通過美術作品各種形式的展覽，讓留守兒童獲得展示自我的機會。他人對作品的認可、肯定，使留守兒童獲得內心的成功感，成功感促使他們自信心的形成。

四、餘論

①在探索過程中，跨越美術創作與心理健康兩個學科領域的知識，具體的促進策略有待進一步驗證。

②在研究過程中，我們發現"獨二代"的心理健康不容樂觀，"獨二代"就是孩子的父母雙方都是獨生子女。他們的心理健康影響來自兩個方面：一是"獨二代"父母自身的教育缺陷；二是來自祖父輩老人的寵愛。

參考文獻：
①教育部.基礎教育課程改革綱要（試行）[S], 2001.
②錢初熹.美術教育促進青少年心理健康[M].上海：上海文化出版社, 2007.
③[美]瑪考爾蒂.兒童繪畫與心理治療[M].李小慶，譯.北京：中國輕工業出版社, 2010.
④[美]馬琳·加博·林德曼.小學階段的美術教育[M].李蒙絲，譯.長沙：湖南美術出版社, 2009.
⑤亞瑟·D.艾夫蘭.藝術與認知[M].長沙：湖南美術出版社, 2008.
⑥尹少淳.美術教育學新編[M].北京：高等教育出版社, 2009.
⑦尹少淳.走進課堂：美術新課程案例與評析[M].北京：高等教育出版社, 2003.
⑧鞏平.美術新課程教學與教師成長[M].北京：中國人民大學出版社, 2009.
⑨尹少淳.中小學美術教學論[M].長沙：湖南美術出版社, 2012.
⑩陳榮華.美術課程與教學論[M].長春：東北師範大學出版社, 2005.
⑪陶旭泉.美術新課程教學技能訓練[M].北京：科學出版社, 2012.
⑫陳雅玲.怎樣開發利用美術課程資源[M].重慶：西南師範大學出版社, 2006.
⑬陶旭泉.美術教師培訓理論與實踐[M].成都：四川大學出版社, 2012.

第五章

新課程背景下彝族民間美術在中小學美術教學中的傳承研究

美術課堂問道——美術基礎教育熱點研究

第一節 研究問題

一、問題的提出

彝族民間美術博大精深，從小學生到大畫家，都把彝族民間美術元素融入自己的作品中，其作品真可謂豐富多彩，但都沒有從理論上高屋建瓴地進行彝族民間美術在美術教學中的傳承研究，缺乏系統而整體的彝族民間美術的傳承理論，致使彝族民間美術留在人們腦中的只有支離破碎的片段，殘缺不全，長此以往，將影響彝族民間美術的傳承和發展。正確地理解和傳承彝族民間美術是我們共同的責任。未來掌握在年輕人手中，從小培養學生彝族民間美術的傳承意識，加強彝族民間美術在中小學美術中的傳承研究非常必要。學校美術學科教學是民間美術傳承的最有效的方式之一，中小學階段是培養學生對彝族民間美術產生興趣的最佳時期，在中小學美術教學中進行彝族民間美術教學尤為重要。

新課程標準指出，美術教師要充分利用民族與民間藝術等社會文化資源進行美術教學，"少數民族地區學校，可以因地制宜，充分利用當地的各種資源，開展有特色的美術教學活動"，形成國家、地方、校本三級課程體制。隨著科學技術和社會的不斷變革、哲學觀念的變化，教育及相關學科的發展，課程理論也有了長足的發展，一些傳統的課程觀念受到衝擊。

我對彝族民間美術有較多的瞭解。在 2012 年以前，我雖然一直都在進行彝族民間美術方面的研究，但也都只是片面的、膚淺的。好多次都想認真研究一下，卻因為各種原因耽誤了下來。直到 2012 年 4 月，我參加名師培訓後，終於有機會靜下心來思考了。通過初步論證，在林木教授、汪清教授和陶旭泉教授的指導下，確定了"新課程背景下彝族民間美術在中小學美術教學中的傳承研究"這個課題。

二、本題研究的意義

①通過彝族民間美術在中小學美術教學中的傳承與實踐探索，拓展彝族民間美術傳承方式。

②通過研究，形成彝族民間美術在中小學美術中的傳承理論體系，為其他少數民族民間美術在中小學美術教學中的傳承提供借鑒。

③通過實踐研究，提高中小學生對彝族民間美術的瞭解，拓寬學生美術視野。

④通過本課題研究，帶動彝族民間美術課程資源開發，提升民族地區美術教師的課程意識，實現學校的美術課程創新。

⑤通過研究，培養學生強烈的民間美術傳承和保護意識，提升中小學生的民間美術文化素養，繼承和發展民族民間美術。

⑥通過本研究，帶動其他學科（如音樂、語文、歷史等）對彝族民間文化進行全面研究。

三、本問題國內外研究的現狀

目前人們對彝族民間美術的關注很多，課題組查閱大量的相關研究成果，歸納起來，主要有以下三個方面的情況。

一是把彝族美術引入中小學教學的。比如，特級教師黃文才、成都的胡凌老師等都很好地將彝族民間美術運用於美術教學中，所教授的學生作品豐富多彩，效果很好，取得了可喜的成績。但他們未將彝族民間美術傳承上升到理論高度，進行全面研究，形成系統理論。

二是對彝族民間美術的某一分類進行研究。這種情況比較普遍。如西南民族大學教授張建世的《四川省涼山彝族銀器製作工藝》研究，他對銀飾種類、工藝進行了研究；中央民族大學冰河的《彝族的漆器及裝飾圖案藝術》研究，對漆器的製作、色彩、造型、款式及裝飾圖案的取材、工藝等進行了較詳盡的論述；西南民族大學藝術學院副教授呂荔在《涼山彝族漆器紋樣研究》一文中對彝族漆器紋樣的分類、含義及藝術表現做了較深刻的論述。這些主要是對彝族民間美術的某一分類的藝術價值的研究。

三是將彝族民間美術納入課程。這一種情況比較接近本課題研究。如西昌學院副教授何曉玲做過《將彝族民間美術融入西昌學院美術教育》的研究，作者只針對彝族民間美術融入西昌學院的現狀，提出西昌學院美術教育強化彝族民間美術的幾點具體措施，但並未進行全面深刻的論證。雲南大學研究生彭瑤曾做過《民族地區小學民間美術課程資源開發的理論研究——以石林彝族自治縣為研究個案》，作者從新課程開發的角度（以石林彝族為個案）提出對民族地區小學民間美術課程資源開發的研究理論。

這些研究主要存在以下問題：

一是美術教學中對彝族民間美術的認識存在片面性，往往只涉及彝族民間美術的某一方面或幾方面，如服飾、色彩、紋樣等，對彝族民間美術的傳承存在片面性的問題。

二是現行的彝族民間美術教學內容與學生生活實際脫離：彝族聚居地的學生沒有系統的教材來全面瞭解本民族的民間美術；其他地方的學生因生活水準有差距，導致教師教學無的放矢。

三是教師對彝族民間美術的瞭解不全甚至不瞭解，造成教師的教學內容空洞無物，彝族民間美術教學逐漸被邊緣化，彝族民間美術傳承面臨困境。

四是沒有系統的理論指導彝族民間美術在中小學美術教學中的傳承，致使有意投入彝族民間美術傳承的老師在教學實踐中走了很多彎路，事倍功半，甚至徒勞無功。

大量的彝族民間美術分類的研究，給我們的課題提供了很多資源，而少量的整體傳承研究，給本課題提供了廣闊的研究空間。

四、相關概念界定

（一）彝族民間美術

彝族民間美術是由彝族人民群眾自己創作的，以美化環境、豐富民間風俗活動為目的，在日常生活中應用、流行的美術。從竹木石骨、絲麻毛布、金銀銅鐵等材料的開發利用，到圖案紋飾演繹出的經書典籍、宗教法器、兵器、建築、服飾、繪畫等，都能囊括其中。這裡強調的是彝族人民本身根據彝族傳統文化、民間藝術等，創造出的美術作品及美術形式，包括吸收外來藝術樣式、超越傳統所創造的一種新的美術語言和表現形式，這種美術語言和表現形式往往無意識地呈現出濃烈的彝族味道，是一種"母語"風格的美術形式。但外地畫家以彝族題材為表現物件所創作的彝畫等美術作品，借助民族的外衣表達自己的情感，我們認為這種以第三者的角度進行詮釋的美術，並不是真正意義上的彝族民間美術。

（二）新課程背景

新一輪基礎教育美術課程改革，力求體現素質教育的要求，以學習活動方式劃分美術學習領域，加強學習活動的綜合性和探索性，注重美術課程與學生生活經驗的關聯性，使學生在積極的情感體驗中提高想像力和創造力，提高審美意識和審美能力，增強對大自然和人類社會的熱愛及責任感，提升創造美好生活的願望與能力。

第二節 研究的路徑

一、研究思路

本課題將彝族民間美術放在中小學美術教學中進行傳承研究，主要思路是：整理彙編《彝族民間美術》教材，將彝族民間美術用於美術教學課堂實踐研究，根據實踐情況，初步編寫彝族民間美術在中小學美術教學中傳承的教材，將編寫教材用於課堂教學實踐，總結研究成果，修改教材，推廣實施。具體為：

（1）將彝族民間美術的形成與發展，彝族民間美術的分類，彝族民間美術的特徵，彙編成《彝族民間美術》。

理清彝族民間美術從原始時期、遊牧時期、農耕時期，直到現代的形成、繼承與發展脈絡。通過深入民間，訪談民間藝人，調查民間美術，搜集、整理、細緻分析、歸納，再結合相關資料，對彝族民間美術進行歸納、整理、分類。

（2）將彝族民間美術放入中小學美術課堂中進行傳承研究，尋找彝族民間美術在中小學美術中傳承的有效途徑。

彝族民間美術博大精深、內容豐富，但並不全都適合中小學生，我們只能選取適合進入中小學美術課堂的部分，在中小學美術課堂中進行傳承研究。

（3）編寫並形成適合各個區域、面對不同層面，又比較全面的彝族民間美術在中小學美術教學中傳承的教材體系。

根據彝族民間美術的特點，結合各階段學生認知水準和認知規律，我們將彝族民間美術放在中小學美術教學中進行傳承實踐，根據實踐情況總結、反思、討論、梳理，逐漸形成了彝族民間美術在中小學美術教學中的教材體系。

小學低段（一至三年級）：把彝族裝飾紋樣和生活器形用剪紙、泥塑、繪畫等學生喜愛的形式表現出來，讓學生在遊戲中體驗彝族民間美術的美，激發學生對彝族民間美術的興趣。

小學高段（四至六年級）：採取設計應用和造型表現的方式，把彝族民間美術的元素引入課堂，讓學生在學習掌握的基礎上，展開想像，進行創造。

初中階段（七至九年級）：採用欣賞評述課型，按時間順序，有意識地讓學生欣賞彝族民間美術（由初期發展到現在，歷經千年而形成的優秀作品），同時讓學生瞭解彝族文化的發展史，瞭解彝族的民族精神，進而喜愛上這個民族及其相關的美術，促進彝族民間美術的傳承。

有效課堂教學研究，確保彝族民間美術在中小學美術教學中的傳承。將形成的教材再次在實驗學校進行完整教學實踐，總結經驗，撰寫論文，交流學習，並對研究的成果進行總結推廣。

二、研究方法

本課題屬於行動研究（邊實踐、邊探索、邊修改、邊完善、邊總結）的範疇，總體上說，是在理論指導下，通過廣泛的文獻分析及深入調查研究，形成完整的彝族民間美術體系，再選取適當的內容進入美術教學課堂進行實踐研究，輔之以個案法、經驗總結法等，形成研究成果。

（一）文獻分析研究法

查閱與本課題有關的文獻資料，一方面拓展本課題的縱向深度，借鑒、參考已有研究成果；另一方面是通過發現已有研究的不足，力圖彌補它們存在的缺陷。

（二）調查研究法

對學生和教師分別制定問卷，瞭解學生對彝族民間美術的瞭解情況，對其他民族民間美術的態度及學校開發民間美術課程資源的現狀等，廣泛搜集第一手材料。

（三）訪談研究法

通過對民間藝人的訪談，深入瞭解彝族民間美術及其傳承方式與技巧，研究目前傳統彝族民間美術傳承方式的局限性。

（四）個案研究法

以彝族民間美術各個種類傳承方式為研究個案，在對其進行實際調研的基礎上，分析目前在民間美術傳承中存在的問題，由此展開對彝族民間美術傳承理論的探討。

（五）行動研究法

將彝族民間美術應用於中小學美術教學中，通過結合現有理論進行計畫、行動、觀察、反思、歸納，形成系統理論。

三、研究的突破或者研究的創新點

本課題的研究是通過搜集、整理彝族民間美術，並將其用在中小學美術教學中進行傳承研究，形成一個完整的彝族民間美術在小學美術教學中的傳承模式，從而有效指導小學美術教師進行彝族民間美術傳承，提高小學生民間美術傳承意識，有效促進學生全面發展，同時也達到進一步提高教師專業素養和教學水準的目的，全面提高教學效益。

（一）目標

1.培養學生強烈的民間美術傳承和保護意識，提升中小學生的民間美術文化素養。

2.提高中小學生對彝族民間美術的瞭解，拓寬學生美術視野。

3.提高教師科研水準，促進教師向專業化發展，造就一批高素質教師隊伍。

4.通過研究地區群體的民間美術素養，為其他部門瞭解地方文化或進行調研提供參考。

5.瞭解中小學生的心理特徵，尋找更有利於美術教學的方法和經驗，來促進中小學生的身心健康成長。

6.形成系統的彝族民間美術教學體系，包括系列課程等。

7.通過本課題的研究，帶動其他學科（如音樂、語文、歷史等）對彝族民間文化進行的研究。

（二）創新點

1.本課題研究與其他研究角度不一樣，現有研究很多都是從彝族民間美術的某一方面進行，本研究從整體的角度，全面、系統地進行研究，探討彝族民間美術在中小學美術教學中傳承的有效性。

2.將已有資料歸納整理，結合教學實踐，在實際調研的基礎上展開理論研究，開發彝族民間美術資源，經過實踐、探索，提出一個較系統的理論，將彝族民間美術有效地吸納於中小學美術教學之中。

3.本研究將豐富的彝族民間美術和大量的素材進行搜集、整理、歸納、提煉，多方面獲取第一手資料，有利於研究的深入開展，使提出的理論具有有效性。

4.本課題研究成果具有很強的可操作性，可供其他民族美術傳承研究和其他教師輕鬆借鑒，便於推廣。

四、研究的過程

本課題的研究歷時兩年，總體上分為三個階段。

（一）研究起始階段（2012年3月—2012年7月）

1.撰寫課題研究方案，做好申報、立項及論證工作。

在2012年4月參加四川省中小學教學名師人選培訓中，在四川師範大學美術學院院長林木教授、副院長汪青教授和陶旭泉教授的引導下，通過答辯論證，我確定了"新課程背景下彝族民間美術在中小學美術教學中的傳承研究"這個研究課題。經過層層篩選，通過省教廳審批，最後成為"2012年省級教學名師專項課題"。

2.組建課題組，落實課題研究網路。

2012年4月底，完成課題組組建，課題組主研人員由涼山州優秀美術教師組成，選取具有代表性的六所市、縣學校共同參與，涵蓋彝族聚居區、漢族地區與彝漢雜居區，形成全方位覆蓋的課題研究網路。

附1："新課程背景下彝族民間美術在中小學美術教學中的傳承研究"

[課題負責人]：

羅方鼎（四川省美術教學名師後備人選）

[課題主研人員]：

周明祥 葉峰 嚴建偉 顏莉 朱德祥 劉瑩

小學組：馬胡佳 黃沖 張磊 吉力色沙（布拖縣民族小學） 羅芳（布拖縣特木裡中心校）

中學組：林文勇 黃鈺 趙華容 楊娟（冕甯瀘沽中學） 萬成鳳（甘洛中學）

[課題專家指導組]：

馮恩旭 四川省教育科學研究所藝體室副主任、美術教研員

陶旭泉 四川師範大學美術學院碩士生導師、教授

劉達貴 涼山州教科所所長

諶業鋒 涼山州中小學教育教學研究室主任

李 勝 涼山州教科所美術教研員老師

羅成光 西昌市教育科研培訓中心主任

蒙佐德 西昌市教育科研培訓中心科研部主任

[課題組織實施]：

羅方鼎

[課題實施、資料整理搜集、記錄]：

羅方鼎 劉瑩 馬胡佳 黃沖 羅芳 張磊 林文勇 黃鈺 楊娟 萬成鳳 趙華容

[參研學校]：

本課題研究以西昌陽光學校為主體，布點範圍包括布拖縣民族小學、布拖縣特木裡中心校、甘洛中學初中部、冕寧縣瀘沽中學、昭覺縣民族小學、德昌縣二小等多所具有代表性的學校。實驗學校分佈在彝族自治州的各個縣市，具有代表性和全面性，彝族民間美術資源豐富。

3.查閱資料，組織課題研究人員培訓，增強對本課題研究意義的認識，進一步明確研究目的，掌握相關研究方法。

2012年5月19日召開課題組第一次全體會議，學習課題申報表，瞭解本課題研究的相關內容，佈置"各實驗學校師生對彝族民間美術瞭解情況"調查。

4.進行彝族民間文化在中小學教學中的情況調查，完成調查分析報告。

2012年6月，完成對各實驗學校中學生對彝族民間美術的瞭解情況調查。

5.完成彝族民間美術資料查閱與考察。

2012年6月23日上午，課題組全體成員參觀涼山彝族奴隸社會博物館，課題組成員對涼山彝族民間美術有了全面的認識。下午集中學習討論涼山彝族民間美術，結合早上的考察，理清彝族民間美術的分類。

2012年7月，利用暑假時間，課題組成員分頭對具有代表性的幾個彝族民間美術特色之地進行了考察：羅方鼎到美姑縣考查彝族畢摩美術；楊娟到彝族漆器之鄉——喜德考察彝族漆器；吉力色沙對彝族建築和彝族服飾進行考察。其餘成員查閱相關資料，撰寫相關文字材料。

2012年8月20日，課題組成員匯總、編輯《彝族民間美術》。

在彙集各方材料，準備編寫《彝族民間美術》時，課題組成員幾經討論，始終感到收集到的材料是零散的，是機械結合在一起的"拼湊品"，缺少一種內在的精神。後來在葉峰教授等彝學專家的引導下，學習了《涼山彝族文化研究》與《涼山夷家》。《涼山彝族文化研究》讓課題組成員能在彝族民間文化的大環境下理解彝族民間美術；學習《涼山夷家》使課題組成員在林耀華教授的精神指引下，用人類學家、歷史學家、社會學家和民族教育家的視點去理解彝族民間文化，理解彝族民間美術，將彝族民間美術與社會學、歷史學、民俗學、民藝學、美術學、藝術學、文化人類學、生態學等相關學科結合起來。我們終於找到了彝族民間美術的"精神"，《彝族民間美術》有了生機。

6.2012 年 9 月起，課題組主研人員陸續從不同類別、不同角度，將《彝族民間美術》放在中小學美術課堂中進行教學傳承實踐研究，總結經驗，為後期教材編寫做準備。

（二）研究實施階段（2012 年 8 月—2013 年 8 月）

1.撰寫課題開題報告，召開課題研究開題論證會。

通過前期緊張的課題論證與準備，於 2013 年 3 月 26 日正式開題。開題會上，四川省教科所藝體室馮恩旭副主任、四川師範大學美術學院碩士生導師陶旭泉教授、涼山州教科所劉達貴所長、涼山州中小學教育教學研究室諶業鋒主任、涼山州教科所美術教研員李勝老師，以及西昌市教科中心羅成光主任，西昌市教科中心科研部蒙佐德主任等專家提出了寶貴的意見和建議。課題組根據專家們的建議，及時調整了課題實施方案，使課題更加可行。目標重心放低，更貼近實際；措施細化，更有利於落實方案；預期成果具體化，更加可檢可測。

2.邀請專家對參與實驗的教師進行專題培訓。

2013 年 4 月 20 日，邀請西昌學院美術學院院長葉峰教授，給課題組教師做了兩個主題分別為"彝族傳統繪畫研究"和"彝族畢摩繪畫藝術研究"的報告。通過學習，課題組成員不僅對彝族民間美術有了更深的理解，也學到了新的科研方法。

2013 年 5 月 18 日，邀請四川省首批美術特級教師——黃文才老師，給課題組成員進行了題為"我的民族美術教育之路"的精彩講座。黃老師用風趣幽默的語言，結合多年的美術教學經歷，講述自己是怎樣將彝族民間美術滲透於自己教學中的。

3.根據課題實施方案，全面啟動課題研究。

2013 年 3 月 28 日召開課題組大會，總結前期傳承教學實踐情況，初步擬定傳承教材目錄。根據課題實施方案，各主研人員選定側重點，全面開展彝族民間美術在中小學美術教學中的傳承研究實踐，確定負責人及成員研究方向。

總負責：羅方鼎

劉　瑩：彝族民間美術的水墨表達

林文勇：彝族民間美術的色彩應用研究

黃　沖：彝族銀飾特點及其在小學美術教學中的應用

吉力色沙：彝族建築藝術的繼承與發展

楊　娟：關於彝族漆器的課堂實踐研究

萬成鳳：彝族服飾的傳承與創新

張　磊：彝族紋樣在小學美術教學中的滲透

馬胡佳：剪貼、泥塑等多手段表現彝族民間美術

4.各實驗學校根據課題實施方案，全面開展課題的研究工作，彙聚實踐研究情況，編寫教材《走進彝族民間美術》。

編寫教材，將彝族民間美術在中小學美術中進行傳承，是本課題研究的關鍵。為使教材科學、合理、有效，我們認真學習了《後現代課程觀》《課程的邏輯》等書中的相關理論。美國著名課程理論教授小威廉姆·E.多爾以其寬廣的視野、獨特的思維，從哲學、物理學、生物學、數學等角度出發，將後現代框架應用於課程領域。他批評前現代範式是一種平衡的、對稱的、有目的、公正的秩序，是有機的、一體化的世界觀，而現代主義思想就是一種發現預先存在的世界的方法，知識可以被發現但不能被創造，知識系統是一個封閉的系統。對前現代和現代課程理論的懷疑批判觀點，讓其思想有了適量的張力，從而啟動了其思維水準和想像空間，為其理論建構提供了一些邏輯起點。多爾吸收了皮亞傑生物學觀點（平衡化模式）、普利高津耗散結構理論、布魯納的"心靈—對話"認識論、杜威的知識旁觀者論、懷特海"學生的心靈是成長的有機體"等廣大學者的理論思想，"構建"了自己的後現代課程理論。在我看來，這是一種"沒有理論的課程理論"。因為後現代理念本身就是一種開放的、模糊的、發展的、過程性的理念。從這些觀念可以看出，後現代的課程觀沒有具體明確地建構自己的理論體系，是因為後現代理念本身也不強調體系，可見這種課程觀更有開放性和接納性。

多爾的後現代課程觀給我們課題研究的啟示是：

（1）根茂實遂——只有全面、完整地對彝族民間美術進行研究，才能避免研究的主觀性和片面性，有利於得出科學的研究結論。

彝族民間美術博大精深，所以我們用"草根"精神，在彝族民間美術的肥沃

"田野"獲取了第一手資料,並結合前人大量的研究成果,科學地理清彝族民間美術脈絡。

(2)課程的設置要多元化。

課程是實現彝族民間美術在中小學美術教學中傳承的基礎。後現代課程觀強調課程的多元性,所以我們的課程既有整體知識的"面",又有知識切入的"點"。強調課程的可變性,可以通過課程的設計,實現多種知識與技能的發展。對於實現彝族民間美術在中小學美術教學中的傳承而言,教材課程的開發與實施至關重要。我們課題組成員改變傳統理念,樹立多元課程觀:既重視每個民間美術分類的點,又注意整個彝族民間美術的整體性與連貫性;既重視民間美術的"知識",又要處理好它與美術技能學習的關係。

(3)教學設計個性化,滿足個體差異。

學習是一個開放的、發展的過程。要實現彝族民間美術在中小學美術教學中的傳承,首先要求課題組老師與學生親身體驗、感受,將自己放在傳承本身的一個節點上來。傳承教學需重視課堂實踐,通過大量的、反覆的、不同形式的和不同手段的表現形式,讓學生去體驗、去感受。我們面臨著研究範圍跨度大,城市、鄉村共研,觀念、認識、感受、技術水準等參差不齊的困難。要讓他們全面發展、和諧發展、自由發展、充分發展和持續發展,傳承必須建立在適合他們的基礎之上。所以我們課題組教師的教學設計應當儘量個性化,滿足學生個體差異。

(4)評價關注情感和過程,力求多元化。

多爾認為,以前的評價基本上是用來"區分勝利者和失敗者""考試幾乎普遍的作為區分手段而不是對話的起點",他們常常用兒童所獲得的知識和方法的多少來認定其等級。而後現代主義摒除了這種評價標準的簡單性、封閉性、精確性,而採用多元性、動態性、模糊性的評價標準。從根本上來說,這種以轉變為目的的協調過程的評價已作為反思的起點,學生在評價中反思自己的學習,教師也與學生一道反思,共同進步。教師在評價過程中會發揮主導作用,但教師絕不是唯一的評價者,學生也可以進行自我評價。後現代的"做—批評—做—批評"這一迴圈過程,將評價作為一種回饋。當然,在後現代框架中,如果需要的話,評價仍可以發揮區分的功能。對於彝族民間美術的傳承研究,更要注重讓師生站在"第一人稱"的角度去感悟、體驗與表現彝族民間美術。

建構主義學習理論認為，知識是個體與環境交互作用的過程中逐漸建構的結果。兒童在與環境不斷的接觸中建構知識和行為策略。在教育教學過程中，學生的學習活動是一個能動的建構過程。在這個建構過程中：一方面學生受個人興趣、需要及外部環境的推動，表現為主動性和選擇性；另一方面受本人原有知識經驗、思維方式、情感品質等制約，在對資訊的內部加工上表現為獨立性和創造性。所以我們在中小學美術教學中進行傳承研究時，要努力找出彝族民間美術中，對學生有關聯的、成體系的、符合個人情感價值的知識點進行切入，然後逐漸調動學生的積極性，激發起學生的認同感，讓學生主動參與傳承實踐。

在這些理論的指導下，我們逐漸完善了彝族民間美術在中小學美術教學中傳承的教材。

（5）將編寫的教材應用於教學實踐。定期開展學術研究，進行經常性的課堂教學研討和觀摩活動，資料收集，總結調控，不斷完善操作過程。

（6）各研究人員完成課題研究總結，寫好研究報告。

（三）總結推廣階段（2013年8月—2014年3月）

1.2013年12月，各研究人員匯總上交研究材料。12月21日，對研究材料、數據進行分析整理，完成課題研究報告。

2.2014年1月起，彙編研究成果。

3.撰寫研究報告，編輯有關成果。

4.2014年5月，召開課題鑒定會，結題，舉辦研究成果展覽，實施推廣。

第三節 研究成果

一、研究成果呈現

（一）成果綜述

1.通過本課題的研究，課題組全體參研老師對彝族民間美術有一個系統的了解和研究，對其形成與發展、分類等都有了較深的認識，組織編寫了較全面的《彝族民間美術》教材。

（1）瞭解彝族民間美術的形成與發展。

（2）對彝族民間美術進行準確分類。彝族民間美術主要分為繪畫、雕刻、綜合藝術和建築等。其中繪畫分為畢摩畫、漆畫、刻畫等；雕刻又分為古代青銅器、岩畫、畢摩泥塑等；綜合藝術分為服飾（包括編織、銀飾、刺繡、服裝等）、餐具、兵器、剪紙等；建築分為土掌房、土司房等。當然這其中每一種形式也並非單獨割離，而是相互穿插、相互融合、密不可分。

（3）理解彝族民間美術的特徵。首先畢摩是彝族文化的維護者和傳播者，彝族民間美術也不例外，所以彝族民間美術最主要的特徵是以畢摩文化為中心；其次，彝族美術具有很強的生活實用性；最後，還有著鮮明的裝飾意味等特徵。

（4）彝族民間美術體現彝族鮮明的民族風貌和個性特徵。

2.通過大量的、反復的課堂實踐，編寫適合各個區域、不同受眾層面、成體系的、全面的彝族民間美術教學教材。彝族聚居地以直接感知、引導歸納、形成系統民間美術知識體系為主；其他地方的學生根據實際情況，由淺入深，由主幹到枝葉，從認識到實踐，循序漸進。

3.通過深入調查、集中討論、教學實踐、反思總結和交流培訓，培養一批理解彝族民間美術，樂於傳承彝族民間美術，具有豐富美術教學經驗的小學美術教師。

（1）全面理解彝族民間美術。課題組主研人員通過廣泛查閱資料，實地考察，深入尋訪民間藝人，真正全面瞭解彝族民間美術。

（2）調動參研教師。讓參研教師積極主動地瞭解彝族民間美術，參與民間美術傳承教學研究，實踐、反思、總結、再實踐。教學是一門藝術，一門不斷追求完美的藝術。學，然後知不足；教，然後知困。無論是教師自身專業修養，還是教學水準提高，都離不開教學實踐。通過集中培訓與分散研究，做到學習與實踐結合、觀念與行為結合、主研與群研結合，全面提高了參研教師的專業修養和教學水準。

4.通過課堂教學研究，形成有效實施民間美術傳承理論。

課堂教學是學校進行民間美術傳承最直接有效的途徑，針對在課堂教學中如何有效傳承民間美術，我們得出以下結論：

（1）小學低段。以感知、認識為主，把彝族裝飾紋樣和生活器形用剪紙、泥塑、繪畫等學生喜愛的課程形式表現出來，讓學生在遊戲中體驗彝族民間美術的美，有效提高學生對彝族民間美術的興趣。

（2）小學高段。有了低段的教學基礎，學生對美已經有了初步的認識，在課堂設置方面，多採取設計應用和造型表現的方式，把彝族民間美術的元素引入課堂，讓學生在學習知識的基礎上，展開想像，進行創造。

（3）初中階段。此階段學生有了一定的理解力和分析能力，在課堂設置方面，多採用欣賞評述課型，按時間順序，有意識地讓學生欣賞彝族民間美術，由初期發展到現在，歷經千年而形成的優秀作品，同時讓學生瞭解彝族文化的發展史，瞭解彝族的民族精神，進而喜愛上這個民族及其相關的美術，從而促進彝族民間美術的傳承。

（二）成果展示

1.《論文·反思集》（圖5-1）

（1）羅方鼎的《彝族民間美術在中小學美術教學中的傳承初探》發表於《中國校外教育》2013年第7期。

摘要：彝族民間美術博大精深，從小學生到大畫家，都把彝族民間美術元素融入自己的作品中，其作品可謂豐富多彩。正確地理解和傳承彝族民間美術是我們的共同責任，未來掌握在年輕人手中，要從小培養學生對彝族民間美術的傳承意識。學校美術學科教學是民間美術傳承的最有效的方式之一，其中，中小學階段是培養學生對彝族民間美術興趣的最佳時期，在中小學美術教學中進行彝族民間美術教學尤為重要。本文從當前彝族民間美術在中小學美術教學中存在的問題入手，就如何在中小學美術教學中傳承彝族民間美術做了全面闡述。

關鍵字：彝族民間美術；傳承；研究。

（2）羅方鼎的《巧用彝族民間美術紋樣實現彝族民間美術傳承》發表於《美術教育研究》2013年第6期。

摘要：彝族民間美術博大精深，從原始時期、游牧時期、農耕時期一路走來，源於自然崇拜、圖騰崇拜、祖先崇拜的精神，隨其民族文明的發展而發展，不斷吸收其他民族之長，逐漸完善，形成極具民族特色而又豐富多彩的彝族民間美術。在整個彝族民間美術中，無論是在生活用具的美化、裝飾上，還是在宗教法器、兵器、建築的美化、裝飾上，彝族民間美

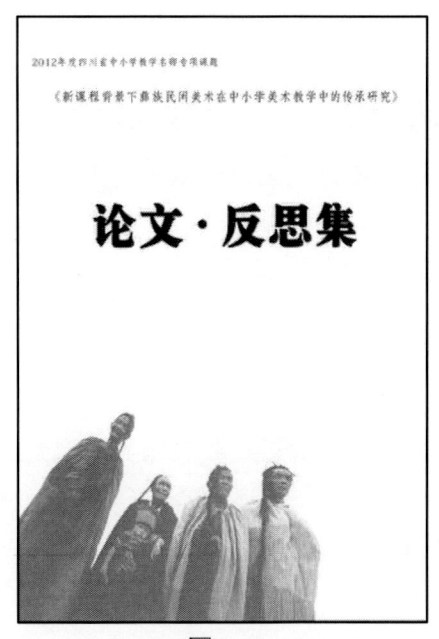

圖 5-1

術紋樣都佔有非常重要的地位。傳承彝族民間美術紋樣，是做好彝族民間美術傳承的重要環節。筆者就如何用簡單彝族民間美術紋樣進行彝族民間美術傳承做了實踐性探索。

關鍵字：彝族民間美術；紋樣；傳承。

（3）馬胡佳的《淺談小學美術教學中的"彝族風味兒"》發表於《新華教育導刊》2013年3月刊。

摘要：文章介紹了彝族文化的特色，分析了貫穿在小學美術教材、兒童畫創作中的彝族文化。

關鍵字：涼山州彝族的美術文化資源；課程中的"彝族風味兒"。

（4）馬胡佳的《挖掘涼山彝族文化中的美術教學資源》發表於《學習導刊》2013年第7期。

摘要：文章介紹了涼山彝族文化的特色，分析了如何挖掘涼山彝族文化中的美術教學資源，並將其融入美術教學中。

關鍵字：鄉土美術；涼山彝族文化；美術教學資源；民族自豪感。

（5）萬成鳳的《傳承彝族民間美術課堂教學探索》發表於《經營管理者》2014年1月下期。

摘要：新課程背景下的教材賦予師生一定的自主性，"用教材教"還是"教教材"成了新舊教學的分水嶺。彝族民間美術是美術課程資源的寶庫，怎樣將這些優秀的彝族民間美術傳承下去？筆者認為最為有效的方法是將彝族民間美術融入美術課堂教學中。怎樣將彝族民間美術融進美術課堂，筆者分析了美術課堂傳承彝族民間美術的成功案例與體會。

關鍵字：傳承；彝族民間美術；教學探索。

（6）劉瑩的《淺談怎樣有效地把彝族民間美術引入小學低段美術課堂教學》獲四川省第八屆中小學美術教育論文二等獎，並發表於《大觀週刊》2012第41期。

摘要：為了更好地繼承和發展彝族地區的優秀民間文化，把彝族民間美術引入中小學美術課堂是一個有效的途徑。本文旨在探討如何激發學生學習興趣，以及在"造型·表現""設計·應用""欣賞·評述""綜合·探索"這四個學習領域採取怎樣的教學策略和方法，來實現課程教學的有效性。

關鍵字：學習興趣；彝族民間美術；小學低段美術；課堂教學；有效性。

（7）黃鈺的《彝族民間美術在初中美術教學中的滲透》獲四川省第八屆中小學美術教育論文比賽涼山州二等獎。

摘要：從彝族民間美術入手與現階段本地的美術教學情況相結合，剖析民間藝術在美術教學中滲透的重要意義。把彝族民間習俗、民族精神有機地融入豐富多彩、愉快有趣的美術教育中，從中提升學生和諧發展的藝術素養和完善的人格。從彝族民間美術中，我們可以感受到濃烈的情感是出自於心而表達於形。當身為教師的我們能夠切身地感受到這種思想感情時，那麼，無論你是表述還是演示，這種情感都會自然地流露出來，從而教化學生，達到教學目的。

關鍵字：滲透；彝族民間美術；初中美術教學。

（8）張磊的論文是《彝族服飾圖案和色彩在小學美術教學中的運用》。

摘要：涼山彝族的服飾，多姿多彩，風格獨具，帶有濃厚的地域特色。彝族歷史悠久，文化豐富多彩，在常年的發展中形成了自己的服裝文化。彝族服飾上的圖案蘊意深遠，色彩活潑鮮豔，引人注目，並且種類繁多，刺繡更是精美豔麗，無論從裝飾還是造型上都體現出高超的技藝，展現了多姿多彩的民族風情。

小學美術課堂中借鑒彝族服飾的圖案和色彩，可以讓小學生學習簡單的圖案裝飾和色彩搭配，對他們瞭解和繼承民族文化有很好的促進作用。

關鍵字：彝族；彝族服飾圖案；彝族服飾色彩。

課題組成員每上一堂教研課，都要寫出教學反思。將所有論文反思彙編、整理，形成這本《論文·反思集》。

2.教材：《走進彝族民間美術》上、中、下三冊（圖5-2）

圖5-2 教材封面

3.教材：《精品教學案例集》（圖5-3）

圖5-3 《精品教學案例集》封面

（1）楊娟《彝族漆器》獲涼山州美術教師課堂教學比賽一等獎，參加四川省第九屆美術教師優質課展評獲一等獎。

（2）黃鈺《紅黃黑的色彩搭配》獲涼山州美術教師課堂教學比賽一等獎。

（3）萬成鳳《彝族T恤設計》獲涼山州美術教師課堂教學比賽一等獎。

（4）黃鈺《水墨彝鄉》獲西昌中青年教師有效課堂教學大賽一等獎，並應涼山州小學教師培訓中心邀請為全州美術教師進行教學示範。

（5）馬胡佳《小荷包》。

（6）黃沖《姐姐的銀飾》。

（7）劉瑩《火把節》。

（8）劉瑩《彝族頭飾設計》。

（9）張磊《漂亮的瓶子》。

（10）黃沖《彝族漆器》。

4.資料集：《彝族民間美術》（圖5-4、圖5-5）

圖5-4 封面　　　　　　圖5-5 內頁節選：第9頁

目　錄

第一章 繪畫 1
　　第一節 畢摩畫 1
　　第二節 漆畫 4
第二章 雕刻 6
　　第一節 古代陶器 6
　　第二節 古代青銅器 7
　　第三節 陶俑 8
　　第四節 岩畫 8
第三章 綜合藝術 9
　　第一節 服飾 9
　　第二節 銀飾 13
　　第三節 刺繡 15
　　第四節 漆器 16
　　第五節 剪紙 18
第四章 建築 20

5.電子資料

電子資料有學生作品集和課件資料庫。

6.《新課程背景下彝族民間美術在中小學美術教學中的傳承研究》研究報告

二、研究成果說明

　　成果名稱：彝族民間美術在中小學美術教學中的傳承研究成果

　　成果組成：《彝族民間美術》《走進彝族民間美術》《精品教學案例集》《論文·反思集》《新課程背景下彝族民間美術在中小學美術教學中的傳承研究報告》

　　作用：該成果專門針對各地在中小學美術教學中進行彝族民間美術傳承的需要而設計。其中彝族民間美術資料集《彝族民間美術》是教師在中小學中進行彝族民間美術傳承前應該瞭解並熟悉的知識，它讓執教者對彝族民間美術有基本的掌握。

三、研究成果的應用

在將本研究成果應用於美術教學中時，教師要先學習《彝族民間美術》，對彝族民間美術有基本的認識。再以《精品教學案例集》為指導，以《走進彝族民間美術》為依據設置課程，在中小學美術教學中進行彝族民間美術傳承。彝族聚居區在應用該教材時可適當進行拓展，酌情往深度和廣度上做一定延伸；彝漢雜居地區對彝族民間美術有一定的認識，所以可按教材逐步學習；遠離彝鄉的漢區，則需循序漸進，先理解，再逐步學習。教師的教學設計在參照《精品教學案例集》的教學設計的基礎上逐漸創新。《論文·反思集》中的文章，給彝族民間美術傳承教師提供理論上的支援，提高傳承教師的理論水準，更有利於彝族民間美術在中小學美術教學中的傳承。研究報告可為進行傳承教學的教師提供完整的傳承過程，為進行傳承教學的老師做很好的指導。

四、餘論

1.由於彝族民間美術博大精深，在研究中，我們盡可能做到全面，但仍然感到顧此失彼，需要我們在實施推廣中不斷地完善。

2.我們的研究由於時間和水準的限制，很多內容需要我們在後面的推廣實施中進行修訂與補充。

3.我們的理性追求難免帶有理想化的色彩。

4.在彝族民間美術的傳承上我們已經實踐了很多，摸索到了很好的路數，取得了不少成績，但由於篇幅有限等諸多原因，我們並不能完全呈現出現，這是個不小的遺憾。

總之，我們的課題雖然結題，但今天的結題並不是我們研究的結束，而是一個新的起點，希望各位讀者給我們提出寶貴意見，以便我們在今後的研究實踐中走得更遠。

參考文獻：

①教育部基礎教育課程教材專家工作委員會.義務教育美術課程標準解讀（2011年版）[M].北京：北京師範大學出版社，2011.

②[美]多爾.後現代課程觀[M].王紅宇，譯.北京：教育科學出版社，2000.

③韋安多.涼山彝族文化藝術研究[M].成都：四川民族出版社，2004.

④涼山州文化局.涼山彝族民間美術[M].成都：四川民族出版社，1992.

⑤林耀華.涼山夷家[M].北京：商務印書館，1947.

⑥馮恩旭.四川地域文化與美術教育的本土與創新[M].成都：四川美術出版社，2010.

⑦鐘啟泉.課程的邏輯[M].上海：華東師範大學出版社，2008.

⑧王大根.美術教學論[M].上海：華東師範大學出版社，2000.

⑨尹少淳.中小學美術教學論[M].長沙：湖南美術出版社，2012.

⑩陶旭泉.美術新課程教學技能訓練[M].北京：科學出版社，2012.

⑪錢初熹.美術教師教育的願景[M].上海：華東師範大學出版社，2009.

⑫尹少淳.走進文化的美術課程[M].重慶：西南師範大學出版社，2006.

⑬侯令.美術課程標準的三個維度[M].重慶：西南師範大學出版社，2006.

⑭陳雅玲.怎樣開發利用美術課程資源[M].重慶：西南師範大學出版社，2006.

⑮白亮.民間美術的傳承及發展[D].武漢：武漢理工大學，2003.

⑯吳虹.凝重而壯美——黑、紅、黃演繹的涼山民間美術[J].西昌學院學報，2002.

⑰劉冬梅.彝族民間美術對現代彝族畫形式語言的影響[J].貴州社會科學，2006.

⑱章建生，田瓊仙，胡雁偉.中小學藝術教育與民族藝術的傳承和發展[J].民族藝術研究，2000.

⑲葛田田.當代中國民間美術的元素傳承研究[D].重慶：西南大學，2008.

第六章

地方文化資源在美術教學中的整合開發與應用

美術課堂問道—美術基礎教育熱點研究

第一節 研究問題

一、問題的提出

（一）發展和傳承地方特色文化的需要

每一個民族、每一個地區都有經過長期發展，並傳承和積澱下來的特色文化資源。本課題的研究旨在正確引導和指導廣大青少年在美術教育改革與實踐中，充分認識自己身邊的特色文化資源，進一步理解其深厚的文化內涵。正如《美術課程標準》指出："美術是人類文化的一個重要組成部分，與社會生活的方方面面有著千絲萬縷的聯繫。通過美術課程，學生瞭解人類文化的豐富性，在廣泛的文化情境中認識美術的特徵、美術表現的多樣性以及美術對社會生活的獨特貢獻，並逐步形成熱愛祖國優秀文化傳統和尊重世界文化多樣性的價值觀。"

四川自貢是聞名中外的恐龍之鄉、千年鹽都、南國燈城，自貢還有國家歷史文化名城、中國優秀旅遊城市、中國民間藝術之鄉等三張國家級文化名片，有著豐厚的地方特色文化資源，經收集、分析、整合，有效運用到中小學美術教學中，對發展和傳承地方特色文化有著十分重要的作用。

（二）對現有人美版統編教材的有利補充

現有人民美術出版社（人美版）統編教材容量有限，編入教材的只能是十分典型的、非常著名的、具有突出特色的地方美術內容，數量很有限。在具體的教學實施中也往往因為不同地區間，教師及學生生活經驗的差異，以及獲得實物資料難度和實際操作的可能性的大小不同，造成這部分內容的教學效果有很大的地區差異。有針對性並系統地採納本地區有典型特色的美術資源，結合學生學習實際開發組織教學內容，既可以豐富現有人美版統編教材的內容，實現教材內容的多樣性，也能很好地激發學生的學習興趣，提高美術教育的品質。

（三）課程改革發展的需要

"挖掘地方資源，走教學特色之路"是課改提出的新要求。各地都有自己獨特的、豐富的文化資源，但它不一定等同於美術課程資源，需要我們從課程的具體情況出發，結合教學需要，結合教師和學生的實際，對大量地方文化資源進行概括和梳理，選取典型的材料和內容進行提煉，使之轉化為能夠代表地方特色的美術課程資源。

二、本題研究的意義

（一）研究的意義

1.促進美術教學內容方法的創新，有效提高美術教學品質。

整合地方美術課程資源，在豐富教學內容的同時，也對教學方法提出新的要求。教師只有不斷探索新的教學方法，才能適應不斷更新的教學內容的需要，美術教育才能取得理想的效果。教學內容變得充實、豐富，教學形式靈活多樣了，學生的學習興趣才能隨之提高。興趣是學生主動學習的動力，只有提高學習興趣，教學實施才能比較順利，也必然能取得較好的教學效果。

2.促進教師的專業發展，形成地方教學特色。

將"資源"轉化為"課程"的實踐過程，就是一個促進教師專業發展的過程。在這個過程中，教師不僅是教學內容的研究者、教學藝術的探究者，更是課程的開發者。教師在拓展專業領域的同時，掌握了一定的開發技術，提升了教師的專業能力。在整合、開發地方美術課程資源的過程中，通過對大量材料進行概括和梳理，選取典型的材料形成課程內容，同時根據課程內容特點，優化教學方法，從而形成地方教學特色。

3.促進文化傳承，提高學生綜合素質。

地方美術課程資源由於是學生比較熟悉的美術文化現象，因而有助於學生產生心靈感悟，並激發學生主動參與文化傳承和創造的熱情，從而弘揚地方優秀文化。讓廣大學生在積極的情感體驗中發揮觀察能力、想像能力和創造能力，提高審美品位和審美能力，增強對自然和人類社會的熱愛及責任感，形成創造美好生活的願望與能力，有力地促進其綜合素質的提高。

（二）實踐價值

1.教師通過課題研究與實踐，在拓寬專業領域的同時，不斷提高教育教學研究能力。

2.學生通過課題研究與實踐，對身邊優秀傳統文化的學習和發掘中，會極大地提高學習興趣，變被動學習為主動學習，綜合素質得到提高。

3.通過課題的研究與實踐，探索出美術教學中融入地方文化資源的有效策略和方法，在優化美術課堂教學結構的同時，促進學校教育教學水準的提高。

三、本問題研究的現狀

隨著課程改革的不斷深入和發展，地方課程的開發與整合已成為各地基礎美術教育改革的重要內容和美術教育研究的新課題，是新一輪基礎教育改革的特色之一。目前，中國境內也出現一些關於地方美術資源的開發、整合與運用的教學研究論文，但缺乏系統性，師生參與面窄，資源單一，更缺乏地方文化資源在美術教學中的整合、開發與運用策略的研究。本課題將進一步總結和完善地方文化資源在美術教學中的整合、開發與運用的一般策略和方法，探索研究出更加有效的地方文化資源在小學美術教學中的整合、開發與運用的一般策略和方法，突出其地域性、文化性、針對性、適切性、靈活性、探究性、開放性、實踐性、建構性的特徵。

四、相關概念界定

（一）本課題的基本含義

1."地方文化"是在特定歷史階段創造的具有鮮明特徵的傳統文化。"文化資源"包括宗教、風土民情、藝術等各種資源，也是一個意義廣泛的概念。此課題主要研究的是美術教學中關於井鹽、彩燈、恐龍、紮染、剪紙、龔扇等"自貢地方美術文化資源"。

2."整合"有的學者將之定義為"各門學科通過互相聯繫、影響、滲透而趨向統一，成為一個有機體的形成過程"。我們這裡要研究的是美術學科內的，關於自貢地方文化資源與美術教學的整合，以及和人美版統編教材的整合。

3."開發與運用"即通過關注、發現、概括和梳理自貢代表性文化資源。從美術教育的角度介入，讓學生在參與美術活動的過程中，追求心靈的體驗，運用多種美術材料和手段，表達自己的思想、個性、情感，並在潛移默化中施以教育的影響，激發學生學習興趣和創新精神，啟動課堂教學，最大限度地讓學生在本土文化底蘊的滋養中提升綜合素質。關注學生的求知方法和他們對文化的理解能力，引導學生關注自我、學會合作、學會關心、學會創造、學會關注地方文化，拓展美術學習的途徑。

（二）理論依據

1.以建構主義學習理論為理論依據。建構主義學習理論的基本觀點認為，學習活動不是由教師向學生傳遞知識，學習者不是被動地接受外在資訊，而是在特定的情境（社會文化環境背景）下，借助其他人（包括教師和學習夥伴）的幫助，利用必要的學習資料和手段，根據自己先前所學的知識結構主動地、有選擇地感知外在資訊，建構新知識模式的過程。將地方特色美術文化，建構於學生的心靈之中，使其形成自覺學習的能動性，主動探索的積極性，並通過知識建構過程不斷提升自身的意義和價值。

2.以《美術課程標準》的基本理念為指導。面向全體學生，激發學生學習興趣，關注文化與生活，注重學生個性和創新精神的培養。激發教師的積極性，努力開發有當地特色的美術課程資源，促進教師專業發展。

3.融入陶行知"生活教育理論"。陶行知先生強調"生活即教育，社會即學校"，教學過程中要做到"教學合一"。教學內容不符合學生生活實際，不切合學生思想認識，不能很好地為學生的將來生活服務的應當舍去。教學方法的選擇要根據"做"的內容和特點，以及教的規律、學的規律來決定，要注重實踐，讓學生在實踐中學習，在實踐中成長。

第二節 研究的路徑

一、研究思路
（一）研究目標
1.促進美術教師專業發展，提高美術教育品質。
2.開闊學生的視野，發展學生的形象思維和邏輯思維，提高學生學習和解決實際問題的能力。
3.培養學生發現、收集整理地方優秀文化遺產的能力，聯繫社會去認識美術知識與當地文化現象、審美情趣、民俗民情等關係及其所產生的意義，加深學生熱愛家鄉、熱愛生活、熱愛傳統文化的真摯情感。
4.編寫突出地方特色和學科特點，符合學生年齡特徵、認知特徵和身心發展的地方課程教材。
5.通過實踐探索總結出地方文化資源在小學美術教學中的整合、開發與運用的有效策略和方法，形成地方教學特色。
（二）研究內容
以最能代表自貢特色的"鹽、龍、燈"等地方文化資源，作為課程資源整合的主要內容，並融合相關具有文化價值的切合學生實際的內容，通過參觀博物館、景點、工廠，走訪民間藝人等形式，瞭解、收集、篩選、整理相關資料，並將收集好的資料，精心編輯整合，開發運用到美術教學中，最終總結出地方文化資源在美術教學中的整合、開發與運用的一般策略和方法。

（三）研究原則

1.主體性原則。即要尊重學生的主體地位，特別是在藝術創作中要能夠調動學生的自覺性與積極性。

2.發展性原則。即強調在教育教學活動中以學生的發展為目標，用發展的眼光看待學生的美術作品，在促進學生全面發展的同時，也注重學生個性特長的發展。

3.經濟性原則。即要盡可能用最少的開支和精力，達到最理想的效果：一是用最節省的經費開支取得最佳效果；二是盡可能就地取材，不應捨近求遠，好高騖遠；三是不加重學生的學習負擔。

4.針對性原則。即認真分析相關文化資源，認識和掌握其各自的性質和特點，保證開發與利用的針對性和有效性。

5.以人為本原則。即要以學生發展為本，以有利於學生良好學習習慣的形成為思考的基點，以提示、記載、選擇資料，提供討論和解釋等方式，展示學習過程，從學生的興趣、能力和需求出發，培養學生積極主動的學習精神。

6.傳統與現代的統一原則。即現在的學習是以傳統的積澱為基礎，傳統和現代之間是相輔相成的。因此，我們在教學實踐中既要注重優秀的傳統文化也要涉及現代藝術的觀點和學習方法，以開闊學生的眼界和思路。

7.綜合性原則。即地方文化資源的整合、開發和運用是一個有機綜合的過程，我們應該將課程內容巧妙地融入每個課題或學習單元。不同學段有不同的學習主題，教材內容的組織要考慮綜合性，注意教材的知識性、表現性、趣味性和應用性的統一。

二、研究方法

（一）文獻法

查閱自貢地方文化資源的相關文獻資料，學習相關理論，借鑒經驗，提高課題組成員的研究能力。

（二）調查法

有目的、有計劃地收集、了解研究內容（大三絕——彩燈、井鹽、恐龍；小三絕——紮染、剪紙、龔扇）的基本情況，進行分析處理，從而發現問題、探索規律和尋求對策。

（三）觀察法

實驗教師在實施研究計劃的過程中，對教育教學現象進行系統考察，獲取客觀的觀察結果。

（四）敘事法

以回憶、記錄、訪談和書信等資料收集的方法，通過個人評估或課題組成員間的商議，對研究過程中所遇的問題及困難，找到合理的方案加以解決。

（五）個案法

對有特殊思維創意的學生進行個案分析，並進行重點輔導，對在實驗中工作成效突出的教師個人案例也進行分析研究。

（六）行動經驗總結法

對實踐經驗進行總結歸納，將其提升到理論層面，揭示其規律，再反過來指導美術教學實踐。

三、研究措施

分解課題研究內容，將課題研究內容分解成一個或兩個子內容，分配給課題組每位成員。研究內容分解如表6-1。

表6-1 課題研究內容分解

姓 名	工作單位	研究內容
肖瓊 黃曉銳	自貢市大安區廣華山小學	井鹽文化、彩燈
劉曉江 馮瑛	自貢市大安區鳳凰學校	恐龍文化、特色建築
徐燕	自貢市大安區廟壩中心學校	紮染、龔扇
顏芬	自貢市大安區和平小學	剪紙

計畫先行：承擔研究子內容的課題組成員根據各自研究內容的特點和學生年齡差異，制定具體的實施計畫及切實可行的教學計畫，做到由淺入深、由難到易、由具體到抽象，逐步深入、層層推進。

資源分享：利用現代網路優勢，建立課題組 QQ 群，暢通研究資訊，及時上傳有價值的課題資源，將教師收集到的相關資料，包括書籍、圖片、影像、文字等的資料，進行匯總、分類，供大家學習、參考和選用。

教學模式：在課堂教學模式之外，還要有參觀、學習和考察模式。包括開展教學觀摩活動，結合聽課、評課、說課進行探索研究；組織課題組成員的研討活動，對各自研究現狀進行交流，或採用集體備課的形式，共同探討教學內容和教學方法，以求取長補短，共同提高；舉辦地方特色美術文化作品展，拓寬影響力；建立作品陳列室，展示學生作品；定期歸納、總結，撰寫典型案例、經驗文章、心得體會等；整理研究成果，編寫地方特色教學教材，逐步形成地方教育教學特色。

四、研究的創新點

本課題突出探索地方文化資源在小學美術教學中的整合、開發與運用的一般策略和方法。著重對地方文化資源在美術教學中的形式、相互關係，以及在教學中如何實施等理論問題進行探索，尤其是以最能代表自貢特色的"鹽、龍、燈"等地方文化資源為重點。在教師影響下，帶動學生、家長和社會共同參與，完成從收集到整理的一系列過程，形成一套與人美版統編教材相配合的、具有顯著地方特色的校本教材，並合理運用到美術教學中。

五、研究的過程

實驗預期兩年，分為三個階段實施：

（一）準備階段

1.建立課題組，制定規章制度，明確職責。

2.調查、瞭解學生對自貢大三絕與小三絕的興趣、情感、態度和瞭解程度，積累原始資料。

3.學習相關理論，制定研究方案。

（二）開發實施階段

1.分析前期資料，明確目標、任務、方法。

2.嚴格按照課題計畫實施，引導學生參與調查、參觀、繪畫、製作等活動，提高學生的綜合素質。

3.在研究實施過程中，依據實際情況與需要，不斷反思總結，不斷改進教學的方式和方法，使之日趨完善。

4.組織課題組相關成員實施課堂教學觀摩活動，並對教學活動課程的總體設計、實施過程和實際效果進行評價，商討改進方法，探索研究地方文化資源在美術教學中的整合、開發與運用策略。

5.撰寫中期報告和進行經驗總結。結合實踐經驗撰寫論文，收集案例，並組織學習和交流，不斷修正課題實施過程中出現的問題。

（三）總結、推廣階段

1.研討並確定教材的編寫提綱與結構模式。編寫出既突出美術學科的特點，又符合學生年齡特徵、認知特徵和身心發展特色的地方校本課程教材。

2.收集整理各類資料，撰寫結題研究報告。

3.進行結題實驗報告和經驗推廣，邀請上級主管部門和有關專家對課題進行成果鑒定。

第三節 研究成果

一、研究成果呈現

（一）提煉出美術教學中整合、開發與運用地方文化資源取捨的一般策略

1.典型地方特色引領、感悟地方文化之美。

每個地區都有豐富的地方文化資源，要選擇最具有代表性、最具地方特色，並具有審美價值的文化資源融入美術教學。

首先，在自貢近兩千年的鹽業生產過程中，遺存有一大批古井、天車，鼎盛時期數以萬計，最高的大德井高達118米，還有碓房、大車房、灶房、鹽鍋、鹽倉、採輸氣設施等，但以天車井架最為壯觀，不管從採鹵或者古建築角度來說，都是鹽都自貢特有的、不可多得的文物。自貢天車更被譽為"鹽場奇觀""東方的埃菲爾鐵塔"。教學中，學生實踐操作以天車井架為主要表現對象，提升了學生的學習積極性。在參觀燊海井、鹽業歷史博物館的過程中，學生在感受了前人智慧的同時，也認識了自貢鹽業的生成背景和蘊藏的文化歷史。

其次，濃鬱的地方風情和古樸的民間色彩，以及現代流行元素為一體的自貢彩燈是中華彩燈文化的傑出代表，也是自貢的文化標誌之一。譽滿海內外的"天下第一燈"自貢燈會，更以氣勢壯觀、規模宏大著稱，以構思巧妙、製作精巧取

勝，以燈景交融、層次迷離稱奇。自貢彩燈呈現給學生不同程度的視覺衝擊和心靈震撼。

2.讓學生能用美術形式表現地方文化資源。

地方文化資源走進美術課堂，要能用美術形式和手段表現出來。比如，自貢是世界聞名的侏羅紀"恐龍之鄉"，素以恐龍化石埋藏點多面廣、數量巨大、種類眾多、保存完好和層序連續等特點著稱於世。自貢恐龍博物館是與美國國立恐龍公園、加拿大恐龍公園齊名的世界三大恐龍博物館之一，被譽為"東方龍宮"。所在的"大山鋪恐龍化石群"遺址體現出極其難得的古生物多樣性、完整性和珍貴性，為國之瑰寶，具有極強的震撼力。學生通過博物館對侏羅紀時代的異境奇觀再現，而想到要瞭解恐龍化石的生成背景。在美術教學中，學生可以用線描、剪貼和立體模型等手段對恐龍進行色彩、造型的創作，還可以結合現代繪畫中的元素對恐龍進行創造性繪製等。

3.適合學生的認知水準和操作能力。

在資源整合、運用過程中，可以發現，有的地方特色資源，雖然藝術價值很高，卻不適合學生實踐操作。比如，被譽為中國第一扇的"自貢龔扇"，是用自然色調的竹絲精心編制而成的，扇面光滑透亮，扇面上編出的名家書畫既雅致，又富有情趣。龔扇初看如絹製，只有仔細觀察，才能看出是竹絲所編，竹絲細如髮絲，薄似蟬翼。它的藝術價值和觀賞收藏價值都很高，但其製作工藝複雜（扇框內的經線、緯線都要排上 700 多根竹絲，縱橫穿插編織），學生實踐操作難度大。教學中，可重點引導學生對龔扇的創作工藝和扇面進行瞭解和欣賞，輔以開展類似工藝的紙編活動，學生通過欣賞及降低難度的實踐活動，深刻體會到龔扇的藝術價值，對龔扇藝人的精湛技藝、創新精神更是充滿敬佩。

4.減輕學生負擔，節省資源消耗。

美術材料在美術課堂上不可或缺，但有時種類繁多和昂貴的美術材料，會對學生造成不同程度的負擔。美術教學中對地方文化資源的整合運用，還應結合作業內容，儘量節省資源消耗，選擇可再生的材料，這樣一方面可以避免不必要的資源浪費，另一方面也能培養學生勤儉節約的良好習慣。也可以選擇小組合作，根據任務分配材料的方法，減輕學生經濟負擔。比如，學生在製作天車的立體模型時，就啟發學生用廢舊報紙、掛曆紙、宣傳海報、各種飲料瓶和枯樹枝等進行創作表現。學習中，學生可任意選擇個人完成或合作完成作品，合作完成的同學，可協商材料的準備形式及材料準備任務分配，如一位同學負責準備剪刀、粘膠，另一個同學就負責準備彩紙等。

5.關注課堂偶發事件、給予正確的引導。

一些預想不到的偶發事件，常常會出其不意地闖入到課堂中來。這正是課堂教學的一種本質屬性。在整合運用地方文化資源的過程中，亦是如此，學生在對恐龍進行造型表現時，按教學安排是先組織學生進行黑白線描造型，再開展色彩、剪貼等表現形式，而在實際教學過程中，部分學生不滿足黑白線描造型的色彩單一表現形式，有的學生加入文字解說，目的是為了更清楚的介紹恐龍，這是很好的想法，圖畫配上文字，不僅能鍛煉學生的造型能力，還能讓學生對恐龍有進一步的認識。教學中，對這樣的方法，進行廣泛的宣傳，並延伸為一次作業表現形式——小報設計，在豐富教學內容的同時，不僅鍛煉了學生收集、整理資料的能力，對學生的圖文組織能力也是一次很好的鍛煉。

學生在利用恐龍、天車等地方文化資源進行小報設計時，按教學慣例，課前需要學生到書店或網上查找相關的文字資料和圖片資料，並對所需內容做好筆記或進行列印。在實際教學過程中，發生了一例課堂上學生翻看手機的事件，這在以往的教學中，有可能是違紀行為，而針對這次教學來說，卻並不是一件壞事，順勢引導學生利用現代化資訊技術進行學習，鼓勵有手機的學生利用手機查閱資料，使學生興趣倍增，無形中優化了原有的教學設計。

霍姆林斯基曾經說過："教育的技巧並不在於能預見到課的所有細節，而在於根據當時的具體情況，巧妙地在學生不知不覺之中做出相應的變動。"

6.地方文化資源與人美版美術教材有機整合。

教學中，巧妙利用地方文化資源與人美版美術教材有機整合。比如：在人美版二年級美術"百變團花"一課中，融入恐龍、彩燈等地方文化元素，並引導學生欣賞與表現；在人美版五年級美術"色彩的明度"一課中，有目的地將示範圖像表現為天車，並進一步鼓勵學生以地方美術元素為表現物件，效果明顯，不僅增長了學生的美術技能，也讓學生充分體驗了造型活動的多種表現形式，更加強化了地方文化在學生心中的地位。

（二）提煉出美術教學中整合、開發與運用地方文化資源課堂教學的一般方法

1.創設生動、直觀的情景，激發學生的學習興趣。

（1）參觀學習激趣法。組織學生到彩燈作坊、恐龍博物館、鹽業歷史博物

館、燊海井等地參觀，近距離接觸地方文化，讓學生在感知、發現、鑒賞和反思中獲得學習的愉悅，激發學生的學習興趣。參觀過程中，學生情緒高昂，不斷提問，還認真做了筆記，對彩燈的製作、恐龍的滅絕、鹽文化等有了更深的認識。

（2）環境渲染激趣法。在教學樓多個樓道，懸掛張貼"鹽、龍、燈"等地方文化資源宣傳展板，渲染出濃烈的學習氛圍，課間休息會吸引許多學生駐足觀看，並引發熱烈討論，加強學生的主動學習意識。

（3）活動激趣法。實踐中，積極組織開展豐富多彩的美術活動，如開展經常性的興趣小組活動，舉辦作品展，讓學生同自己的作品合照等，都是讓學生特別期盼和興奮的事，學生在能與這些豐富的活動中，提高了學習的興趣。

（4）評價激趣法。教學活動中，多給學生賞識和鼓勵，關注學生的進步與發展，使學生在"我能行""我畫得好""我進步了"的成功體驗中，進一步增強學習興趣。

（5）競賽激趣法。展開各種競賽，激發學生創作的興趣，比如，評選色彩最漂亮的作品、最與眾不同的作品，或者分組評比，哪一組的資料準備得最好、優秀作品最多等。甚至可以評出一、二、三等獎。使學生在競賽中獲得激勵和點撥，提高興趣。

（6）家長參與激趣法。學生的美術活動須得到家長的理解、支持與配合，這樣才能營造出較為持久的教學研究和實踐氛圍，促進美術教學的發展。在加強地方文化宣傳的同時，讓家長參與到學生學習中，如協助列印學習資料、拍攝、採集圖片、和孩子一起染紙等，通過家長的參與極大地激發了學生學習地方文化的興趣。

2.欣賞地方文化，培養學生的審美能力。

審美是從欣賞開始的，欣賞本身就是一種自發性的創造活動，欣賞可以給學生帶來審美經驗和審美愉悅，並可以使之產生創作的靈感。欣賞還是一種情感的體驗，在欣賞作品時受其感染，體驗到創作者藝術創作時的情緒及內心世界。教學中，引導學生欣賞表現"鹽、龍、燈"等地方文化的攝影、繪畫、泥塑、剪紙和紮染等作品，學生通過欣賞、評價、理解，體會作品的思想觀念、風格形式、形象塑造、色彩表現、個性特徵等，從中受到美的薰陶，並學會欣賞，掌握審美方法，欣賞水準逐步提高，審美能力進而得到培養。能夠讓學生從多角度賞析美術作品，如從"造型獨特""色彩搭配漂亮""選材新穎""表現手法細膩"等角度去欣賞一個作品或不同的作品。

3.個性體驗與創作，培養學生的創造能力。

個性化心理教育是促進學生創造力生成和發展所必需的環境和土壤，我們從小學生的心理需求、興趣愛好出發，在美感教育中遵循尊重個性、全面發展原則，創造一個讓學生表現的機會，充分發揮學生的想像力和創造力，讓學生張開想像的翅膀盡情表現，使自由創作有創新的成果。教師通過學生的體驗啟發學生進一步回憶和總結，把個人的生活經驗加以聯想，把創造能力挖掘出來，用自己獨特的方式表現自我。有學生在參觀完彩燈作坊後，就發出感慨："作坊的燈雖然精緻，但表現單一，不如我們自己設計製作的彩燈花樣繁多，個性十足。"對自貢剪紙，也認為其雖然精美，但在材料和內容上的特色不夠突出。的確，學生的彩燈作品充滿童趣，極富創造性，如在彩燈上安置鵝卵石、完整的雞蛋殼、動物的羽毛、幸運星、植物的花葉等，體現出學生的天真爛漫，作品讓人愛不釋手。運用染紙、自繪圖紙等材料，體現"鹽、龍、燈"自貢特色的剪紙作品同樣讓人驚喜。

4.實踐與探索，培養學生的創新精神和解決問題的能力。

在將"鹽、龍、燈"等地方文化資源和美術教學的有機整合過程中，我們特別重視引導、鼓勵學生積極參與。一是為學生提供一個理解、支援的寬鬆環境，給予學生自由活動的機會，鼓勵學生大膽根據已有經驗和材料進行探索和實踐；二是在學生遇到困難時，給予適當引導和提示，幫助學生掌握正確的操作方法，讓學生自己動腦，創造性地想出辦法解決問題，並能有一定的堅持性反覆進行嘗試，直至最終獲得成功。

學生在對天車和恐龍的創作表現過程中，就不僅僅滿足於繪畫作品的創作，想到了以小報的形式把相關知識和繪畫結合起來，圖文並茂。一些學生還充分利用現代資訊工具：有的直接在電腦上設計再列印；有的利用手機上網，查找辦報資料。在思考怎樣讓彩燈亮起來時，學生就通過實踐和探索：想到了用電池接燈泡，並成功運用；想到了用蠟燭，但實踐過程中發現蠟燭有很多不足的地方，容易熄滅，且易讓塑膠瓶、彩紙等裝飾物燃燒造成危險，使用時要特別注意安全；想到了在彩燈上安裝手觸式閃光燈，並成功運用⋯⋯對於學生的這些實踐行為，教師給予了高度的讚賞。在造型過程中，學生通過實踐，得出結論：製作彩燈時太細的鐵絲造型不穩，太粗的鐵絲不宜操作，鐵絲之間的連接既可以用鐵絲，還可以用透明膠；天車的立體模型，除了可以用各種廢舊紙、飲料瓶、枯樹枝等制作，也可以用吸管、筷子、木條製作，還可以用高粱稈、廢棄水彩筆筒製作，等等。學生通過對彩燈、天車、恐龍的設計和製作，對各種媒體、技巧和製作過程進行探索及實踐，發展了藝術感知能力和造型表現能力。學生思維流暢性、靈活性和獨特性得到發展，最大限度地開發了學生的創造潛能，培養了學生創造性解決問題的能力和實際操作技能。

5.強化學習合作，增強團隊精神。

在"鹽、龍、燈"等地方文化資源和美術教學的有機整合過程中，我們還特別加強了學生之間的合作學習，以培養學生的團隊精神。讓學生在主動探究創作的過程中，與同學進行合作、分工、交流和互動，同心協力、互相促進地完成學習任務。合作學習需要學生樹立"榮辱與共"的意識。比如，在設計製作彩燈的過程中，每個小團隊都要為一個共同的目標——為創作漂亮而富有創意的彩燈努力。每個小組成員都有發揮各自特長、發表自己觀點與看法的大量機會（如主題創意、色彩搭配、材料選用、成果鑒賞等），從而提高了學生人人參與、人人得到鍛煉的機會，這樣不僅調動了學生的積極性，而且滿足了學生表現自我的心理需要，激勵每個學生進行彩燈的創作。學生在合作學習中，不但自己的創作要體現彩燈的外形美、色彩美，而且還要把小組內其他成員的創意組合表現出來，促使小組成員互相團結，發揮團隊精神。在製作中，不但小組成員之間可以互相交流、彼此爭論，小組與小組之間還可以互教互學，傾聽他人的意見，共同提高，既充滿溫情和友愛，又可取長補短，使學生形成良好的人際交往技能。學生們在一起合作的氣氛融洽，工作出色，他們學到的就會更多，學得也更愉快，整個課堂教學也更加生動活潑。當學生們經過共同的努力創作出漂亮而富有創意的作品，大家共同分享創作成果時，學生體會到"集體的力量真大""團結就是力量""集體的智慧無限""只有大家一起合作，才能創作出更好更美的作品"，這樣在學生的創作實踐中就內化了學生的團隊精神。

6.注重與其他學科的聯繫，促進學生全面發展。

美術不是孤立的學科，美術教學需要和其他學科相互融合滲透，在將地方文化資源和美術教學的整合運用過程中亦是如此，把教學和音樂、數學、語文等學科結合起來，充分體現學習的多元化，促進學生全面發展。

在學生畫恐龍、做彩燈、剪紙的作業過程中，播放輕柔或歡快的音樂，使學生在輕鬆愉快的環境中創作，你會發現，學生偶爾會跟著音樂的旋律輕聲地哼唱，或擺動身體。運用美妙的音樂增強他們創作的靈感，激發他們創作的熱情，讓音樂誘發學生的想像力和創造力，使他們的作品更顯靈氣。

在對天車、龔扇、紮染等地方文化資源的欣賞和評述中，學生不僅獲得美的感悟，還應用語言文字等表述自己對作品的感受、認識和理解。參觀完鹽業歷史博物館後，學生在觀後感中寫道："鹽業歷史博物館又名西秦會館，是中國唯一的鹽業專業歷史博物館。裝飾會館的主要是木雕石刻，有神話傳說、歷史故事、社會生活、花鳥靜物等，雕刻技藝精湛，惟妙惟肖。"許多學生的作文都受到了語文老師的肯定。這是語文與美術的相互服務，美術為語文提供素材，語文為美術奠定語言基礎，它們都同時發展了學生的創作思維。

彩燈、天車作品的造型比例如何安排更好看，大概需要多少材料等，學生的量化過程是數學知識與美術知識的融合，計算的精確度，直接影響作品的美觀度，以及決定購買或準備的材料是否合適。材料欠缺，影響進度；材料過剩，造成浪費。學生的數學知識在實踐運用中得到鞏固，學生思維的靈活性也從中得到培養。

為彩燈安裝電源線、插頭、燈泡等一系列行為活動，學生將科學老師教的電學知識運用於彩燈製作的實踐過程，學生不僅學會了接插頭、安燈泡，還在實踐中摸索連接的技巧。學生思維的流暢性、獨特性得到發展。

（三）編寫出突出地方文化特色的校本教材和學生作品集

通過研究，課題組梳理、設計編寫出突顯自貢地方文化特色的校本教材《鹽都的藝術瑰寶》，整理出優秀學生作品集《鹽味·鹽色》。地方特色文化讓學生感受體驗最貼近自己生活的美，使美術課堂更加生動有趣，學生在真正用心感悟之下進行美術學習，真正做到在自主探究中愉快學習。優秀學生作品的出版，讓學生成就感倍增，極大地激發了學生的學習動力，也凸顯了學校的教學特色。地方文化特色校本教材和學生作品集，成為人美版美術教材和學校教學成果呈現的有力補充，彰顯了地方的美術教育教學特色。

二、研究成果說明

（一）有力促進了學生的個體發展

1.提高了學生的美術素養。

每個學生都具有學習美術的能力，都能在他們不同的潛質上獲得不同程度的發展。在將彩燈、剪紙、天車等自貢地方文化資源整合於美術教學的研究中，我們注重以學生發展為本，通過合理的開發和運用，培養了學生的人文精神和審美能力，促進了學生健全人格的形成，為學生的全面發展奠定了良好的基礎，培養了學生熱愛家鄉藝術的情感及傳承祖國傳統文化的意識。

2.學生學習地方文化的興趣明顯增強。

興趣是學習美術的基本動力之一。教學中充分挖掘自貢地方文化資源的特有魅力，以活潑多樣的形式和教學方式，充分調動了學生的學習積極性和參與意識，使學生進一步體驗到感知、發現、鑒賞、創作、反思等一系列學習的愉悅與成就感，激發了學生的學習興趣，並使這種興趣逐步轉化成持久的情感態度。

學生普遍對學習、表現天車、彩燈、剪紙、紮染等地方文化有了較濃厚的興趣，朱雨瑩同學說："做天車太有意思了，我喜歡。"楊蔡鈺佳同學說："剪紙豐富了我的知識，讓我變得更優秀，更出色了！我愛做剪紙！"詹雨霏同學說："學習彩燈製作，讓我們領略到彩燈工藝的獨特魅力，使美術成了我們生活中不可缺少的一部分，我們用它把周圍的事物創作得更加豐富多彩，我們愛彩燈，我們愛美術。"……

3.學生的綜合實踐能力明顯提高。

學生的創新實踐能力得到提高。范育彬同學在參加經教育部體育衛生藝術教育司批准，中國教育學會、美術教育研究會主辦的"綠星國際少年兒童美術大賽"中獲得金獎；陳思宇、謝晨昕、李烴雨等幾位同學在"全國青少年讀書教育活動繪畫、徵文評比"中分獲全國一、二、三等獎；劉媛媛同學在參加"雙龍杯"全國少年兒童美術大賽中獲銀盃獎；鄒昊蓁同學在"自貢市中小學生河燈設計製作大賽"中獲最佳創意獎；劉欣、王月翎榮獲"自貢市中小學生彩燈設計製作大賽"特等獎；楊蔡鈺佳、黃思源、繆佳欣等同學在四川省藝術人才大賽中榮獲省一等獎；黃麗穎、陳思其、劉睿奕、莊典、夏曉晗等十餘名同學在科技創新大賽科幻畫比賽中獲市一等獎；余宸熙、倪定、彭雨薇等上百名同學在自貢市中小學生書信大賽中獲得市一二等獎……兩年來，參研學校及班級共有學生近兩百餘人次在全國、省、市、區各類競賽中獲獎。

（二）有力提升教師素質，促進教師專業成長

1.教師的實踐能力、理論水平均有了很大的提高。

參研教師的相關教學論文、教學設計在國家級、省級、市區級獲獎的有十餘篇：呂維勇老師的論文《實踐新課標探索新思路》獲省一等獎；馮瑛老師的論文

《如何讓美術課堂活而不亂》《遊戲讓美術課堂更具吸引力》均獲省二等獎、論文《開啟小學美術欣賞課的金鑰匙》獲市二等獎、教學設計《風》獲區一等獎；黃曉銳老師的論文《小學生設計製作彩燈藝術教育初探》獲國家級一等獎、《以燈為媒介培養小學生的藝術創造力》獲省一等獎、《探究民間工藝製作培養學生的綜合實踐能力》獲省三等獎（市、區一等獎）、《實現小學美術高效課堂之樹立多元教學設計意識》獲市一等獎、教學設計《色彩的明度》獲區一等獎；顏芬老師的教學設計《自貢的天車》獲市三等獎。

開展專題講座 3 次，培訓市、區級美術骨幹教師近 80 人。其中，呂維勇老師開展市級講座《探索新世紀美術教學改革與創新的措施》獲好評。黃曉銳老師開展的市級骨幹教師專題講座 2 次，分別題為《新課程美術教學設計的新思考》《美術教學與特色建設》，也獲得大家的一致好評。

2.教師創新教學的能力明顯增強。

教師從優化課堂教學入手，優化教學內容，改革教學方法，設計激勵情境，營造民主氛圍，引導質疑解難，進行有效的思維訓練，增強學科相融性。促進了教師對教學實踐中問題的研究和對成功經驗進行總結，實現了從教學經驗到科學理論的昇華。教師在教學實踐中不斷反思自己的教學，並不斷獲得進步，提高了專業技能，這是教師專業化的具體表現。

"教師即研究者"這一理念向現實轉化，實現著教師專業素質教學技能水準的總體提升及自身專業化的持續發展。

（三）加深學生熱愛家鄉、熱愛生活、熱愛傳統文化的真摯情感，傳承地方藝術文化

學生通過對"鹽、龍、燈"等地方文化資源的學習和實踐，加深了對地方文化的認識，能正確理解和欣賞凝聚了幾代人智慧的藝術結晶，能結合現代的審美標準和設計理念，在傳統藝術美的基礎上發揮想像力和創造力並進行藝術創新。在接觸、參與地方文化的傳承過程中，為自己是一名自貢人感到驕傲，並由衷地發出感慨"彩燈真是太漂亮了！""家鄉有這樣一門民間工藝真是了不起！""自貢的紮染是最棒的！""只有我們自貢有天車"……學生熱愛自貢、熱愛家鄉的情感明顯增強。在學生的成長過程中留下深刻的印記，弘揚、傳承和創新地方優秀文化藝術也有了切實的落腳點。

（四）促進學校內涵發展

本課題研究與課程改革緊密結合，以創新求發展，以品質創特色，促進了師生的共同成長。

研究促進了學校科研氛圍的形成，各科教師積極承擔並完成各級各類科研課題，據統計，參研學校教師承擔有國家級、省級、市級、區級各類課題近 50 項。通過課題研究不斷引領教師專業成長。

研究凸顯了學校的美術特色，在迎接文明單位、校園文化示範校、全國義務教育均衡發展示範縣等各級各類檢查中，學生的天車、恐龍、彩燈、剪紙、紮染等地方特色美術作品為學校增光添彩，獲得各級專家和領導的高度讚揚，提高了學校聲譽，也強化了學校的特色學科和學校特色建設。

課題研究帶動了學校教育教學品質的提高，促進了學校的整體發展，參研學校年年在區品質考核評比中名列前茅，並獲得省級交通示範校、省級家長示範校、市級文明單位、市級校風示範校、市級語言文字示範校等各種榮譽稱號近 30 個。

（五）拓寬了社會影響

學校美術教育成果得到各級教科部門專家的肯定，受到自貢電視臺記者的採訪，並在《新聞視線》欄目中作為重點新聞報導，彩燈設計獲獎的學生受邀參加燈會開幕式，在社會各界引起了強烈反響。

學校美術教育環境明顯改善，尤其是學生家長對美術教育的認識有了顯著變化，贏得了家長的大力支持。他們不僅樂意讓孩子參與學校美術教育活動，而且他們也積極參與到學校美術教育活動中來。比如：幫助組織學生參觀彩燈作坊；和學生一起探討電線安裝，焊接造型；陪伴學生完成美術參賽作品；將學生在家做的美術作品拍成照片發給老師，尋求老師指導；和學生一起辦壁報；等等。

三、研究成果的應用

（一）利用美術教學中整合、開發與運用地方文化資源的一般策略和方法，優化美術教學

在開展美術教學時，始終由典型地方特色引領，感悟地方文化之美。讓學生能用美術形式表現地方文化，要適合學生的認知水準和操作能力；減輕學生負擔、節省資源消耗；關注課堂偶發事件、給予正確引導；與人美版美術教材有機整合等六條教學策略，以及創設生動、直觀的情景，激發學生的學習興趣；欣賞地方文化，

培養學生的審美能力；個性體驗與創作，培養學生的創造能力；實踐與探索，培養學生的創新精神和解決問題的能力；強化學習合作，增強團隊精神。注重與其他學科的聯繫，促進學生全面發展等六條教學方法，靈活貫穿於日常教育教學中，不僅促進了老師和學生的發展，還使教學效果明顯增強，更加優化了美術教學。

（二）利用美術校本教材和學生美術作品集，有效拓展美術課程內容空間，呈現學校美術教育教學成果

1.巧用美術校本教材。

開發出美術校本教材《鹽都的藝術瑰寶》，編輯有《畫彩燈》《做彩燈》《美麗的天車》《恐龍的滅絕》《泥塑特色建築》《自貢紮染》《我學家鄉技藝——龔扇》等 13 項地方特色教學內容。根據作業難易程度、學生的認知水準和心理特徵等分別將教學內容有機整合到不同年級的日常美術教學活動中，拓展美術課程內容。採取整合與置換的形式，具體安排如表 8-2。

表 8-2 巧用美術校本教材

年級	整合課		置 課	
	人美版	校本	人美版	校本
二年級	過春節	做彩燈	飄揚的風馬旗	畫彩燈
	百變團花	自貢剪紙與天車		
三年級	恐龍世界	恐龍的滅絕	我畫漢俑	美麗的染紙
四年級	巧用對稱形	自貢剪紙與天車	彩繪泥塑羌人	毛根巧造型
五年級	色彩的明度	美麗的天車	有趣的糖畫	泥塑特色建築
			我們都是稻草人	我學家鄉的技藝—龔扇
六年級	家鄉的藝術	自貢紮染	筍殼貼畫	我喜歡的恐龍
	家鄉的歷史和發展	美麗的天車		
	家鄉的老房子	家鄉特色建築		

2.巧用學生美術作品集。

學生美術作品集《鹽味·鹽色》，主要呈現的是校本美術教學中的優秀學生作品。作為教學成果，它不僅是學生作業的簡單呈現，更是可以作為美術教學中的教學輔助材料，在日常教學中和校本教材配套使用，以開拓學生的眼界，鼓舞學生的創作熱情。在宣傳學校美術教育教學特色上，學生美術作品集也是很好的宣傳工具，如在家長聯誼會、各種交流會、迎檢等特殊活動中，將其展示或贈送給家長、兄弟學校等，都是不錯的選擇。

綜上所述，經過兩年的研究探索與實踐，本課題的研究工作取得了圓滿的成功。課題提煉出美術教學中整合、開發與運用地方文化資源取捨的一般策略；提煉出美術教學中整合、開發與運用地方文化資源進行課堂教學的一般方法；編寫出突出地方文化特色的校本教材和學生作品集，成為人美版美術教材和學校教學成果呈現的有力補充，形成了地方教學特色。這些，充分說明瞭在美術課程改革與課堂教學改革的實施中，地方文化所具有的獨特性是美術教育教學中不可缺少的文化教育資源，對優化美術教學具有重要的價值，它不僅帶來了美術學習的轉變、促進了教師的發展，更保護和傳承了地方傳統藝術文化。

四、餘論

兩年的研究，給了我們不少啟發，同時也給我們提供了一些值得探究的問題：如何更好地體現《美術課程標準》精神並突出地方特色；如何進一步深化研究，形成相對完善的整合、開發、利用地方文化資源的體系；如何增強學生認識、理解、表現地方文化的能力，以及團隊協作、熱愛家鄉、傳承地方文化情感等的深入培養，都有待我們進一步研究和探索。

參考文獻：

①教育部基礎教育課程教材專家工作委員會.義務教育美術課程標準（2011 年版）解讀[M].北京：北京師範大學出版社，2011.

②教育部基礎教育課程教材發展中心.走進新課程—美術分冊[M].北京：北京工業大學出版社，2010.

③陶行知.陶行知文集[M].南京：江蘇教育出版社，2008.

④陳旭遠.課程與教學論[M].長春：東北師範大學出版社，2006.

⑤張波，薑旬恂，張群.地方文化資源開發利用與學校美術教育整合研究[J].長春師範學院學報（人文社會科學版），2009.

07
第七章

基於Photoshop 平台構建初中"平面美術"有效課堂教學的研究

美術課堂問道—美術基礎教育熱點研究

第一節 研究問題

一、問題的提出

（一）研究的問題

研究初中美術課堂用 Photoshop（PS）平臺進行系列美術教學，建構初中生電腦美術能力，構建實效課堂。

（二）研究的背景

1. 當下學校美術教育仍普遍呈現出初中學生在美術課堂上動手進行美術實踐的條件較差，在第一課堂上易於全體學生操作的美術實踐平臺較單一、滯後的現狀。長期以來，在初中美術第一課堂，學生的實踐練習都面臨兩個普遍存在的窘境：一是在目前的教育環境下，要求初中生帶齊美術學習用具非常困難，尤其是色彩的學習用具攜帶率低，僅靠強調學習紀律來約束並不能解決根本問題，有的學校採用統一購買和學校配備的做法，但由於政策和管理等因素制約，並不是一條理想的途徑；二是初中美術課每週只有一節，前一節與後一節美術課時間相距一周，教學中就要求每節課學習要比較完整，而傳統手法進行色彩學習在一節 40 分鐘的課中較難呈現，學生通常都不能完整有效地完成作業練習。為解決這一困境，在長期的美術教學中我嘗試了許多做法，最終找到了一種方法，即把學生帶入電腦教室，利用目前常用的影像處理軟體 Photoshop 高效便捷的平臺，進行系列美術教學，豐富學生的美術實踐體驗，從而解決這一難題，這是一個非常有效的路徑。

2. 隨著資訊技術高速發展和國民生活水準提高，人們獲取圖像的成本越來越低，數位美術已緊密融入我們的日常生活。一個前所未有的全民"讀圖時代"來臨。相較之下，人們對圖形影像處理的能力就顯得欠缺。資訊技術的發展對美術教育實踐提出了全新的要求。

3. 課題研究者有較好的電腦美術基礎，通過自主研修學習，結合對城市中學專用電腦教室的有效利用，具有開展電腦美術教學的優勢。

二、本課題研究的意義

《全日制義務教育美術課程標準（實驗稿）》（簡稱《課標》）指出："美術課程要使學生形成基本的美術素質，應選擇基礎的、有利於學生發展的美術知識和技能……"但教學實踐中，由於初中美術教材教學內容的豐富性與學校教學時間的有限性，以及學生學習工具的局限性矛盾突出，存在著學生課堂動手實踐不夠、主動學習意識低和部分美術學習內容不能學以致用的問題，不利於初中學生形成基本的美術素質。

美術學科是重要的實踐性學科，美術教育應切實加強學生的美術實踐活動，而班級授課制最大的弱點就是教學的實踐性不強，學生動手機會少。從這個意義上說，班級授課制的第一課堂教學並不是美術學習的最佳體制，傳統的作坊式教學反倒貼近美術的實踐性特徵。學校教育要引導教師多去思考、研究面向全體學生的第一課堂，創造便於學生進行有效實踐的平臺，組織學生進行有效的實踐體驗，發展學生的動手實踐力、表現力、創造力等美術能力。

本課題結合電腦美術在日常生活中的成熟運用，利用學校電腦教室人手一機易於全體實踐操作的優勢，基於 Photoshop 平臺進行電腦美術實踐體驗高效便捷的優點，以電腦美術整合相關美術學習內容和探究學習模式來解決美術課堂教學中的難題，為學生打造多樣實效的美術實踐體驗平臺，可以豐富學生的審美體驗與審美實踐。通過啟動初中生的電腦美術潛能，增強美術學習興趣，提高美術實踐和創造的誘發力，構建初中學生美術實踐與美術創作的能力訓練實效。體現研究者"美術教育在於教術育美，不教術而求美為空，只教術不育美是庸""術由實踐生，美在術中育""教術育美，學以致用"的美術教育思想。

三、本問題國內外研究的現狀

自 20 世紀末起，結合電腦技術進行美術教學活動的研究就從未停止，這些研究充分肯定了電腦美術在中小學美術教育中的積極作用，認為電腦美術是學生學習美術的重要途徑之一，並對電腦美術用於中小學美術教育教學的優點和所面臨的一些問題進行了分析，同時也對電腦美術教學的一些方法進行了探究。但由於當時資訊技術並未實現如今的革命性突破，所以數位產品、多媒體、互動式設備體系和圖像獲取等技術在學校和生活中的運用並不完善。雖然人們從前對這一領域的研究多是前瞻性和觀念性的，但鮮有"群眾基礎"，接學生"地氣"不夠，其研究也多是虎頭蛇尾，研究成果的應用率低。在當前 Photoshop 行業美術已發展十分成熟的背景下，中國學校教育基於 Photoshop 平臺構建美術課堂教學研究實效不足的問題就凸顯出來。即使部分美術教材已包含 Photoshop 美術內容，但其量太少、分散，其目標也只是對這種新的美術形式的一種介紹和瞭解，並沒能充分利用電腦美術進行美術的有效學習。現如今還沒有出現一個較連續、系統地將 Photoshop 與初中美術課堂教學有機結合，面向全體學生持續構建美術能力訓練的研究。

四、相關概念界定

1.Photoshop：是 Adobe 公司旗下最為出名的圖形影像處理軟體之一，深受平面設計人員和廣大電腦美術愛好者的喜愛。軟體成熟、常用、易學，適合初中生學習，有助其美術能力的構建和持續發展。

2.平面美術：特指在二維空間進行的美術表現形式，一切在平面上的美術，如繪畫、平面設計、平面構成等。

3.有效課堂：美術課堂教學是否有效，關鍵是看有多少學生在多大程度上實現了對美術的有效學習，取得了怎樣的進步和發展，以及是否引發了學生繼續學習的意願。

第二節 研究的路徑

一、研究思路

1."美術教育在於教術育美，不教術而求美為空，只教術不育美是庸""美在術中育，術由實踐生"的美術教育要以"教術育美"思想為指導。運用 Photoshop 便捷高效的平臺，強化學生電腦美術實踐體驗與創造表現。

2.探究 Photoshop 與初中生美術學習的有機結合點（創意、繪畫、設計）。

3.研究 Photoshop 平臺上美術課的有效教學模式、教學流程和教學方法。

4.開發和篩選適合中學生的電腦美術微課——以講解美術創作與 Photoshop 技術的微視頻進行課前預習、課後鞏固和課堂廣播教學，保障教師在課堂上能將更多的精力用於組織管理、提供說明、督促作業完成和評價展示等方面，引導學生有效地進行美術實踐活動。

5.基於 Photoshop 平臺以一學期（14～16 課時）為量，構建初中生的電腦美術能力訓練體系。

二、研究方法

1.行動研究：在學校班級直接進行基於 Photoshop 平臺電腦美術課堂教學實踐研究的總結積累。

2.比較研究：主要採用縱向比較，即教師基於本研究上美術課與先前傳統方式上美術課，教師"教"的輕鬆度和學生"學"的過程與結果實效度比較。

3.課例研究：研究課例教案，探究教學方式與流程。根據教學內容創制或篩選 Photoshop 教學"微視頻"，在課堂教學中或課前課後讓學生在觀看後模仿學習。解放教師課堂上的"教"，增強學生動手實踐"學"的量和質。

三、研究的突破或者研究的創新點

1.貫穿"術由實踐生，美在術中育""教術育美、學以致用"的美術教育思想。在增強學生課堂動手實踐、積澱 Photoshop 美術能力和學以致用的美術運用中培育美、表現美和創造美。

2.Photoshop 美術課程量設置為一學期，通過三個板塊支撐 Photoshop 課程，持續構建初中生的電腦美術能力。

①將 Photoshop 創意製作引入"Photoshop 創意圖像"課程，以興趣啟發學生對 Photoshop 的有效學習，發展學生想像力。

②發展與傳統手繪相結合的"電腦繪畫"課程，解決在沒有"繪圖板"的條件下，Photoshop 美術與手繪結合的難點，將 Photoshop 美術與學生傳統手繪基礎有機結合，鍛煉學生的表現力。

③結合 Photoshop 文字美化和圖像創意學習，開發便於學生"學以致用"的海報、招貼和標誌等"平面設計"課程，培養學生設計力。

3.開發具有針對性的 Photoshop 學習方式和策略。本課題所宣導的 Photoshop 學習方式與行業"線性"學習有所不同，行業中的 Photoshop 軟體教學，目的在於培養單一行業從業者，著重於掌握 Photoshop 操作技巧，而非育"美"。而本課題則在於發揮 Photoshop 易於激發學生創意想象、解放美術工匠性勞作方面的優勢，從學生美術創造力開發入手，重點學習與美術相關的創意技術亮點，捨棄與教學無關的環節，不以技術為終極學習目標。對技術的學習只採用散點跳讀的學習方式，在學以致用中學習。好比食盤中之魚，先選擇味美、有益、好吃之部位食之，而並非從頭至尾依次食用，唯以提高學生的想像力、創造力、美術設計能力和美術表現力為目的。

　　4.教師創制和篩選適合中學生學習的 Photoshop 美術教學"微視頻"，與課堂示範指導相結合。解放教師重複勞動的"教"，保障教師從容組織管理課堂、解難答疑、督促作業和評價展示的課堂時間，能將精力專注於學生實踐中的"做"。既減輕教師上課示範量大的勞累，又突破了課前課後學生自主學習 Photoshop 少有教師輔導的難題。微視頻更利於將本課題研究推廣到其他學校，即使不會 Photoshop 的教師，也可通過觀看"微視頻"邊學邊教、教學相長。

四、研究的過程

　　1.以原教材中已有的 Photoshop 美術課程為起點，將學生引入電腦教室實踐學習。汲取並改進教材中原有電腦美術內容，用"Photoshop 創意圖像"的創制為引導，啟發學生對電腦美術的學習興趣，逐步讓學生熟悉和掌握 Photoshop 的工具、功能表和控制台等功能，激發學生創意想象和實踐創造衝動。

　　2.對行業已有的 Photoshop 微視頻教學課程進行篩選，選出適合初中生用 Photoshop 軟體進行美術學習的教學視頻內容，組織學生學習實踐。

　　3.在實踐中總結提煉，探究 Photoshop 平臺上美術課的有效教學模式，形成教學流程和評價策略。

　　4.探究 Photoshop 美術與傳統手繪結合的方式。解決學生在沒有"繪圖板"條件下，也能有效進行電腦繪畫的難題。當學校電腦教室配備有電腦美術專用繪圖板的時候，通過繪圖板能比較容易地與學生已有手繪基礎相結合。如果沒配備繪圖板，就必須在前期的"手繪線條圖像"教學時，有意讓學生形成一幅紙本上的線描創作稿，教會學生用數位相機將線描稿拍攝下來，用隨身碟帶進電腦繪畫課堂，在 Photoshop 中進行著色搭配，鍛煉學生的繪畫表現能力和創作能力。由於大多數學校沒有配備"繪圖板"，本研究實效顯著。

　　5.教師自製教學微視頻（微課）。在篩選行業教材微視頻教學的基礎上，由教師自主開發、創制教學微視頻。

第三節 研究成果

一、研究成果呈現

（一）成果簡述書

成果名稱：基於 Photoshop 平臺構建初中"平面美術"有效課堂教學的研究

《課標》指出，美術課程要"使學生形成基本的美術素質，應選擇基礎的、有利於學生發展的美術知識和技能"。美術學科極強的實踐性與當今資訊技術的發展，要求學校和教師必須設法為學生選擇和創造良好的美術實踐平臺，便於學生開展美術實踐活動，尤其是在美術第一課堂上能進行有效的美術實踐。

本課題研究如何有效利用城市初中學校電腦教室優勢，充分運用 Photoshop 高效便捷平臺，以電腦美術整合相關美術學習內容，探究美術學習與 Photoshop 軟體的有機結合點，形成初中美術課電腦平面美術教學系列與模式，激發出初中生美術學習興趣，增強和改善美術課堂的學生實踐活動。既減輕教學負擔，又實效提升了學生的美術能力。

1.初中生到電腦教室基於 Photoshop 平臺上美術課，有效解決中學生在美術課堂學習中動手實踐力不足、效率低的問題。

美術課程的實踐性要求學生更多地在美術實踐中發揮想像能力、實踐能力和創造能力。當感覺學校的美術功能教室在滿足學生進行美術實踐需求上較困難時，把學生帶到電腦教室，用目前常用的影像處理軟體 Photoshop 來教學，進行美術實踐，這種做法非常高效。

如"居室的色彩搭配"，用傳統繪畫進行教學的難度可想而知！教師在面對這樣的困難時，也只是以降低學生的動手實踐能力為代價，上成"欣賞·評述"課型（然而我們認為整個學生的動手實踐能力呈下降趨勢是十分可怕的，這也正是現如今大批量的大學生就業難的根本原因之一）。將學生帶入電腦教室，用電腦軟體 Photoshop 為平臺來進行色彩搭配練習就有效地解決了這一問題，只需把教師準備或學生設計的居室線描圖（注意線描圖中各部分線條是閉合的）翻拍成電子照片，在 Photoshop 中打開，使用油漆桶工具在色板上選色，對線描圖中各閉合部分進行填色搭配即可。教師在電腦教室的操作臺上教學方便又高效；學生在電腦上操作練習既簡單、輕鬆、快捷，又易出效果。真正能讓學生在課堂上將更多的精力用於感知色相、色彩明度、純度、色調等色彩規律，體會類似色、對比色等不同搭配風格。並且這樣的感知和體驗不再只是被動地接受和抽象地談論所得，而是通過學生親自動手練習實踐獲得，其美術能力得到提升的直觀性、自主性、有效性自然是那種被動接受、只動嘴、動手實踐少的學習所無法比擬的。（圖7-1）

| 油漆桶填色的方法截圖 | 明快型填色效果 | 溫馨型填色效果 | 自然型填色效果 |

圖7-1

2.基於 Photoshop 平臺上美術課，有效解決了部分美術學習內容和形式與學生學習需求結合不夠緊密，遊戲美術能力較弱的問題。

當今社會，鮮有人在街頭或單位宣傳欄上直接畫宣傳畫、出黑板報，更多看到的是一些熟練操作 Photoshop、CorelDRAW、3D Studio Max（3ds Max）等電腦軟體者在進行美術設計。除了專業繪畫者外，許多人在日常生活中用到的美術技能大多已是電腦美術技能。學生美術技能運用也常見電腦美術的身影，許多學校的宣傳美化大多使用電腦美術來完成。這一現象告訴我們在學生時代掌握一定的電腦美術技能，對今後的工作學習具有必要性和實用性。因此，美術教學應順應新技術發展趨勢，引領學生形成一定的電腦美術能力，以適應今後工作學習的需要。

初中美術新課程教材學習的內容非常豐富，這與每週只有一節教學課時的現狀嚴重衝突，美術教材中許多學習內容與學生學習條件和生活實際結合不夠緊密，呈"學以待用"狀態。城市初中使用學校電腦教室，選擇與初中生生活聯繫密切的美術內容，以通用美術圖像軟體 Photoshop 來對其進行相關整合，變"學以待用"為"學以致用"，無疑是上佳的途徑。利用 Photoshop 的趣味、便捷和易出效果的優勢，將電腦美術的教學內容與校園藝術節海報設計、運動會的海報設計、班級活動照片的編輯處理等學校各種活動結合起來，就能從實際出發，取得學以致用的實效。以下是"海報設計"課的幾張學生課堂作業。通過基於 Photoshop 平臺的趣味性、實踐性、便捷性和實效性研究，不僅讓絕大多數甚至全部學生在課堂上就能有效完成學習任務，而且學以致用的趣味和實效更讓部分同學主動地在課外去實踐和探究，形成良好的學風。體現出學校追求面向全體、自主學習、低負高效和注重內涵發展的精神實質。（圖7-2）

| 高銘駿7年級8班 | 陳妍7年級4班 | 程采雯7年級7班 | 譚舒月7年級7班 |

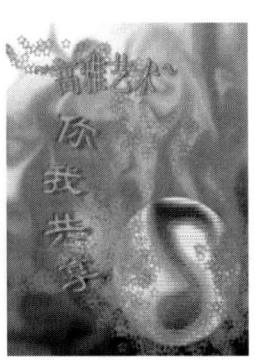

圖7-2

3.用Photoshop美術軟體來進行美術的教和學，進行有效性教學模式探究。

儘管人們早已知道電腦有一些影像處理軟體與美術相關聯，現在的美術教材也已加入了相關的電腦美術內容，但這些電腦軟體如何與美術教學相結合，尤其是與初中美術課堂教學相結合，卻缺乏較深層次和系統的研究。因此，初中學生到電腦教室上美術課，如何用電腦軟體進行美術課程的教和學就是本課題研究的問題。

（1）基於Photoshop軟體學習平臺，以美術教學活動為目的。

Photoshop是市面上一種對圖像進行美術處理的通用軟體，其圖像美術處理功能強大、成熟，易於激起學生學習興趣，適合初中學生學習。但是，在電腦教室上美術課，必須思考如何呈現一堂美術課而非純電腦軟體學習課。因此，明確我們的研究目標對運用Photoshop平臺和現代資訊技術條件讓學生更好、更有效地開展美術學習實踐就十分必要。

比如，"夢想的我"這一課，通過將自己的肖像移動到理想人物身上進行嫁接的"換頭術"學習，不僅使學生認識和掌握了Photoshop工具的使用方法，更重要的是激發了學生想像力，明確了自己的"頭"與理想人的"身"銜接融合自然的方法，並表現出恰當的巧妙美，或誇張、變形的幽默美。學生在學習"頭"和"身"的銜接融合中，要依據光線、角度和表情的不同來對照片進行"選材"。若選材不當，光線、角度差距太大是很難銜接好的，這種選材能力正是美術創作能力的重要組成部分。是否能夠抓住這些美術元素並讓學生從中感悟和體會，就成為區別是用電腦軟體學習美術，還是純電腦軟體培訓課的關鍵。讓學生明確用自己的頭像來進行遊戲和創作，是一種自我表現或自嘲的方式，是一種美德修養，不僅讓學生放飛了想像力，也在美術教學中滲透德育教育。要注意的是，未經許可用別人的肖像來惡搞、造假則是不被允許的。（圖7-3）

章楚珩 7 年級 4 班 　　劉悅 7 年級 3 班 　　劉怡君 7 年級 12 班 　　宋碧薇 7 年級 13 班
圖 7-3

（2）將電腦繪畫與傳統手繪進行有機結合。

　　學校電腦教室的電腦如果都配備有壓感"繪圖板"，學生就容易將電腦繪畫與已有的傳統手繪基礎有機結合，直接在電腦上造型起稿；但在沒有配"繪圖板"的情況下，用滑鼠起稿勾形就很困難，就脫離了學生傳統手繪技能基礎。教學中必須引導學生將紙本上手繪勾形與電腦著色、加工完善等操作技能有機結合起來，創作出滿意的電腦繪畫作品。因此，我們採用"在紙本上勾線手繪創作""拍攝或掃描成電子圖片""導入 Photoshop 摳出線造型""分層作色搭配表現"的辦法。找到了 Photoshop 摳線的簡便方法，在沒有"繪圖板"的情況下，也能方便地將手繪與 Photoshop 美術有機結合起來，為廣大學生創作滿意的電腦繪畫創造了條件。（圖7-4）

《關愛》王宇晴 　　《醉踏花叢》陳璐思 　　《民樂安康》郭相邑
圖 7-4

（3）用"在做中學，做中教"的教學模式，讓學生高效完成作業。

美術教材中有許多色彩搭配和平面設計內容的課程，教參課件中有些內容設計得比較精彩，尤其是欣賞部分和學生語言互動、討論方面的設計都很優秀。但學生作業練習設計卻總是落不到實處，常常一帶而過，本應是"造型·表現"和"設計·運用"課型卻往往變成"欣賞·評述"課型，導致學生的動手實踐能力得不到應有的提升。將學生引進電腦教室用 Photoshop 平臺進行教學，採用"在做中學，做中教"的教學模式便有效地彌補了這個缺陷。在為學生贏得較多練習時間"量"的同時，又保證了色彩搭配實踐的"質"。（圖7-5）

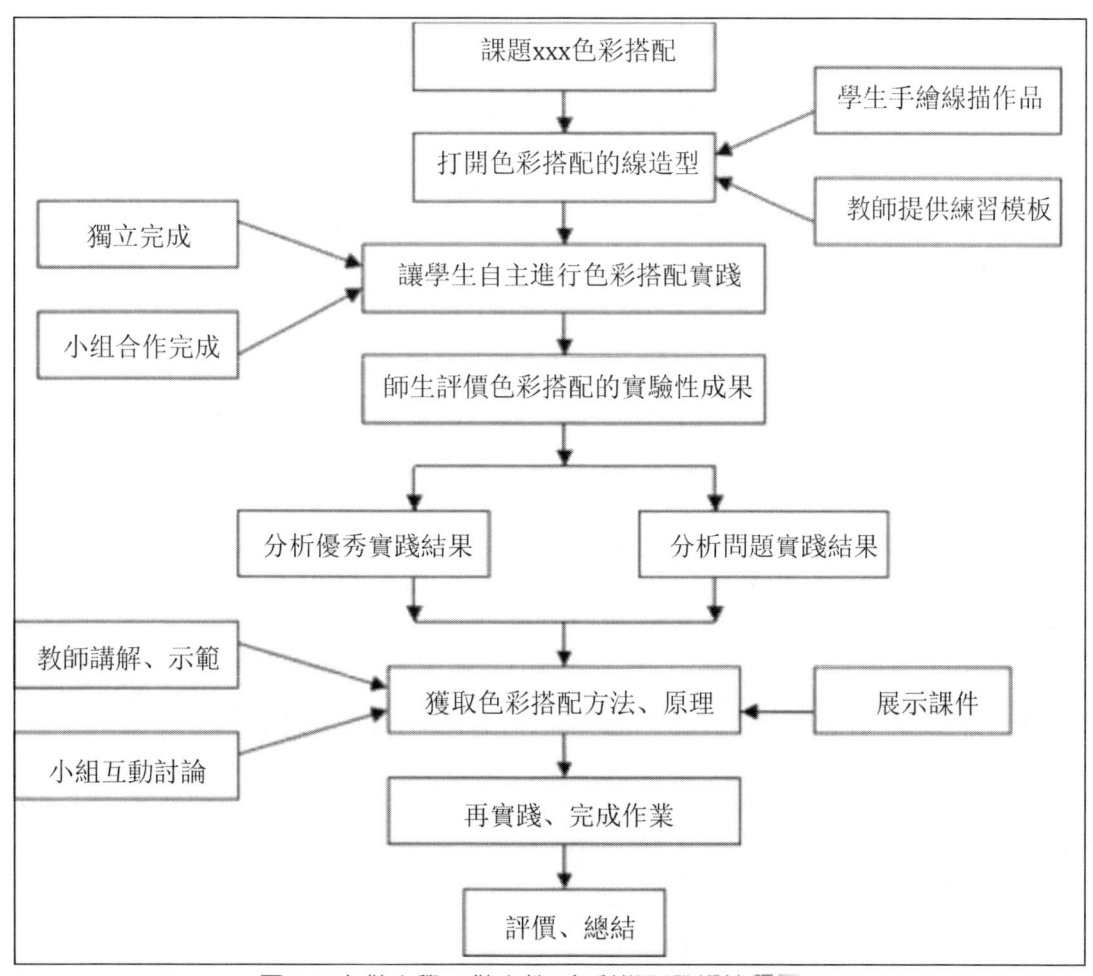

圖7-5 "在做中學，做中教"色彩搭配教學流程圖

4.創制和篩選 Photoshop 教學微視頻用於教學，解放教師，讓學生主動學習。

基於 Photoshop 平臺的美術教學必須常常進行 Photoshop 技術和美術創作的教學示範，這些示範在同一年級不同班的教學具有重複性，我們嘗試用微視頻教學來解放教師的重複勞動。經過篩選比較，參考人民郵電出版社出版的《神奇的美畫師 Photoshop 影像處理案例實訓（多媒體教學版）》等行業培訓教材，摘取適合初中生美術學習的教學微視頻，結合教師自主創作的微視頻，貫穿於美術課堂教學中。這種做法減輕了教師對同一教學內容在不同班重複進行課堂教學示範的"量"，節省了課堂上"教"的時間，教師能將更多的精力用於管理、幫助學生的"學"，並且便於學生課前課後翻轉學習，養成自主學習習慣，主動探究 Photoshop 其他功能用於美術創造。對連續性強的 Photoshop 技能課程學習，克服了初中美術課兩節課相隔一周，學生易遺忘的問題，使學習更有實效。有利於將本課題研究推廣到其他學校，即使不會 Photoshop 的教師，看了研究者開發和篩選的教學微視頻也可開展 Photoshop 教學運用。

5.展評結合，進一步激發學生創作熱情。

怎樣通過評價提高學生的創作熱情？目前，美術作業、作品的優秀與否僅通過簡單的分數呈現，很難調動學生的創作積極性，在傳統的分數評價之外，我們嘗試使用展評結合的多元評價方式。

（1）教師即時評價：教師在教學巡視過程中，發現學生正在創作的優秀作品後，立即給予鼓勵和表揚，使受表揚學生的作品產生示範效應，帶動班內其他同學學習，同時使受表揚學生榮譽感提升，努力將作品創作得更出色。

鼓勵方式除口頭表揚外，還採用"鏡頭評價"，即教師在表揚的同時立即用手機、相機把優秀作品拍攝下來，這種自己作品被關注、被欣賞和被收藏的情景能使學生獲得極大的激勵，也會引來其他學生的羨慕，從而增加全班的創作熱情。

（2）小組評價：教師讓班級中各小組已經掌握操作方法的學生擔任"小老師"指導組員製作，在解決組員問題的同時，"小老師"的能力得以進一步提高，也促進其進一步自主鑽研 Photoshop 其他功能。

（3）班級展示：運用 Photoshop 教學和資訊技術的高效、便捷優勢，及時地進行班級展示評價。

①進行課堂小結，對精彩、有個性的作品進行展示評價。

②選出班級優秀作品，由美術課科代表負責，課餘時間以 PPT 或圖片形式，在班內大螢幕上播放展示。

（4）學校評價：舉辦校園電腦美術作品展，作品電子版發校園網站的電子畫廊展示，電腦美術作品上牆裝飾豐富學校文化，頒發校級榮譽證書。適時鼓勵學生報送作品參加電腦美術比賽，在備賽過程中鍛煉創作能力，通過競賽贏得專業榮譽。

總之，本課題研究充分運用資訊技術環境優勢，為學生創設實效的美術實踐平臺，開發整合美術課程資源，解決初中美術教學中學生動手實踐能力不足的問題，提升美術課堂教學的實效性。豐富學生的審美體驗與審美實踐，增強和保持學生美術學習興趣，讓美術教育回歸實踐的本位，構建初中生的美術能力。課題堅持在面向全體學生的第一課堂做研究，立足於面向全體學生的美術素質培養，收效顯著。參加區、市、省、全國電腦美術比賽人數和獲獎人數也顯著增加。（圖7-6）

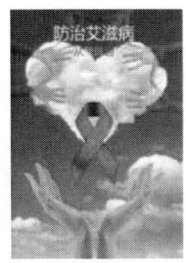

《小女孩》趙雨彤　　《那年夏天》周珂伊　　《預防愛滋病》蒲雨　《地球日》黃傑
圖7-6

（5）成果獲獎：課題榮獲成都市第十五屆現代教育技術成果評選文章類一等獎；獲成都市2011—2012年度基礎教育課程改革優秀論文（報告）評選一等獎。

（6）成果發表：課題研究報告《基於Photoshop平臺構建實效美術教學的研究》在《教育策劃與管理》2013年第10期發表。

二、研究成果說明

本研究是基於城市學校電腦教學優勢，利用Photoshop平臺給學生打造美術表現、美術創造的優良實踐平臺。本課題將Photoshop美術課程量設置為一學期，用"Photoshop創意圖像"課程、"電腦繪畫"課程、"平面設計"課程三板塊做支撐，持續構建初中生的電腦美術能力。充分體現研究者宣導"美在術中育，術由實踐生"的"教術育美"和"學以致用"思想。具有增強學生課堂實踐有效學習量、便捷實用、方便課堂操作和研究成果易於推廣等特點。本課題構建的課堂以人手一機、微視頻、"做中學，做中教"等方式，切實做到面向全體學生並讓其長期體驗實踐學習，落實了"術由實踐生，美在術中育"的"學以致用""教術育美"思想，充分尊重了美術學科的實踐性特質，實效顯著。

《基於 Photoshop 平臺構建初中"平面美術"有效課堂教學的研究》課程開設順序為：先以成果簡述書中"夢想的我"為引導，進行 5 學時左右"Photoshop 創意圖像"課程；再用電腦繪畫與傳統手繪有機結合的方式，進行 5 學時左右的"電腦繪畫"課程；最後，以能學以致用的海報招貼，開設 5 學時左右的"平面設計"課程。著重用微視頻（微課）"教術"；用教師課堂組織、管理、指導和評價等"育美"；用多樣評價平臺和學以致用的方式增強學習動力、激發學生興趣，持續發展學生能力。

三、研究成果的應用

本課題研究的成果推廣應用十分便利，只需應用教師閱讀本研究的成果簡述書，解決美術教育思想上的問題之後，直接使用本課題研究的教學微視頻，就能有效進行基於 Photoshop 平臺上的美術教學活動，即使開始使用時教師不會 Photoshop 軟體，也能通過教學微視頻自主學習後開展好教學活動，實現教學相長。

研究成果在成都市棕北中學三個校區全面運用，推廣到成都市西北中學、成都市第 57 實驗學校、雙流西航二中、新津安西中學等學校。研究成果《基於 Photoshop 平臺構建實效美術教學的研究》在《教育策劃與管理》2013 年第 10 期發表，產生廣泛影響。

四、餘論

通過本課題的實踐研究我們發現了一些新的課題，有待我們進一步思考。

1.教師自己創制和篩選教學微視頻用於教學，解放教師在同級教學班重複示範的"累"，便於教師在課堂上有更多精力用於組織、管理、輔導、評價學生的美術活動，以及如何讓學生主動學習的微課研究。

2.受基於 Photoshop 高效便捷美術實踐學習平臺的啟發，聯繫美術課程的實踐性質，思考在傳統美術學習中，學校怎樣為學生建設便捷、實用、高效美術實踐平臺的課題。

3.電腦美術教學適不適宜過早地在小學低年級開展的問題。

4.由本課題的展評結合衍生出的學生作業評價策略等問題，都有待我們去深入研究。

參考文獻：

①美術課程標準研製組.全日制義務教育美術課程標準（實驗稿）解讀[M].北京：北京師範大學出版社，2002.

②教育部基礎教育課程教材專家工作委員會.義務教育美術課程標準（2011 年版）解讀[M].北京：北京師範大學出版社，2011.

③尹少淳.新版課程標準解析與教學指導：美術[M].北京：北京師範大學出版社，2012.

④老虎工作室.神奇的美畫師 Photoshop 影像處理案例實訓（多媒體教學版）[M].北京：人民郵電出版社，2008.

⑤騰龍視覺.繽紛 Photoshop CS4 尖端視覺特效技術精解[M].北京：清華大學出版社，2010.

⑥彭博.奇妙的數字畫筆[M].南京：江蘇少年兒童出版社，2010.

⑦顧瑋.Photoshop 有效課堂教學的探索[J].辦公自動化，2012.

⑧秦豔.Photoshop 實驗教學的思考與實踐[J].青春歲月，2011.

08

第八章

中學美術命題畫教學策略創新研究

美術課堂問道——美術基礎教育熱點研究

第一節 研究問題

一、問題的提出

（一）國家對人才培養的目標

創新是人類社會生生不息、永遠向前的動力，是民族興旺發達的不竭源泉，一個民族能否稱雄於世界，關鍵在於能否創新，今天的中學生是 21 世紀的建設者、創造者，他們不僅要有豐富的知識，熟練的技術，還要有革新、創造的本領。《義務教育美術課程標準（2011 版）》中美術課程的基本理念：美術教育要面向全體學生，激發學生學習興趣，關注文化與生活，注重創新精神。要通過美術教學培養學生創新能力。創新能力的培養，在美術教學中主要是通過對創新思維和創新意識的訓練而獲得，中學命題畫創作教學對提高學生創新思維和創新意識十分有效。

（二）學校發展的需要

一個學校要快速發展，要成為名優學校，不僅要有較高的教育品質，還要有特色的藝體教育成果，隨著素質教育的全面推進，各級教育主管部門對藝術教育越來越重視，雖然美術教學首要目標是全面提升學生的藝術素質，但要衡量一個學校美術教育成果，主要還是看學生美術比賽獲獎情況、學生考級人數及美術高考升學人數。縱觀近幾年中小學生藝術人才選拔賽、美術考級、高考等的藝術試題，一般都以命題畫形式進行，因此，美術命題畫創作教學在中學美術教學中也越來越受到重視。

（三）當前中學美術命題畫教學面臨的問題

從以上國家對人才培養的目標和學校發展的需要來看，命題畫教學的確應該越來越受到重視，可是課題組 2013 年對本校七年級學生，展開了一次關於美術的學習興趣和美術基本素質的調查，隨機選取七年級 1、2、3 班學生共 161 人。結果顯示沒有學生經常畫命題畫；為了參加比賽，老師臨時輔導的有 35 人，佔 21.7%；而從未接觸命題畫創作的有 126 人，佔 78.3%。

課題組負責人在本縣美術教研會和四川省骨幹教師培訓班隨機訪問一些美術教師，多數教師平時都不專門進行命題畫創作教學，只是學生要參加比賽時，才臨時輔導少數幾個學生。

產生上述現象的原因，除了初中生自身的興趣愛好因素之外，更重要的是美術教師對命題畫教學的重視還不夠，對命題畫教學認識還不夠深入，對命題畫教學策略還不夠創新，甚至有的教師用的還是舊的教學形式，特別是當前，在遇到各類繪畫比賽時，教師也主要是指導少數學生進行創作。有的教師為了使學生考級能過關，讓他們幾個月就畫同一內容的畫；有的教師更是"急功近利"，甚至會"造假抄襲"；有的教師直接代筆或把繪畫作品改得面目全非，完全替代了學生的美術創作思維，抹殺了學生的創新能力，這樣的美術命題畫教學難以落實美術新課程標準的理念。這樣的教學策略也難以激發學生命題畫創作興趣和提高學生美術命題畫創作水準。所以，在中學美術教學中，如何提升教師對命題畫創作的認識？如何提高學生的美術創作能力？中學美術命題畫教學策略如何創新？這些都是擺在我們每個中學美術教師面前亟待解決的問題。

二、本題研究的意義

（一）課題研究理論意義

一方面，學生通過對繪畫創作理論和創作方法的學習，不但瞭解命題畫相關的知識，掌握了命題畫創作的方法，還激發了學生命題畫創作熱情，提高了命題畫創作水準，拓寬了命題畫創作思維，培養了學生創新的能力。

另一方面，主研教師通過對建構主義教學理論學習，提升了他們對美術教學的理論認識。在研究中通過對支架式教學和體驗式教學策略的應用，理解了建構主義的美術創作學習觀，通過對中學美術命題畫教學理論探索，提高了對命題畫概念認識，轉變了傳統的教育觀念，為自覺創新教學策略指明了方向。

另外，通過中學美術命題畫教學策略創新研究，提升校園文化的層次，為學校打造藝術特色奠定基礎，改進學校管理對美術課堂教學的評價，轉變學校只重視文化統考，不重視美術學科的觀念，提高美術學科在學校教育中的地位。

（二）實踐意義

中學美術命題畫教學策略創新研究是針對課堂教學和美術社團活動展開的實踐研究，不管是對學生、老師，還是對我們實驗學校的校園文化打造，都會帶來巨大的變化，同時，命題畫教學中形成的創新策略，也為同行的教學帶來直接的技術引領或參考。

1.對於學生來說，進行中學美術命題畫教學策略創新研究，將在研究中通過命題畫創作實踐，找到了適合學生本人的繪畫表現方法，通過自主、合作、探究地進行美術學習，使得他們的學習興趣增濃、主動性增強，思維更活躍。通過開展聯想和想像的創作思維訓練，進一步培養他們的創新意識和創新能力，通過感受美、理解美、發現美和創作美來提升他們的審美能力和繪畫水準。

2.對於教師來說，參與該課題研究有利於教師轉變自身教學觀念，讓創新教育思想走進新課堂。作為一名現代美術教師更應提高自身素質，爭做研究型的教師，始終把美術教學作為自己研究的物件。這樣，自己的教學技巧、科研能力和專業技能就會得到顯著提升。同時，課題研究中形成的有效教學策略，為其他教師提升命題教學水準，提供了直接學習的方法和手段。

3.對於學校來說，課題研究助推校園文化的提升，通過課題研究不但會提升主研人員的藝術素質，同時對學校領導和教師也會起到潛移默化的教育作用，教職工積極參與美術課題研究實踐，不但提高了自身藝術欣賞水準，而且對打造校園文化、提升學校品牌也會提出建設性意見。校園文化打造好壞，也是對課題研究成果大小的間接反映，師生共同參與校園的美化，如樓道牆壁的文化打造，班級文化的設計等，讓校園的每一個角落都具有人文性，成為育人的理想場所，這是課題研究帶來的間接實踐成果。

三、本問題國內外研究的現狀

中國古代是個科舉考試制國家，命題作畫有著悠久歷史，文人才子也常以命題作畫題詩為樂，以與本課題類似的中國古代命題作畫為例，如大家很熟悉的一個命題"踏花歸去馬蹄香"，畫面是在夏天一個臨近黃昏的時刻，一個遊玩了一天的官人騎著馬回歸鄉裡，馬兒疾馳，馬蹄高舉，幾隻蝴蝶追逐著馬蹄蹁躚飛舞，使人一下子就想到那是因為馬蹄踏花泛起一股香味的緣故，表現了詩句末尾的"香"這一主題。

《竹鎖橋邊賣酒家》，畫家沒有畫出酒館，他畫的是小橋流水、竹林茂密，在綠葉掩映的林梢遠處露出古時候的一個常用酒簾子，上面寫著一個大大的"酒"字。這幅畫兒，畫面上不見酒館，卻使你似乎看到了竹林後面的酒館，重點是用形象體現出一個"鎖"字來。

《深山藏古寺》畫面上只見崇山峻嶺，山路蜿蜒，一小僧在山下河邊汲水……古寺"虛"掉了，但並不等於沒有，不然小僧擔水又去何處？自然是自古寺而來，再回古寺去了。這也是實中存虛，人們可以想見古寺就藏在山的深處。

還有近代的《蛙聲十裡出山泉》，是中國著名畫家齊白石老先生在 1951 年為文學家老舍畫的一張水墨畫。畫面上沒有蛙，卻有幾隻活潑的小蝌蚪在湍急的水流中歡快地遊動著，而這蛙聲也非是即時可"聽"見的，運用了這種特殊的聯想手法，恰到好處，是絕妙之至的構思。

這些案例主要是論述命題畫的構思，說明一件繪畫作品藝術性的高低，主要的一點就是要看它是否能夠通過形象把抽象的思想立意體現出來，但都沒有涉及如何進行教學。

近些年，由於美術高考文化成績要求不是很高，很多高中生都投入美術高考大軍，指導學生美術高考的書籍也越來越多，著作多是關於高考美術命題畫創作，如潘行健和譚天編著的《美術院校考生創作訓練》，以及高考輔導的"創作構圖訓練"圖書，這些內容都主要是講授命題畫構圖輔導。而如何制定在中學美術命題畫教學中面對全體學生的教學策略，提高所有學生創作水準研究的內容卻沒有涉及。

近三年開展的與本課題類似的美術命題畫教學研究主要有：銅山縣漢王鎮中心小學教師李曉建所作《在命題繪畫教學中，如何指導學生創意的研究》徐州市教育科學規劃課題，浙江省縉雲縣舒洪小學教師張叔莉所作《命題畫教學新探》，江蘇省如東縣實驗幼稚園教師許晴宇所作《大班命題畫命題產生的途徑的實踐研究》，福建省南安市實驗幼稚園教師黃小彬《幼稚園中班命題畫的漸進式教學》等，這些主要是在小學或幼稚園進行的研究，而非對中學美術命題畫教學策略進行的創新研究。

本課題組通過大量的資料查閱，發現到目前為止，關於中學美術命題畫教學策略創新研究在國內外都還沒有專門的研究，更沒有可供一線教師進行命題畫教學的指導理論和實踐策略。因此，本課題的研究目標就是制定一套科學有效的教學策略，加強美術教師平時的繪畫創作教學實踐，激發中學生美術學習興趣，提高中學生的命題畫水準，彌補當前國內中學美術命題畫創作教學策略的缺陷。

四、相關概念界定

"命題畫"是美術教學的一個重要內容，就是教師提出繪畫的主題，明確要完成的某種技巧任務和教育要求，學生按指定要求完成作品。

"命題畫教學"是針對美術活動現狀和學生的年齡特點，開展以命題畫為形式的美術教學。本課題主要探討在美術教學活動中命題繪畫創作的教學策略，以幫助中學生在愉快的情緒體驗中創作出有中學生特點、有新穎構思、有與眾不同的形式美感、有特色化內容的主題性繪畫作品。

"教學策略"是指在教學過程中，為完成特定的教學目標，依據教學的主客觀條件，特別是學生的實際，對所選用的教學順序、教學活動程式、教學組織形式、教學方法和教學媒體等的總體考慮。它既有技能特性，又具有框架特點，在內容構成上具有三個層次：第一層次指影響教學處理的教育理念和價值觀傾向；第二層次是對達到特定目標的教學方式的一般性規則的認識；第三層次是具體的教學手段和方法。按教學活動的進程可把教學分成準備、實施與評價三個階段，進一步探索每個階段的策略。

"創新"是指人們為了發展的需要，運用已知的資訊，不斷突破常規，發現或產生某種新穎、獨特的有社會價值或個人價值的新事物、新思想的活動。創新的本質是突破，即突破舊的思維定式，舊的常規戒律。本課題組認為"創新"是指教學策略的創新。

第二節 研究的路徑

一、研究思路

本課題研究思路：理論指導下的操作實踐活動，通過一系列的實踐活動，分析比較研究物件的資料變化，得出課題研究成果。

1. 研究理論提升——指導課題研究
   - 專家培訓講座
   - 理論知識學習

2. 研究對象變化——調查數據對比分析
   - 選參照班級對比實驗
   - 調查數據提升變化

3. 研究過程遞進　研究載體階段性選擇原因依據及效果
   - 階段研究出現的問題及解決策略
   - 研究載體選擇依據（學生為什麼創作，如何創作，得出什麼教學策略）

二、研究方法

實踐法：課題採用對比實驗的方法選取實驗班與非實驗班，在美術課堂教學和社團教學中實踐，得到命題畫創作實驗班與非實驗班美術命題畫創作的差異，說明瞭教師有意識地進行命題畫創作教學取得了較好的課堂教學效果。

文獻研究法：通過對大量文獻的檢索，課題組收集與本課題相關的文獻資料，主要包括著作和論文。具體內容有如何進行命題畫輔導、如何對學生進行創新能力培養、如何研究美術課堂教學有效策略、如何進行美術課題研究、如何在學校教育中做研究等內容，共有 312 篇，課題組自行編寫學習資料 5 本，為課題研究提供了有效的理論支撐。

問卷調查法：本課題組編制調查問卷，並選擇 161 個樣本進行調查，瞭解學生當前對美術的學習興趣和美術基本素質的真實情況及存在的問題，並根據調查結果分析制約學生美術命題畫創作能力形成的主要因素及制定解決的策略。

三、研究的突破或者研究的創新點

1.本課題主要側重於教學策略研究，以全體學生為研究物件。而以往命題畫教學主要是針對學生創作進行的輔導，研究物件是少數學生。

2.本課題引導學生探索命題畫的創作載體，進行創新研究，特別是其中的探索內容獨具特色，如學校文化特色、本土文化特色、中華民族傳統文化特色等，而不是過去泛指的學生日常生活中的內容。

表現形式與眾不同：挖掘本土的美術資源，吸收現代設計構圖的形式元素，探索符合中學生創作特點的現代構圖表現形式。

3.本課題不但研究美術課堂教學的有效策略，同時研究課外美術社團活動教學策略，特別是現代的建構主義"支架式"教學理論和"體驗式教學"理論在中學美術命題畫教學中的運用。

4.本課題不但研究了中學美術命題畫教學策略，同時對命題畫創作教學中參與人員發揮的作用進行了研究，探討了命題畫教學中的角色作用，即學生—實施者—如何實施，教師—策劃者—如何引導，畫家或美術專家—指導者—審美的規律把握。

擬解決的關鍵問題：教師如何創新教學策略，培養學生美術命題畫創作能力。

四、研究的過程

（一）課題理論研究——理論學習，理念轉變，專家指引，研究科學

課題組成員採用了集體學習和分散學習相結合的方法，通過聆聽專家教授的講座、學習專著、閱讀教育教學類刊物，學習有關問題轉化的教育教學理論，寫好教育隨筆，積累教育智慧，用以指導自己的命題畫創作教學行為。我們課題組聆聽了 8 位專家教授的講座，看過的理論著作有 8 本，撰寫的教育隨筆共 12 篇，通過學習，努力從理論層面上引導教師對實驗課題的產生背景、科學依據、教育思想、實踐價值全面把握，實現教育思想、教育觀念的轉變。

1.積極參與各類培訓，聆聽專家教授的講座，提升理論水準。

課題組成員先後參加了國培計畫（2012）——四川省中小學科帶頭人短期集中培訓專案四川師範大學中小學美術班培訓，2012 年 4 月四川省中小學名師培養人選培訓，2012 年 12 月 10 日至 12 月 20 日江浙川三省基礎美術教學研討系列活動，2012 年 12 月北京 2011 版美術新課程標準培訓，2013 年 7 月深圳全國骨幹教師素質提升培訓，2013 年 11 月四川省中小學美術骨幹教師培訓和四川省中小學名師培養人選培訓。聆聽了尹少淳、錢初熹、李力加、王大根等專家教授的講座，主要有尹少淳主講的《宏觀與微觀：美術課程標準修訂概覽》《走進文化的美術教育》，錢初熹主講的《美術教育的國際視野與本土思考》《建構具有中國特色的基礎教育美術課程體系》，李力加主講的《對當前美術教學的反思：如何進行美術欣賞教學》《美術欣賞(鑒賞)教學的過程與方法》《如何重新構成課堂上的美術學科知識》《美術課堂觀察研究方法》等，通過聆聽以上專家教授的講座，不但讓我們領略到前沿的美術教學理論，還讓我們懂得了美術教育深層的文化道理，明白了美術課程改革的發展趨勢。課題組成員的教育教學理論水準得到了很大提高，增強了對課題研究的信心，使課題研究的順利完成得到了理論保障。

2.查閱文獻，加強美術教育理論學習，吸取最新美術教育前沿成果，深入分析影響中學生繪畫創作的各種因素。

課題組成員不僅聆聽專家教授的講座，還認真查閱文獻資料，系統學習了周星《藝術概論》、王大根《美術教學論》、常銳倫《美術學科教育學》、潘行健、譚天《美術院校考生創作訓練》等專著，讓我們更深入地理解影響中學生繪畫創作水準發展的三點因素：一是中學生的興趣；二是教師的指導；三是家長的參與和配合。還深入瞭解繪畫創作的基本方法。

課題組成員購買劉玉蓮編著的《在學校教育中學作研究》以便集中學習、研討，進一步讓課題組成員明確課題研究的目的、意義和方法，學習如何去進行教育科研。通過課題組成員集體研究，在學校形成濃厚的課題研究的氛圍。

從網上下載編輯了 2012 年度名師專項課題學習資料 5 本，內容主要有命題畫教學創作、學生創新能力培養、教學策略研究等，課題組成員通過學習，快速提升課題研究水準，與時俱進參閱前沿理論，進一步提升了課題組成員理論素質。

3.專家現場指導課題研究，使得課題研究方向更明朗。

2012 年 12 月起至今，陶旭泉教授不但指導課題申報，研究制訂方案，而且對命題畫教學策略研究的載體進行全方位的分析，特別指出要利用農村特色材料進行創作，創作出表現農村特色的美術作品。

2013 年 3 月 14 日成都市雙流縣研培中心理論室主任易恩來我校，對開題報告、課題研究方案進行了指導，為課題研究的順利結題打好了基礎。

2013 年 3 月 28 日、2013 年 5 月 28 日、2014 年 3 月 20 日成都市雙流縣研培中心辦公室主任、美術教研員文旭東，對課題研究方案、課題成果在我縣的推廣活動和課題主研人員在縣教研會的講座都給予了具體指導。

2014 年 1 月 9 日，成都市教育科學研究院的辜敏老師作了"仿青銅版畫及兒童畫創作"的專題講座。2014 年 5 月 12 日現場指導版畫創作，對我校學生創作的版畫作品從黑白灰構成、人物細節描繪、木刻味及刀法表現進行了具體的指導，為我們進一步搞好命題畫創作教學，提升作品品質指明了方向。

2014 年 1 月 10 日上午，四川省教育科學研究所馮恩旭老師結合往屆全國中小學生藝術展演活動中美術作品的特點和自身輔導學生的經驗，為成都市雙流縣教師細緻地講解了開展美術輔導的方法，課題組成員全員參與了學習，瞭解了當前學生藝術創作的多種形式，學會了一些先進的創作指導方法。

（二）實驗物件研究——編制問卷，完成調查，對照實驗，改進方法

一項課題研究有沒有意義，關鍵就是看它有沒有解決教育中的實際問題，研究之後學生有沒有獲得發展。在課題實施之前，課題組在 2013 年對七年級 1、2、3 班學生共 161 人，進行了美術學習興趣和美術基本素質調查，2014 年 3 月再次對這些學生進行了調查。（圖 8-1）

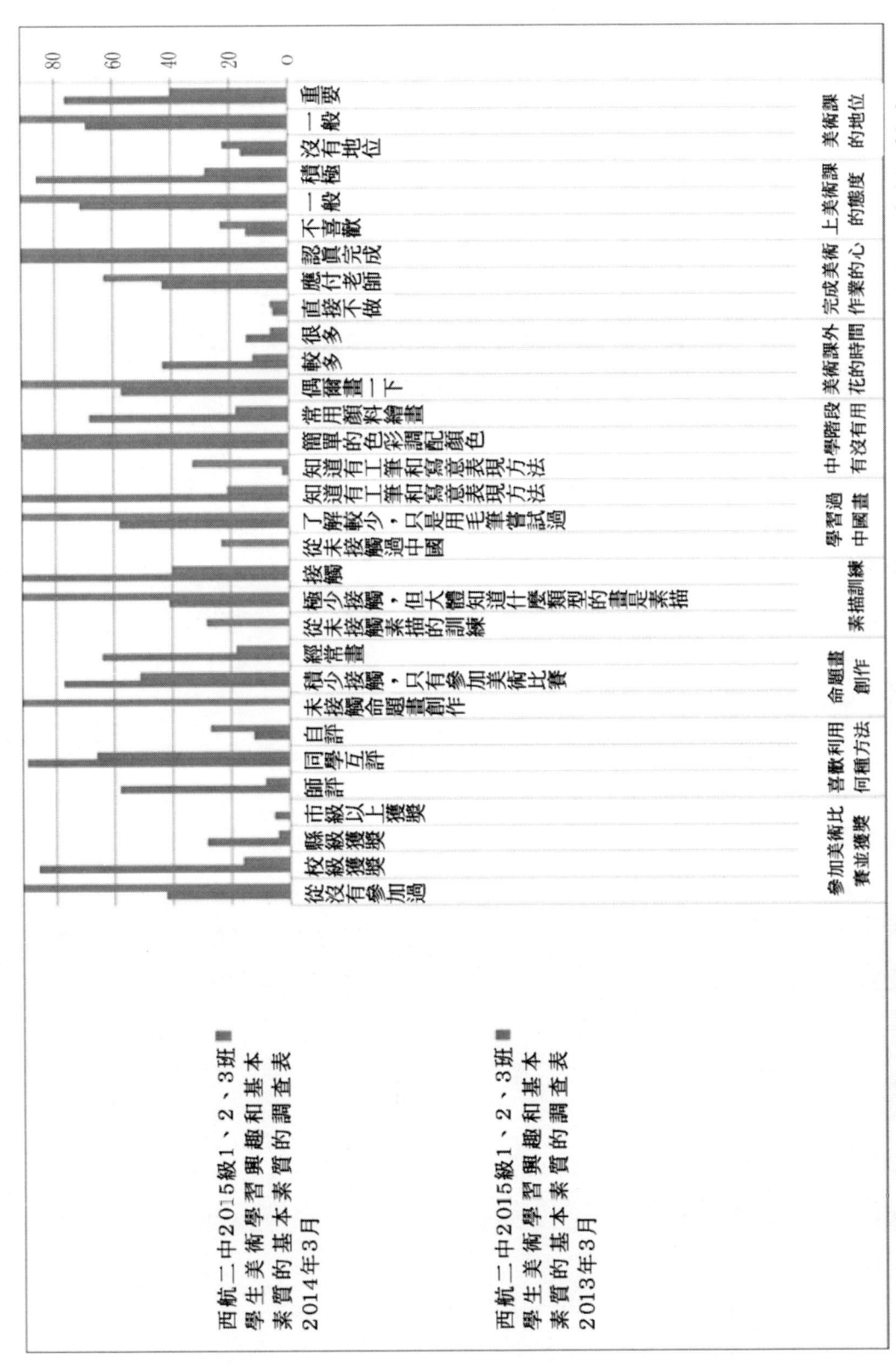

圖8-1 成都雙流西航二中2015級1、2、3班學生美術學習興趣和基本素質的調查統計圖

通過分析可以看出，通過一年的命題畫創作教學實踐，我校學生美術興趣有所提高，喜歡命題畫創作的學生越來越多，報名參加各類美術比賽的學生人數增多，獲得縣、市美術比賽等級獎的學生人數增多。同時也為課題研究提供了資料支撐，明確課題研究方向。

1.將此調查結果和報告遞交給學校領導和所調查班級的班主任老師，讓學校領導和班主任老師清楚學生的藝術基本素養和學習態度，讓課題研究成為全校師生共識，擴大課題在學校內及校外影響，實現課題研究的推廣價值。

2.進一步加強教學研究，探索體驗式教學策略在中學美術課堂教學中的應用，在農村生活用品上創作出具有中華民族傳統文化的命題畫作品，激發全體學生參與命題畫創作的興趣。在教學中適時補充學生需要和感興趣的教學內容，如剪紙藝術、POP 宣傳畫、實驗美術畫、京劇臉譜、油畫棒臨摹西方現代名畫等命題畫教學，降低技法學習要求，不要讓學生認為繪畫很難，使他們相信只要努力就能畫好，就能創作出滿意的藝術作品。

3.抓住欣賞教學的時機，培養學生的欣賞和審美能力，開闊學生眼界，瞭解一些著名繪畫大師的表現技法，嘗試用中外著名美術大師的一些技法表現作品，豐富中學命題畫表現的多樣性。

4.社團採用教師工作室教學方式，分為黑白裝飾畫、剪紙藝術、版畫和泥塑等工作室，老師根據不同畫種獨立輔導，定期舉辦作品展，進一步激發學生的美術學習興趣。

5.制定學生美術學習評價和考核方案，規範美術教學管理。在學生作業評價與考核方式的實踐中，不但要重視課堂作業評價，還要把參與社團活動，參加美術比賽相結合，全面考評學生美術素養，制訂科學有效的學生學習評價與考核的方案。

（三）課題載體研究——不同載體，階段推進，教學策略，及時修正

本課題研究以三個階段分步推進，隨著研究不斷深入，出現了一些研究瓶頸問題，課題組及時選擇不同研究載體，讓課題研究有序進行，落實課題研究方案，完成課題申報目標。

第一階段（2012 年 11 月—2013 年 8 月）

1.課堂教學以靜物寫生為主要內容，命題為《有趣的黑白靜物寫生創作》。

創作形式為黑白線描裝飾畫（用黑色馬克記號筆、鋼筆），教學內容分為"幾何體寫生想像創作""靜物寫生想像創作""靜物與機場想像創作"等靜物黑白畫創作，每位學生單獨參與創作，構思以個人進行，方法與步驟：寫生—想象—創作。

教學策略採用了體驗式教學：激情入境—啟發構思—表現探索—深化命題—追求完美。

效果：教學材料準備方便，課堂教學展示效果好，學生作業都能達到預期效果。

問題：內容形式單一，學生創作一段時間後繪畫興趣不高。

2.社團教學以 POP 手繪創作為主要內容，命題為"法制宣傳"。

創作形式為手繪宣傳畫（用馬克記號筆），教學內容分為"POP 手繪美術字""POP 手繪動物造型""POP 手繪人物造型"。

效果：材料表現手法新穎，學生學習積極高，手繪 POP 美術字和手繪形象現在廣告招牌中隨處可見，在生活中十分實用，學生求知欲強，學習進度快，完成效果好。5 名學生參加法制宣傳畫比賽全部獲獎，其中 1 人獲市二等獎。

問題：由於受工具材料限制，造型偏重卡通形象，對複雜色彩造型，學生感到學習困難。

進行全校書畫比賽，為學生搭建展示平臺，展示學生美術創作水準。

第二階段（2013 年 9 月—2013 年 12 月）

針對第一階段出現的黑白線描裝飾畫，內容形式單一，學生創作一段時間後繪畫興趣不高的問題，第二階段課題組選擇把剪紙作為研究載體。

1.課堂教學以命題"剪紙與生活"創作進行教學。

學習中國民間剪紙創作方法，結合中國國粹藝術元素，探索現代剪紙方法，傳承民間美術，弘揚中華文化。

教學內容：剪紙花卉、動物、人物、京劇人物。

方法：臨摹（掌握傳統剪紙語言）—添加現代元素（平面構成裝飾手法）—剪紙創作。

教學策略採用了體驗式教學：激情入境—啟發構思—表現探索—深化命題—追求完美。

效果：教學用具和教學材料準備方便，學校統一購置剪刀、美工刀，學生全都得到體驗，課堂教學展示效果好。因其材料易得、成本低廉、效果立見、適應面廣，作品形式千姿百態，形象簡潔生動受到師生喜愛。

問題：注重平面造型訓練，立體造型讓學生稍感困難。

2.社團教學以實驗美術創作進行教學。

教學內容：卡通京劇人物造型。

工具材料：繪畫工作水粉筆、水粉顏色、乳膠和立得粉。

創作形式為利用農家的筍箕、簸箕、木瓢、罐子等用品，進行京劇臉譜的繪畫創作。

效果：造型誇張，很有民族傳統文化特色，由於材料獨特，展示陳列效果極好，深受全校師生喜愛，在學校藝體上展出時，很多師生都寫下讚美的留言。

問題：材料難準備，數量有限，只適合社團學生實驗，不易對全體學生進行教學。

另外，結合當前上級命題創作要求，讓學生自主探究構思，教師採用多元化教學策略指導學生命題畫創作，積極參與命題畫創作比賽，2013 年的雙流縣"寫經典，畫經典"現場比賽，我校 8 人獲獎。

第三階段（2014 年 1 月—2014 年 5 月）

1.課堂教學以"有趣的泥塑"創作進行教學，命題為"雙流機場見聞"，讓學生塑造機場設施和人物，在人物方面要求有現代君子與淑女人物形象，人物表情作藝術誇張。

材料準備：教師帶領學生進行挖、搬泥土的體驗，注意泥土的浸泡、配製，特別要在浸制泥土的軟硬及水的把握上進行多次嘗試。

解決造型穩定問題：多次嘗試骨架設計，只用泥土不用骨架泥塑的作品不易做大，用樹枝和木條骨架可以穩定較大的造型，但骨架易折斷、雕塑易碎裂；用鐵絲成型的骨架好又穩定，造型堅固，但學生使用極不安全。最後經過嘗試用膠線和泡沫做骨架，不但方便實用、造型穩定，而且製作也十分安全。

方法：模型製作—藝術誇張—個性創作，個人與集體合作共同進行創作。

教學體驗內容：實地參觀機場、圖片資料、視頻播放、優秀泥塑作品。

教學採用支架式五步遞進法：激情入境（營造氛圍）—搭建支架(難點分散)—引導探索(學習技能)—協作學習(集體共用)—交流評價(撤離支架)。

效果：易激發學生創作興趣，課餘有學生自覺進行泥塑創作，是最方便的本土資源開發利用，造型簡易誇張，形象生動可愛，集體合作的創作效果突出。

問題：學生細節刻畫不足，立體造型手法顧此失彼。

2.社團教學以版畫形式進行創作。

根據成都市 2014 年中小學生藝術節主要以版畫形式創作的原則，學生以"弘揚國粹從我做起"為主題開展命題畫創作，造型選取自己生活中學習國粹的形象，背景及道具選取一批具有代表性的中國國粹元素，如京劇臉譜、兵馬俑、皮影、三星堆人物等元素。

第三節　研究成果

一、研究成果呈現

（一）認識成果

1.突破傳統命題畫狹隘的認識，豐富命題畫的概念內涵。

過去對美術命題畫認識只停留在文字表面，認為命題作用更多的是用來限制主題思想的表達範圍，刻意的追求內容和形式表達命題的中心思想。由於過去這種狹隘的命題畫認識，嚴重的阻礙大家對命題畫進行的教學探討，導致"命題畫"這個有著悠久歷史的美術創作名稱已不被大家使用，現正被淘汰和遺忘。而本課題的研究就是突破了傳統命題畫狹隘的認識，以命題衍生化、話題歸類化的方式，豐富命題畫概念的內涵，擴展命題畫的外延，獲得了在命題畫創作教學中統整化策略。因此，本課題組對命題畫的認識是"命題"的內涵是給予創作者一個主題，一個創作的方向，命題畫只是教師給學生提出繪畫的主題，是一個可立體思考的空間，一個寬泛的概念。命題如何才能準確表達，還得讓學生對命題進行發散擴張，衍生出無數個小命題，在眾多的小命題中發現自己喜歡擅長的主題，再通過多種表現手法進行藝術表達，創作出主題準確、形式多樣的美術作品。如命題"放學後"，從時間上描繪有上午放學後、中午放學後、下午放學後和晚上放學後；從地點來描繪有的放學後在路上，有的放學後在家裡，有的放學後在商場，有的放學後可能還在學校；從人物來描繪不僅只有放學後的學生，還有放學後學校的教師、工勤人員、門衛等。這就會衍生出更多的小主題，通過這些小命題的呈現，學生不僅更理解主題，而且更清楚畫什麼，徹底解決了學生命題畫不知畫什麼的問題。

2.打破命題畫千人一面的手法，豐富命題畫的表現形式。

"命題畫"之所以現在越來越不被提起，甚至被美術創作所排除，原因之一是它帶給人們的傳統印象，就是在一個命題下幾乎是千篇一律內容、千人一面的形式，如"放學"這一命題，學生更多的是用繪畫的方法，畫上背上書包回家的我或同學，這跟我們現在的美術創作要求百花齊放形式而格格不入，本課題的研究就是從認識上打破了命題畫千人一面的手法，採用在一個命題下進行多種形式，多種表現手法的美術創作。如"飛機"命題，學生可畫各種款式的飛機，可以用不同形式——繪畫、泥塑、版畫、剪紙等學生喜愛的形式呈現。

3.攻破命題畫創作思維的禁錮，拓寬命題畫的思維管道。

命題畫教學中，學生面臨最難的就是教師給了命題，學生不知畫什麼，即使勉強畫了的學生，不是畫他們已爛熟於心的簡筆劃，就是隨意畫一下眼下能看到的物象或是臨摹書本形象，學生總是懶於動腦進行創作，這都歸結於學生沒有美術創作思維方式，沒有創作的方法，學生的創新思維被抑制。因此，只有攻破學生命題創作思維的禁錮，激發出學生創作熱情，才能喚醒學生沉睡的想像力，創作出富有奇思妙想的美術命題畫作品。本課題主要運用發散的思維方式，拓寬命題畫的思維管道，掌握命題畫創作方法，重點培養學生聯想和想像能力，體現出創作思維的獨特魅力，創作出優秀的命題畫作品。

（二）技術成果

1.命題統整化策略：命題衍生化，話題歸類化。

"命題統整化"就是借用現代開放式命題作文教學的一個策略，它包含命題衍生化，在一個大的命題衍生眾多小命題和與它思路相反的話題歸類化。

（1）命題衍生化：在一個命題下衍生多個小命題，以小見大，緊扣主題。

命題衍生化是指在一個大的命題下衍生眾多小命題，運用發散思維進行主題確立，選擇一個緊扣主題的小命題進行創作的方法。現在中小學生藝術節和美術考級的命題畫只是給予學生一個很大很寬泛的主題，學生可在這一主題下分解出更多小主題，它的好處是給學生創作的空間更大，發揮的餘地更大。

如描繪"家鄉"，以"人"為主題，可畫家鄉親人、同學、熟人、名人、有特點人或有代表性的人；以"景"為主題，"大景"可畫家鄉的山、河、湖、泊、街道、學校、工廠、社會、廣場、有特色建築等，"小景"可畫一個角落、一件物品來代表家鄉，如城中的一角落——書店，學校一角落——課桌，家中的一角落——書桌，這些角落都是與家鄉相關的東西，相同思路讓學生再衍生出更多與自己生活相關的角落，與自己成長有關的角落等。採用這樣縱橫思考，統整衍生的教學策略就會為學生打開思路，產生無數個小命題。

（2）話題歸類化：用一段話講述主題內容，把學生相近的立意都歸於同一主題。

所謂"話題歸類化"，與命題衍生化相反，話題歸類化採用的是命題給出的一段話或一段文字描述，指明創作範圍，啟發學生思考，啟動其想像力的一種命題畫方法。由於每一位學生理解不一樣，就會產生很多不同立意，不同表現的手法及形式，教師讓學生把這些不同想法進行篩選，將相近的立意進行歸類，這樣學生就容易把握哪一個立意最能傳達命題的中心，哪些形式和手法最能體現這個命題的含義。

2.形式多元化策略：構成多元化，手法多樣化。

（1）構成多元化：傳統構圖推陳出新，現代構成相互融合。

在中學階段課題組讓學生主要學會三角形構圖、圓形構圖，在掌握這兩種傳統構圖的基礎上，學生再舉一反三、推陳出新，根據現代繪畫創作的特點，美術創作更講究構成形式的美，教學中教師要有意識進行平面構成知識的教學，進行平面構成的創作訓練。通過長期這樣的訓練，學生構圖形式也就越來越新穎，作品也就會與眾不同。

（2）手法多樣化：採用多種繪畫表達手法和表現形式進行實踐，學生根據自己愛好和特長選擇適合自己的表現形式和手法，嘗試剪紙、泥塑、版畫、綜合等表現形式，創作出形式多樣的命題作品。

首先，學習大師創作表現方法，提升美術創作審美水準，豐富學生命題畫創作技法。

提高學生美術命題畫創作水準：一方面是提高審美水準，懂得表現技法是美術命題畫創作形式優劣的重要體現；另一方面就是要積極引導學生向大師學習，特別是對中外美術大師的繪畫表現手法的瞭解，是提升學生繪畫表現手法有效途徑，有選擇的讓學生欣賞中國近現代畫家名作以及西方繪畫中印象主義、立體主義和現代繪畫的表現手法，對豐富命題畫表現十分有效。

其次，從民間藝術中吸收藝術表現的營養，掌握更多的美術創作表現手法，豐富命題畫創作表現技巧。

剪紙藝術由於剪紙使用的工具和材料的特殊性，而決定了它的表現手法更趨於平面簡潔，更適用誇張、對比、渲染、強化的表現手法，形象塑造必須抓住事物的主要特徵，用極其簡練而有力的線條和塊面把它概括地表現出來。特別是現代的剪紙藝術，在歷經時代變遷的洗禮之後，既保留著傳統藝術的言語內涵，又融入了現代藝術的美感和形式，對學習藝術語言、掌握美術創作表現手法十分有用。

第三，要與時俱進，學習現代的、流行的一些表現手法，卡通動漫、插畫、POP 手繪等，使命題畫創作更具時代感和現代感。

卡通漫畫和手繪 POP 作品教學，學生不但感興趣，學習熱情也極高，更能夠充分發揮他們的藝術想像力，豐富命題畫表現手法。在此基礎上引導學生評價一些卡通漫畫，還可以使他們瞭解透視原理，形象比例關係以及一些構圖的技巧，增長美術知識與技能。當前，由於漫畫藝術家們使用不同風格和技巧創作漫畫卡通畫，學生瞭解掌握後，不但能提高繪畫技能，而且更多了一些命題畫創作的表現手法。

3.內容特色化策略：本土特色化，民族特色化。

（1）本土特色化：發現學校及周邊地域具有本土文化特色的素材，選取與眾不同的視角。

將命題繪畫創作貫穿在平時的課堂教學中，注重讓學生發現生活中的美，用獨特視角發現學校及周邊本土的地域文化特色，讓自己創作內容與眾不同，更有新意。教學模式是"體驗環境—寫生描繪—想像添加—細節描繪—收穫分享"。採用的方法：第一是體驗觀察自己的學校，參觀鄰近的大學，考察雙流機場等活動；第二是描繪對象，教師要引導學生選擇有本地特色的建築物，特別是能代表本地民居、名勝古跡或有特色的地方進行寫生；第三是添加人物活動，表現出有主題的命題畫。

（2）民族特色化：挖掘民族優秀文化元素，繼承和弘揚中國傳統文化精髓，創作具有中國民族特色的命題畫作品。

挖掘民族優秀文化元素，繼承和弘揚中國傳統文化精髓，教師要帶領學生深入探究中華國粹，把握中國特有的文化形象元素，古為今用，推陳出新，創作出符合現代人審美特徵的藝術形象。如創作"京劇臉譜剪紙"命題畫，主要選取京劇藝術中經典的人物形象，採用傳統的剪紙紋飾，創作出具有現代審美的藝術形象。

4.實踐創新化策略：材料創新化，創作遞進化。

（1）材料創新化：把相同內容在不同材料上進行命題畫創作實踐，探索不同材料表現出的藝術效果的異同。

在美術命題畫教學中，利用本土資源作為創作內容，探索使用各種創作材料進行創作，激發每位學生命題畫創作的興趣。教師引導學生主動尋找與嘗試不同的繪畫原材料，探索各種繪畫創作方法，用不同的工具在不同的材料上作畫，極大地調動學生發現新材料、使用新材料的積極性，這樣創作的作品就會呈現出新穎獨特的效果。如在石頭上繪畫，利用植物鑲嵌粘貼作畫，在農家的筒箕、簸箕、木瓢、罐子等用品上，進行京劇臉譜的繪畫創作"實驗美術"、利用學校周邊的泥土，以雙流機場為原型，採用"機場見聞"為命題泥塑創作等。

（2）創作遞進化：同一內容多次創作，不斷完善形式美的表達。

要求學生不斷完善對作品形式美的探索，採用遞進的方式，多次對畫面改進，特別是構圖安排，黑白灰的佈局，畫面中心形象的細節刻畫，要求每一次改進完成一個形式美術目標，做到層層推進，多次修改，達到理想效果。

（三）實踐成果

1.促進了學生美術興趣和美術命題畫創作能力的提高。

學生的觀察生活和表現物象的方式得到了較大的提高，有了初步繪畫創作意識和創作實踐能力，學生在繪畫創作時，充分發展自己的特長，積極地從課內走向課外進行寫生體驗，最大限度地開發、挖掘學生的繪畫創作潛能。學生自覺地把所學的美術知識與生活建立起聯繫，主動進行繪畫構圖嘗試，逐漸地學會用形象表達情節，喜歡畫美術命題畫的學生明顯增多。

課題主持人在 2013 年 9 月對初一 1、2 兩個實驗班共 116 名學生和另一位美術教師任教的初一 3、4 兩個普通班共 105 學生進行過"你是否喜歡畫美術命題畫？請說明原因"的問卷調查。（表 8-1）

從以上統計表明顯看出，主課題負責人教的初一 1、2 實驗班的學生和初一 3、4 普通班學生在實驗前（2013 年 9 月）喜歡畫美術命題畫或不喜歡比例沒有多大差別，後採用在初一 1、2 實驗班進行美術命題畫教學實驗，而 3、4 班的美術老師按傳

表 8-1 雙流縣西航港二中 "你是否喜歡畫美術命題畫" 調查情況統計表

調查項目	你是否喜歡畫美術命題畫					
調查班級	普通班：初一3、4班				實驗班：初一1、2班	
總人數	05				116	
調查時間 入學後2013年9月	喜歡	47%	不喜歡	53%	喜歡 46%	不喜歡 54%
學期末2014年3月		33%		67%	92%	8%

統的教學策略進行教學。通過一個學期教學實驗後，即在 2014 年 3 月，課題組負責人又在這些班級做了同樣的問卷調查，令人驚訝的是，實驗班上的學生喜歡畫美術命題畫的比率顯著上升，而非實驗班上的學生喜歡畫美術命題畫的比率明顯下降。所以，中學美術命題畫教學策略創新實踐，通過形式多樣的美術體驗教學，激發了學生的學習興趣，啟動了學生的學習思維，激起了學生學習的熱情，它改變了以往單調乏味，無人響應的課堂氣氛，讓美術課程變成了學生最受歡迎的課程之一。

通過中學美術命題畫教學策略創新實踐，組織學生參加藝術節現場比賽，進行班級作品展，組織市縣繪畫比賽等活動，中學生命題畫創作水準有了明顯提高，今年學校"藝術節書畫現場比賽"學生獲一等獎 10 人，二等獎 27 人，三等獎 38 人。學生參加雙流縣"寫經典畫"創作 1 人獲二等獎；5 人參加雙流縣"中小學生禁毒國畫"創作 1 人獲一等獎，3 人獲二等獎，1 人獲三等獎；5 人參加"法制繪畫"比賽 4 人獲雙流縣一等獎，1 人獲雙流縣二等獎，其中 1 人還獲成都市二等獎。

2.提升了教師的專業素養，提高了教研水準，帶動了課堂教學的優化。

在研究實踐中，課題組教師努力把培訓學習的先進教育思想內化為自己的教育教學理念，轉變為自己的教育行為，昇華為自己的教育教學特色。開展了命題畫靜物寫生想像、泥塑、版畫、剪紙藝術教學實驗，現在學校已把剪紙藝術作為學校藝術教育特色，師生人人參與剪紙藝術創作。在社團活動中開展了法制宣傳、POP 手繪等命題畫創作，通過這些研究和實踐，不但促進學生發展，教師自身的素養也同樣得到提高。課題組負責人今年被評為成都市學科（技能）帶頭人，《雙流報》和雙流縣電視臺分別刊登和播放了他的先進事蹟。課題組教師論文發表或獲獎 16 篇，縣級以上講座 8 次。新教師羅凌由於工作成績突出，被評為"2013 年學校教壇新秀"，2014 年又被推薦為"2014 年縣學科大比武人選"。

3.產生了良好的實踐輻射效應。

（1）以課題研究作抓手，樹立學校良好形象，使美術成為學校特色展示視窗。

近兩年，課題主研學校進行中學美術命題畫教學策略創新研究實踐，取得了較為顯著的成績。學校樹立了良好形象，並先後榮獲"成都市新優質學校""雙流縣教育目標考核一等獎"等榮譽稱號。開展課題研究，學校的美術教育受到了上級和學校領導重視，由於上級的大力支持，學校美術硬體發生顯著變化，美術器材達到省一類標準配備，教師所用的一切材料都是學校購買，學生使用的美術用品，由學校統一購置，每班學生輪流使用，學生上美術課不需帶美術用品，為每一次美術教學的順利實施，做好了物質條件的保障。因此，學校近年來的美術教育成了學校教育教學工作的亮點，成為學校特色教育的展示視窗，吸引了許多學校領導和美術教師參觀學習。

（2）利用課題研究的創新成果，在全縣教師中起到引領作用。

本課題主持人秦樹林，於 2013 年 12 月向全縣中學美術教師推出了一節觀摩課"有趣的靜物畫——手繪線描的創作"。這節課利用多元化的教學策略進行教學，通過引導學生聯想和想像進行作品內容添加，調動學生學習主動性，最後學生創作出的命題畫作品形式豐富，手法多樣，受到了美術教育專家和聽課教師的一致好評。

（3）認真開展美術教學調查研究，形成科學調查報告。

完成了"中學生美術興趣和命題畫創作的相關調查報告"，為美術同行教學改革提供教學參考。

（4）打造課題輻射影響，利用課題研究成果，主研人員秦樹林在四川省美術培訓班和雙流縣美術教研會開設講座，展示課題研究的價值。

2012 年 11 月在四川省中小學美術學科帶頭人培訓班，作《美術微格教學——四項基本任務完成情況》講座。2013 年 3 月在"四川師範大學義務教育美術課程標準與教材採編研討會"，作《我對九義新編教材的看法》的發言。2013 年 5 月 30 日在雙流縣初高中美術研討會，作題為《拓寬美術教學視野，促進自身專業發展》的講座。2014 年 3 月 30 日在雙流縣中學美術教研會，作題為《躬耕課題研究，提升專業素養》的講座。2013 年 4 月 22 日在全校教職工大會上，作《剪紙藝術與現代文明的融合》的發言。2013 年 12 月 2 日在全校教職工大會上，作《強大自己、服務他人》的發言。

（5）積極開展課題研究，提煉教育教學經驗，提升教育理念，擴大課題成果影響。

論文和專著：

《秋實——靜物寫生創作》發表於國家級實驗教學示範中心師範生教學能力實訓系列教材《美術研究型教學》，由四川大學出版社出版。

《中學繪畫創作教學之有效策略》2013年獲"成都市論文比賽"一等獎。

《中學美術命題畫教學策略創新探索》2012年6月獲"成都市第十屆中小學生藝術教育論文"二等獎。同時，獲"雙流縣藝術節論文選拔賽"特等獎。

《開發本土美術資源、拓寬德育滲透管道》2012年4月在"成都市2011年中學德育研究成果評選"中榮獲二等獎。

《手繪——創作一幅有趣的畫》2011年12月教學設計獲雙流縣"新課程、新理念"一等獎。

校本教材及師生命題畫作品：

對本課題進行文獻相關資訊搜集，編輯了5本學習資料。

編輯命題畫校本教材《寫生與創作——有趣的黑白裝飾畫》《剪紙創作入門教程》《剪紙藝術與現代文明的融合》和《學生命題畫作品集》。

二、研究成果說明

《中學美術命題畫教學策略創新研究》課題研究成果主要包括三個方面：一是認識成果；二是技術成果；三是實踐成果。認識成果是本課題成果的靈魂，它對技術成果作理念統領，對實踐成果作方向引領。技術成果是本課題核心成果，它是本課題研究出的美術命題畫創作教學的操作指南，它是本課題推廣應用的具體做法。實踐成果是對認識成果和技術成果的外化形式的具體體現，對本課題繼續深入研究、對外廣泛宣傳起著載體的作用。

課題研究最重要的結果就是要有創新的成果，要有較大的推廣應用價值。創新成果的獲得首要是認識觀念的革新，必須要有創新的認識、創新的思想，才會有創新的實踐探索，才會有本課題研究出的教學策略創新。所以，為了更好地發揮本課題推廣和應用的價值，讓更多的一線美術教師借鑒和使用美術命題畫教學策略，現主要把認識成果和技術成果作如下說明：本課題的認識成果主要體現在對命題畫教學的三個認識創新，即"三個命題畫創新的認識"；成果推廣應用主要是靠技術成果，中學美術命題畫教學研究產生的四個通俗易懂，簡便適用的四個實踐創新，即"四個命題畫教學創新策略"。為了易記、易推廣，簡稱"三認識、四策略"。

（一）三個命題畫創新的認識

1.突破傳統命題畫狹隘的認識，豐富命題畫的概念內涵。

2.打破命題畫千人一面的手法，豐富命題畫的表現形式。

3.攻破命題畫創作思維的禁錮，拓寬命題畫的思維管道。

狹隘的認識要靠我們自己去突破，千人一面的創作手法和機械的創作套路必須打破，才會有新的認識建立、新的策略產生。而對於學生已形成的禁錮、僵化的創作思維，還要靠我們下大力用發散的思維去攻破，才會換來我們對命題畫創作思維的發展，才會探索出適合當今社會發展的新的教學策略。

（二）四個命題畫教學創新策略

1.命題統整化策略，分為命題衍生化和話題歸類化。

（1）命題衍生化，在一個命題下衍生多個小命題，以小見大，緊扣主題。

（2）話題歸類化，用一段話講述主題內容，把相近的立意都歸於同一主題。

2.形式多元化策略，分為構成多元化和手法多樣化。

（1）構成多元化，傳統構圖推陳出新，現代構成相互融合。

（2）手法多樣化，採用多種繪畫表達手法和表現形式進行實踐，學生根據自己愛好和特長選擇適合自己的表現形式和手法，嘗試剪紙、泥塑、版畫、綜合等表現形式，創作出形式多樣的命題作品。

3.內容特色化策略，分為本土特色化和民族特色化。

（1）本土特色化，發現學校及周邊地域具有本土文化特色素材，選取與眾不同的視角內容。

（2）民族特色化，挖掘民族優秀文化元素，繼承和弘揚中國傳統文化精髓，創作具有中國民族特色的命題畫作品。

4.實踐創新化策略，分為材料創新化和創作遞進化。

（1）材料創新化，把相同內容在不同材料上進行命題畫創作實踐，探索不同材料表現出的藝術效果。

（2）創作遞進化，同一內容多次創作，不斷完善形式美的表達。

第一個命題統整化教學策略是用於命題畫構思階段，把大命題變小，在近似的主題中找到與命題立意最為貼合的小主題，打開學生構思空間，多運用聯想和想像讓學生養成創作習慣，自發進行命題畫創作。

　　第二個形式多元化教學策略是教會學生使用和表達作品的形式美感，嘗試多種表現形式，使用多種表現方法，探索出最適合自己的命題畫創作方法，在學會傳統構圖方法後，尋找到最佳的構圖形式，達到作品形式的標新立異。

　　第三個內容特色化教學策略主要是教會學生從本土和民族傳統文化中，挖掘整理出與眾不同的命題畫創作素材，找到具有鮮明特色的命題畫創作內容，讓自己的作品內容獨樹一幟。

　　第四個實踐創新教學策略主要是針對命題畫創作材料和創作所需的教學策略，對命題畫創作材料的創新探索，既是尋求命題畫創作的最基本的材質新穎性，也是為了保證命題創作最後肌理效果的特殊性。命題畫創作教學遞進化策略是對藝術創作的實踐—認識—再實踐理論的具體落實，是對藝術創作不斷追求作品完美的具體表現，是指導學生對作品最後畫龍點睛、聚焦細節、深入刻畫的有效策略。

三、研究成果的應用

　　雙流縣西航港第一初級中學陳龍波老師，於 2014 年春季開始運用本課題的技術成果，在他的學校選了一個班進行實踐形式多元化教學策略。如在教學實驗以前，課堂教學進行命題為"我的家鄉"創作，學生就只會用黑白線描創作，作品的形式大同小異，表現手法單一，2011 年學生參加縣藝術節獲獎也只有 2 人。他參加課題研究後，積極應用課題研究成果，首先採用了中學美術命題畫教學中"多元化教學策略"的實踐，學生在第一階段用剪紙創作，第二階段用版畫創作，第三階段用水墨畫創作，特別是在水墨畫學習中，他讓學生用多種方法進行表現：或水墨，或彩墨，或勾線塗色，或潑墨渲染，或傳統描繪，或現代構成。學習一段時後，學生根據自己的喜好再創作時，作品的表現形式和表現的手法明顯豐富，在今年雙流縣中小學生藝術節上，有 14 位元學生因畫面形式獨特、表現手法新穎在展覽中脫穎而出，獲雙流縣一等獎，該老師於 2014 年 3 月向全縣初中美術教師推出了一節觀摩活動課"手繪線描創作—我的家"。課程中學生用線表現手法多樣：有的用水墨線條表現；有的用鋼筆勾線表現；有的用水粉勾線填色表現；有的用結構表現方法；有的用主觀線條表現。多種表現手法在這節課成功展示，受到聽課教師和教研員的一致認同和讚賞。

雙流縣棠湖中學實驗學校教師曾平，於 2013 年 11 月 28 日在雙流縣西航港二中，參加了雙流縣中學美術教研會，聽了課題主持人秦樹林《中學美術命題畫教學創新研究》的講座後，對課題研究成果中美術命題畫創作"實踐創新策略"最感興趣，於是在本校進行了一學期的實踐探索，教會學生用最喜歡的材質進行中國水墨畫創作。他主要讓學生選擇不同類別、不同質地的紙進行水墨畫創作實踐，生宣、熟宣、白報紙、毛邊紙都可以用來創作，並且對這些紙進行人為處理，用明礬、食鹽、油、茶水，甚至用火燒、熏烤等，探索人為的獨特肌理，創造特殊藝術效果，豐富創作的表現材料，今年學生參加雙流縣中小學生藝術節美術作品展，由於作品使用的材料特殊，表現效果新穎，與命題畫內容有機結合，在展覽時作品效果極好，榮獲集體一等獎。

四、餘論

1.現在雖然大力推進素質教育，但中學生面臨著升學壓力的現實問題。由於學校更重視升學統考學科，中學生課業負擔還比較重，大部分學生在課餘沒有時間進行創作。要全面進行美術課堂教學改革還有一定的難度，美術教師除了美術比賽，還要在平時積極輔導學生，爭取獲獎，但還有很多的美術教師對美術創作教學不夠重視，大部分家長對美術教育的重要性認識很少，對子女學習美術、參加美術比賽也不是很支持，這樣，學生業餘創作的熱情受到影響。所以本課題現在應用的範圍受到諸多限制，但我相信隨著國家教育制度的深入改革，本課題研究成果也將會進一步得到推廣應用。

2.在當前的教育環境下，學生走進美術展覽館的機會不多，欣賞優秀命題畫作品的機會也不多，學生不僅對美術創作審美的標準不明確，而且對評判美術作品優劣的方法也還不太明白，學生的審美能力還較差，評價美術作品的能力還需提高。所以，要大面積的提高學生命題畫創作水準，不僅是要創新美術命題畫教學策略，還要讓學生走進美術館與美術家、畫家面對面交流，並大力提升學生的審美水準。

3.由於本課題組大部分主研人員都是一線教師，美術理論的水準有限，課題深入研究較難，有的教師還不是美術專業教師，教學任務也比較繁重，因此，課題研究的深度還不夠。我們認為課題研究是一個長期的工程，教學實踐也沒有終點，只要有專家的理論指導、畫家的實踐引領，通過我們一線教師堅持不懈的實驗、探索，中學命題畫創作教學一定還會取得更大的成果。

參考文獻：
①教育部.基礎教育課程改革綱要（試行）[S]，2001.
②四川省教育廳.四川省普通高中課程美術學科教學指導意見（試行）[S]，2010.
③張華.課程與教學論[M].上海：上海教育出版社，2000.
④黃甫全.現代課程與教學論[M].北京：人民教育出版社，2011.
⑤陶保平，黃河清.教育調查[M].上海：華東師範大學出版社，2005.
⑥陳榮華.美術課程與教學論[M].長春：東北師範大學出版社，2005.
⑦尹少淳.美術教與學新編[M].北京：高等教育出版社，2009.
⑧尹少淳.走進課堂：美術新課程案例與評析[M].北京：高等教育出版社，2003.
⑨鞏平.美術新課程教學與教師成長[M].北京：中國人民大學出版社，2009.
⑩尹少淳.中小學美術教學論[M].長沙：湖南美術出版社，2012.
⑪教育部基礎教育課程教材專家工作委員會.義務教育美術課程標準（2011年版）解讀[M].北京：北京師範大學出版社，2011.
⑫王大根.中小學美術教學論[M].南京：南京師範大學出版社，2013.
⑬陶旭泉.美術教師培訓理論與實踐[M].成都：四川大學出版社，2012.
⑭李力加.名師如何煉就名課（美術卷）[M].重慶：西南師範大學出版社，2010.
⑮靳玉樂.校本課程開發的理念與策略[M].成都：四川教育出版社，2006.
⑯陳雅玲.怎樣開發利用美術課程資源[M].重慶：西南師範大學出版社，2006.
⑰錢初熹.美術新課程的經驗與展望[J].全球教育展望，2007.
⑱禹曉成.關於課程實施幾個問題的探討——課程實施研究綜述[J].寧夏教育科研，2008.
⑲張學而.高中美術教育存在的問題及改進建議[J].教育導刊，2012.

09 第九章

新課程背景下成都市高中美術校本課程開展情況調查研究

美術課堂問道——美術基礎教育熱點研究

第一節 研究的問題

一、問題的提出

選擇"新課程背景下成都市高中美術校本課程開展情況調查研究"這一課題是有其目的、意義和價值的。

首先，進行美術鑒賞校本課程開發有其必須存在的政策依據。

1.這是新課程改革的需要。在中華人民共和國教育部制訂的《美術課程標准》的第四部分"實施建議"中第 8 項（人民教育出版社 2003 年 4 月第一版，第 16 頁），明確指出了"教師應創造性地使用美術教科書，根據學生、學校和當地的特點對教學內容進行選擇、改變和再創造，靈活利用當地自然和文化資源，積極開發校本課程，增強美術教學與當地自然和文化特色的聯繫"。據此看來，開發美術課程裡的校本課程建設是"有法可依，有法必依"的剛性要求，是每所高級中學、每位高中美術教師都應該積極履行的職責和義務。

2.美術課程自身的特點，為進行校本課程開發提供了空間。美術課程雖然屬於普通高中的非高考科目，本身卻具有很強的人文性質。因而，從某些角度講，課程內容不受應試需要的限制，就有較大的教學選擇空間。另外，課程內容在某些設置上還具有可替代性。教師在教學中可以根據課程目標，有選擇地進行教學內容、教學進度的安排，不受特定教材的限制。例如，主持人季曉歌在自己編寫的校本教材《外國美術的發展》裡講到"教堂建築的特點"時，就通過收集到的成都市周圍一些傳統的教堂建築樣式（金堂縣舒家灣天主教教堂、彭州市白鹿鄉上書院教堂）加以講解說明。經過學生們的自述和教師的引導，從本地的文化資源入手，激發了學生學習的濃厚興趣，進一步提高了課堂學習的效率。

其次，進行美術校本課程的開發的目的、意義和價值在目前的高中美術教育中有以下一些具體的體現：

1.具有進一步全面推行"新課程標準"的實施，切實抓好課堂效益提升的目的。俗話說"教書、育人"，然而"教書"只是手段和過程，"育人"才是教學的最終目的。在高中美術校本課程中，如果能夠很好地利用教師、學校和本地的教學資源、教學優勢，就會最大限度地避免出現那種學生喜愛的教學內容與教材設定內容反差大，教學方法陳舊，缺乏時代感和多樣性的弊病。不僅如此，還可以起到避免教師主觀意圖替代學生興趣、愛好的作用，主動從生活中去學會美、熱愛美，從而切實地提升教學效益，讓學生在美術學習中真正體會快樂，起到學習健康正確的審美觀等作用。

2.具有促進教師專業發展和教學水準提高的價值。無論是編寫教材還是設置校本課程，對於很多習慣了"一本書，一輩子"的美術教師都是一種鍛煉。由於教學內容的增加和教學手段的豐富，就需要教師這個傳授者去更多、更廣地學習美術常識和美術技能。教師自身會在不知不覺中，通過不斷地向學生示範作畫，或者不斷地研究學習，促進自己專業水準的發展，同時進一步提高自己駕馭課堂的能力和課堂學習的效益。

3.具有健全"國家、地方、學校"三級課程管理體制，全面開發課程資源，優化美術教學成果的意義。形象地說：國家級課程管理體制就像單位的領導和統帥，對原則和政策具有宏觀的指導作用；地方課程管理就像中層管理幹部，既要服從上級的指令又要聯繫基層教育的實際；學校課程管理則像是基層員工，全體教職工既要保證國家和地方課程的實施，又要進行校本課程的合理開發。有句俗語叫作"基礎不牢，地動山搖"。從學校的角度來講，作為三級管理體制的最基層，如果能夠踏踏實實地抓好校本課程的開發建設（尤其從美術、音樂這些易於創建特色的非應試科目入手），就會產生由下至上的良性輻射，為更優質、更高效的新課程教學改革提供資源和樣板。從教師的角度來講，只要每位教授"美術鑒賞"課程的老師能夠抓住身邊可以應用的教學資源，利用好教研組、備課組這些基礎的教學平臺，從自己的特點、專業的優勢出發，完全可以開展起適合於本學校、本地區的校本課程。

通過自身的授課實踐，我們還發現從生活與身邊入手的校本課程在開展後，不但極大地調動了學生學習的熱情，拓寬了知識學習的縱橫面，而且讓以往"面目僵硬"的教學模式逐步得以改善，還能夠為學校和自己儲備更多、更好的教學資源，即方便了教學，又有利於教師的個人發展。例如，主持人季曉歌在 2012 年上半年參加四川省中小學名師培訓時，曾被導師要求在較短的時間裡報出省級研究性課題，由於平時一直在進行校本課程的教學實驗，頭腦裡常常裝滿了這樣那樣的思考，口袋裡也慢慢積攢了一些資料，因此自然而然地就報出了美術校本課程類的教研課題，得到了大家的好評。而這些成果的積累，確實離不開校本課程的開發和實驗。

課題組成員在研究中還發現：從 2008 年以來，成都市各高級中學遵從《美術課程標準》的要求，按照市教育局《成都市中小學校本教研實施指導意見》，積極進行校本課程的開發和研究，已經探索並設計出了一批有地方特色與實踐價值的校本課程。例如，課題組在成都市第三中學和成都市青白江大彎中學調研時就發現，根據學校辦學方向的不同（成都三中主要針對美術高等院校升學需求，大彎中學則是普通高中美術教學），兩所學校都設置了具有本校特點並且行之有效的校本課程，通過教學實踐的檢驗，從形式、內容到教學成績都得到了廣大師生的好評。

本課題的選題針對這些已經開設或正準備開設的校本課程進行研究，推廣已有成效的課程設置模式、課堂教學方法，總結改革過程裡的經驗教訓，探討應對策略，為進一步開發課程資源，健全國家、地方、學校三級課程管理制度提供有益的借鑒。同時，本課題的研究還對成都市地方美術課程的開展、美術教學現狀的探究，開展具有針對性的美術教育策略和措施，具有重要的參考價值和實踐意義。

二、本課題研究的意義

（一）本課題研究成果的理論價值

目前在成都市乃至四川省，雖然依據新課程改革的要求，在很多學校已經逐步開設了高中美術校本課程，但一直沒有一個完整而有體系的課程開展情況匯總，以及發現問題、解決問題的研究報告。本課題通過這兩年的調研和實驗，將至少在理論研究上為中小學教育教學改革做出一定程度的貢獻。

1.已完成成都市高中美術校本課程實際開設情況的重點取樣調查統計。課題組成員採用隨堂聽課、實地考察和交流討論等方式重點調研了成都市石室中學、成都市第七中學、成都市樹德中學、成都市大彎中學、成都市第三中學。通過這些目前在成都市具有一定美術校本課程教學特色學校的取樣調查，進行研究和統計。

2.逐步改變教學思維方式，探討新課改背景下高中美術教學的不同模式。以《新課程標準》為依據，課題組成員季曉歌老師在用其自主開發的《外國美術的發展》校本教材授課中，實驗了"學生自主授課"的課堂教學方式；楊鵬達、劉靜、楊瑤老師分別開設了"素描""國畫""彩鉛"等不同於國家教材的校本美術課程教學模組。

3.研究了目前存在於成都市高中美術校本課程裡的問題，並初步形成瞭解決方案。課題組成員發現：成都市目前高中美術的校本課程普遍存在課程設置不合理、課時安排時間偏少、學校重視程度不夠、教學設施不完善、課堂教學品質不高和師資力量缺乏培訓等缺點。課題組結合理論與實踐，提出了以教師特長為發展軸心，以地方學校資源為後盾，以學習、培訓為輔助手段的解決方案。

4.推廣在課題研究中獲得的高中美術教學的優秀校本教材、教學設計、教學個案及成功的課程設置安排。經過課題組全體成員的共同努力，石室中學的高中美術教師已經編寫出七本校本教材，並已實際運用於常規教學中。另外，主持人季曉歌老師的校本課程教學設計"古代希臘藝術簡介"在 2012 年 12 月四川、浙江中小學教學名師課堂交流和 2013 年成都市教師繼續教育常規培訓中得到展示和推廣。

5.促進成都市高中美術教師對新課程改革的理論研究，提升教學科研水準。美術教師群體的特性是樂於使用"畫筆"而不擅長"文字"的研究，通過本課題的研究推廣，能夠進一步激發教師搞好教學科研的熱情，實現以科研促進教學實踐，以教學實踐帶動教學成果的良性迴圈。

6.為成都市在高中美術教學中，學校、地方、國家三級課程設置裡，創新改革的理念和明確價值的取向提供借鑒的理論依據。

（二）本課題研究成果的應用價值

本課題組成員認為：在中學教育科研裡，任何研究的課題必須與教學實踐相結合，才能體現其教研成果的價值。預期在本課題研究結題之後，會在以下六個方面為成都市高中美術校本課程的開展帶來改革效益。

1.以點帶面，促進成都市高中美術校本課程在更多的高級中學裡得到設置和開展。以成都市第七中學（林蔭校區）為例，目前該校已開設有"陶藝""素描""書法""鑒賞""設計"等美術校本課程，是所有成都市重點中學裡開設新課程模組最多的高中學校。像這樣積極探索校本課程建設的學校，本身就是其他學校美術教育學習的視窗，更是成都市中學面向現代教育，不斷成熟和完善發展的標兵，值得每一個願意發展和進取的學校和美術教師去學習、取經。

2.發揮示範作用，有效提升成都市高中美術校本課程的課堂教學品質。課題組成員在調研中深刻體會到，成都市的三所國家級重點高中（石室中學、樹德中學、成都七中）仍然是目前成都市高中美術校本課程中開展的最早、執行的最好的高級中學，尤其在課程設置、校本教材、課堂教學特點這三個方面具有領先和示範的作用。

3.建立規範機制，進一步完善成都市高中美術校本課程中校本教材的編寫質量。通過近幾年的摸索，成都市石室中學的美術教師們已經成功編寫出了《外國美術的發展》《寫給我們的中國美術史提綱》《中國工筆劃》《寫意山水畫》《中學素描（上下）》《彩鉛》這些適合於普通高級中學教學使用的校本教材。也許這種由學校和教師自行編寫的教材會存在一些問題，但至少從形式到內容上都能夠給其他尚未編寫校本教材的高中學校帶來一些啟發與借鑒的作用。

4.提倡特色辦學，在新課程改革裡為美術教學模式多樣化的探索提供第一手的實踐參考。通過這個課題的研究和實踐，每位成員已經發現自己在高中美術領域具有不同的特長，例如：辜敏老師擅長對科研成果的撰寫和提煉；季曉歌老師樂於美術鑒賞的課堂教學；楊鵬達老師善於悉心輔導學生作品等。而在每個學校裡，每一位美術教師善於發揮他的專長就能帶給不同學校以不同的美術教育特色。從長遠發展來看，這個課題的研究成果對於提倡特色辦學也具有重要的現實意義。

5.以本課題研究的科研內容為推手，促進成都市高中美術教師業務能力的提高。本課題研究的內容實質，就是在新課程背景下探索成都市高中美術校本課程目前是一個什麼樣的現狀和以後應該如何開展校本課程的問題。雖然研究成員的水準有限，但通過不斷地調查研究、課堂實踐、實地學習已經把一些先進理論和合理方法融合到教育教學中，相信這些經過實踐檢驗的經驗和方法同樣會對成都市其他美術教師的課堂教學思想、能力、技巧產生影響，促進成都市美術教師業務能力的共同提升。

6.以本課題研究的教學方式為中心，發展學生個性，促進學生進行自主性探究學習。只有提高課堂效率，才能最終收穫教學成果，而不同的教學方式一定會產生不一樣的教學效果。在本課題中，每位元研究成員的教學方式是不太相同的，但教學的出發點卻是一致的，那就是堅決以學生為校本課程教學的中心，積極引導他們發散自己的創造性思維，鼓勵個性，宣導自主性學習，這也是《新課程標准》一再強調的理念。

三、本問題國內外研究的現狀

校本課程的開發和研究早在 20 世紀 90 年代就已經在中國沿海一些發達地區進行了。2007 年上海市中小學二期課改整體試驗總結中提到僅在高中基地學校中開設的校本課程就達 1246 門，可見校本課程的開展在中國並不是一件新鮮事。但是，對於目前作為西部大城市的成都市來講，無論是課程開發還是相關教研活動，高中美術校本課程的開展和研究仍然在全國處於比較落後的地位。

目前關於本課題的研究有以下一些研究觀念：一是政策性的指導比較明確，如在成都市教育局《成都市中小學校本教研實施指導意見》中，提出要從重要意義、基本原則、主要內容、方式方法、制度建設、機制建設、保障措施七個方面對校本課程進行開發和建設；二是已經形成了一定的體系研究和開展建議，如李宗樂、陳實、邱興在《美術校本課程的開發與實施》中，從義務教育階段美術校本課程開發的理念與實施、開發模式、教學設計與教材開發等內容提出了較為全面的建議；三是認為高中美術校本課程研究和開發水準處於探索階段，如劉光志在《普通高中美術校本課程探索探究》中認為"雖然中國美術學者對普通高中美術課程開發進行了廣泛的研究並取得了一定成果，但由於中國普通高中美術校本課程開發的研究起步比較晚，研究水準尚沒有得到整體性的提高"；四是認為高中美術校本課程開展具有一定的必要性，如肖韻伶在《高中美術校本課程的思考》中認為"開發校本美術課程，可以促進學習方式的多樣化，培養美術技能技巧，促進學生的學習生活變得更加豐富多彩"。

本課題組成員通過理論與實踐的結合，傾向研究於第三種、第四種觀念。對高中美術校本課程開展的研究目前在成都市乃至省內外均處於試驗和探索階段。一方面，如果能夠抓住新課程改革的機遇，通過調查、研究，解決成都市高中美術校本課程開展中出現的問題和取得的成果，對於切實搞好以課堂教學為主線，以教材編寫為切入點，以教學科研為輔導的高中美術教學具有十分重要的現實意義和推廣價值；另一方面，課題組成員所在的成都市石室中學作為具有兩千多年悠久歷史的國家級重點中學，具有良好的教學資源和雄厚的師資力量。學校一直嚴格落實教育部門要求，切實抓好高中藝術教育工作，積極開展學生素質的全面發展（兩校區共有 40 多個學生社團，為四川省之最）。通過每一學期的學生自主打分的"課堂評價"調查可以發現：長期以來，高中美術課程一直是石室中學學生最喜愛、開展得比較成功的藝術學習科目之一。例如，在 2013—2014 年石室中學全體教師的課堂測評中，美術備課組再一次成為全校平均分最高的備課組，這在強調升學率，一切以高考科目為重心的國家級示範高中裡並不多見。所以，自新課程改革以來，如何更好地利用本校、本地的傳統優勢，發展校本課程，使之與美術教育改革相結合一直是學校和美術教師們想探索的領域。

通過以上的調查研究，課題組成員認為"以石室中學一線教師為主進行的這項課題研究，既有必要性也有可行性"。

四、相關概念界定

（一）普通高中美術新課程改革

課題組是這樣解讀"新課程改革"的：新課程改革是在改變原有"教學大綱"的基礎上應運而生的，是國際教育改革趨勢和中國新時代教育需要的結合。在高中美術課程改革中，除了強調美術學科具有的人文性質以外，還有兩個內容是基礎的：一是學生和教師地位的改變，要將學生從"要我學"變成"我要學"，要求教學中體現主體地位的是學生，而將教師轉變為引導者，而且是一個適應時代要求的"能畫""能講""能寫"的學者型教師；二是課程設置與內容的改變，要求實現現代教育的多元化、個性化及評價體系的多層次化。

（二）高中校本美術課程

本課題組認為：高中校本美術課程是以本地區、本學校的美術課程資源為基礎，以學校、美術教師、學生為學習主體，以學習審美理論、發展學生美術特長為目的而開發的富有個性化和多樣性的美術課程，一般包括課程設置和教材編寫兩大組成部分，在當前高中新課程改革中具有十分重要的價值和意義。四川省與成都市作為全國最後一批進入新課程改革的省市，可以說是"先天不足"。而在整個中國西部地區教育本身就落後於東部沿海地區的現狀下，研究地位不如語文、數學、外語等高考學科的美術學科及美術校本課程的開展確實有其特殊的現實意義。

第二節 研究的路徑

一、研究思路

（一）基本思路

針對本課題要研究的問題，課題組成員共同遵循以《美術課程標準》為基本精神、《成都市中小學校本教研實施指導意見》為指導意見，在實施國家課程、地方課程和學校課程的前提下，從基礎教育和國家課程改革的實際出發，本著實事求是、科學可行的原則，以成都市現已開展校本課程的高中學校為調查研究平台，提出對成都市高中美術校本課程開展情況的改革方案。課題組成員均為一線教師或對教學科研有資深研究的專業教研員，既對高中美術教學工作積累了大量的實踐經驗，又對校本教材的編寫具有一定的研究能力，還對課題本身具有強烈的責任感和使命感。在新課程改革的背景下，對於在成都市如何開展高中美術校本課程，怎樣使校本課程得到更好、更有效地開展，為教育改革和為中小學美術課堂教學服務貢獻一份微薄的力量。

（二）主要觀念

自從 2008 年四川省實施新課程改革以來，"校本課程"這一觀念早已深入成都市美術教研領域。然而，由於傳統應試教育的根深蒂固和新課程改革尚處於試驗摸索階段，很多學校並未能真正做到有效地開發、開展高中美術校本課程。面對這種情況，本課題組成員本著求實認真的態度，以胡錦濤同志的"科學發展觀"為主要研究觀念，調查研究成都市高中美術校本課程的實際開展情況，嘗試去發現問題，進而去解決問題。

胡錦濤在共產黨的十七大中指出："科學發展觀第一要義是發展，核心是以人為本，基本要求是全面協調可持續性，根本方法是統籌兼顧。"因此，對於成都市的高中美術校本課程開展情況，第一應該是向前看，發展以《美術課程標準》為指導的多樣化教學模式，核心是以人為本，一切為教學服務，要研發有可持續性的校本課程，根本方法就是從實際出發，以實施《全日制普通高級中學課程計畫》為主線，建設校本課程為輔線，構建立體的高中美術教育模式。

二、研究方法

這裡包含兩個方面的內容，一個是技術路線，一個是研究策略。

（一）技術路線

本課題組成員通過三個方面實施了問題的研究。

1.在策略上比較明確。

①以國家政策為方向指導，以專家引領為研究指南。課題組堅持以《美術課程標準》和《成都市中小學校本教研實施指導意見》為方向和指南進行研究，並

榮幸地邀請到四川師範大學教授陶旭泉、石室中學校長田間、四川省教科所美術教研員馮恩旭、成都市美術教研員辜敏等業內翹楚作為專家進行指導。

②以成都市普通高中為平臺，成都石室中學為起點，點面結合進行研究。課題組成員均為一線教師且大部分在石室中學高中工作，這樣便於全體成員對研究工作進行分工合作。石室中學在成都市屬於一流的國家公辦高中，具有優質的教育教學資源，這樣的起點也便於課題的開展和深入推進。

③以實事求是為調查原則，以科學發展為研究精神。在本課題的研究中，以胡錦濤同志的"科學發展觀"為主要觀念的前提下，研究成員每一次調研都是實地考察，每一次探索都是深入課堂、學生中去開展活動，保證了資料和研究的真實性和科學性。

④以為教育教學服務為宗旨，以課程實施為依託。本課題是教育科研課題，課題組成員全部為教育行業人員，因而無論是研究問題、發現問題還是解決問題，都能做到以教育教學服務為出發點去進行思考和實驗。

⑤以課堂教學為主線，以體現教學效益為目標。校本教學的課堂既是教師的主陣地，又是體現教師教學水準和教學效果的視窗。在調查研究中，課題組成員始終把如何提高課堂內的學習效益、提升學生學習興趣、完善教學技能、改善教學環節這些問題看作最需要解決的核心。

⑥以學生為學習主體，以教學評價為評判手段。從實施"新課程標準"以來，課題組的美術教師們無論是在鑒賞課裡的講述還是在技法實踐課裡的示範中，始終強調學生的主體地位，宣導學生主動學習、探索，教師只作為引導者在校本課程的課堂中出現。在教學評價環節中，課題組每位教師都能放手讓學生自評、互評，最後再由教師進行綜合評議，形成最後的教學成績。

2.在途徑上從四個方面入手。

①用業已證明行之有效的教育教學理論與實踐調查相結合。按照尹少淳先生關於美術新課程標準的解讀，課題組成員在調研中依據"使學生形成基本的美術素質，激發學生學習美術的興趣，在廣泛的文化情境中認識美術，培養創新精神和解決問題的能力，為促進學生發展而進行評價。"這樣先進、有效的教學理論去評判美術校本課程的建設，並努力通過聽課、評課和上課這樣不同形式的課堂實踐來進行研究和改革。

②通過與"四川省中小學名師計畫""石室中學校本教材"這些正在進行中

的教研項目結合，促進本課題研究過程的計劃性、科學性。課題主持人季曉歌老師在成為四川省"中小學教學名師後備人選"之後，積極學習先進理論，把自己在校本課程裡的實驗課程"古代希臘藝術簡介"帶到這個"名師計畫"之中，分別於 2012 年 12 月和 2013 年 3 月在浙江省嘉興市、四川省成都市展示了這一堂校本課程，得到了同行的好評。

③拓展多樣化的研究思路，構建創新型調研方式。在校本課題研究中，除了聽課、上課、編寫教材、輔導學生這些常規的調研手段之外，我們還鼓勵每個研究成員創新思維，大膽實踐不同於傳統的調查方式。例如，課題組成員季曉歌老師與劉靜老師雖然同在一個年級用自編的《外國美術的發展》教材上課，卻由於教學年齡的差別（一個有十九年，一個是四年），對課堂教學有不同的認識和看法。於是兩位成員就從自己的教學角度出發，以如何提高"有效教學"為題，合作撰寫了一篇《關於"鑒賞"教學中"有效性提問"的探索》的論文。由於形式和結構的新穎，且具有一定的實效性，獲得了成都市 2013～2014 年度教師論文比賽的一等獎。

④課題組成員在進行該項研究時，立足成都市石室中學、成都市教科院這些優質的教學單位和權威的教育科研機構，面向成都市高中美術教學新課程改革現狀這個整體，做到了有備而來、有的放矢，不搞假大空的花架子，認真踏實地完成調查，保證了研究的嚴謹性。

3.完成本課題研究所必要的保障措施，已獲得了四個方面的有力支持。

①獲得政策支持。本課題研究離不開四川省教育廳、成都市教育局、成都市石室中學等教育教學主管單位的高度重視，四川省教科所、成都市教科院、四川師大教師培訓中心等教研指導機構的大力支持。

②研究成員得到保障。本課題組成員均為身處一線的教學崗位或權威的教研指導機構，具有比較深厚的教學水準和教研經驗。

③研究經費得到保障。成都市石室中學為此次課題研究提供比較充足的調查、研究經費，保障課題研究工作的順利進行。

④研究資源比較充分。成都市石室中學正在試驗校本課程的開發，成都市已開展高中美術校本課程的學校與本課題組成員同屬美術學科業務交流、教學科研的範疇。

（二）研究策略

在本課題的科研活動中，課題組成員採取了以下研究方法進行探索：

①以理論研究美術校本課程開展為指導，以應用研究如何開展美術校本課程為主體。課題組認為，沒有《美術課程標準》為指導的成都市校本課程開發會缺乏方向性和界定，而沒有應用研究的探索和實際課程開展的實驗則會讓美術這種需要動手操作的學科流於形式，從而失去研究和討論的意義。

②以定量分析成都市高中美術校本課程開展的實際情況與定性分析成都市高中美術校本課程怎樣評價相結合，堅持兩者並重的基本原則。簡單地說，通過調查研究，大致分析出成都市的高中美術課程目前有多少學校組織開展有校本課程，就是定量分析。而成都市目前已經開展有高中美術校本課程的學校，在開發和開展這門學科時是一種什麼樣的情況（包含有課程設置、教學情況、師資力量、教學設施等）就是定性分析。

③以局部研究成都市高中美術校本課程開展情況與整體研究成都市高中美術校本課程發展方向相結合，以個案分析美術校本課程開展中出現的問題與綜合分析美術校本課程裡為什麼會出現這樣的問題相結合。沒有個案和實例的調查研究，在教學實踐中是無法分析得失對錯的，更無法改正錯誤或推廣經驗。

④本課題研究採取了調查研究法、反思研究法、比較研究法、個案研究法、分析法、實驗法、文獻法、經驗總結法、成果展示法、應用推廣法等方法進行研究。這些研究方法的具體運用將會在報告的"過程"與"成果"部分加以闡釋。

三、研究的創新點

主要表現在以下三個方面：

1.從 2008 年成都市高級中學實施《美術課程標準》以來，校本課程的建設雖然在很多學校正得到開展和落實，但關於全市高中美術校本課程開展情況的研究尚未有一個全面且有系統的調研。因此，本課題具有一定的原創性。相對於沿海一些教育發達地區來講，無論是課程開發還是相關的教研活動，改變目前成都市高中美術校本課程在全國處於比較落後地位的現狀，是每一位高中美術教師責無旁貸的責任。表 9-1 是課題組在成都市三所公立的國家級示範高中在美術校本課程開發方面進行的一項調查。

表 9-1 成都市三所國家級示範高中美術校本課程開發調查表

學校	校本課程開設	校本教材編寫
成都樹德中學（光華校區）	正逐步開設課程，包含有"當代藝術介紹""剪紙""彩泥"等內容	正在籌備編寫
成都七中（林蔭校區）	已常規開設課程，包含有"國畫""篆刻""油畫""版畫"等內容	正在籌備編寫
成都石室中學（文廟、北湖校區）	已常規開設課程，包含有"中外美術發展""國畫"（花鳥、山水）、"素描"（初級、中級）、"彩鉛"等內容	全部編寫完成，2014年5月已印製七本

從表 9-1 所呈現的調查資訊中，我們可以看出，儘管作為國家級示範高中，又是成都市公立高中的龍頭學校，在進入新課程改革的頭幾個年頭裡，至少在開發和設置高中美術類課程上還遠遠沒有達到"新課程標準"的要求。大部分學校基本就只是依據國家教材（即人教版和人美版的教材）進行刻板式的授課。有的學校雖然已經設有多門校本課程，卻還沒有編寫課程中必不可少的校本教材，實際把校本課程變成了學生的美術興趣小組，也就是我們常說的"第二課堂"。這些現狀對於正在實施中的美術課程改革不能不說是一個很大的遺憾，確實需要我們在今後的高中美術教育工作中去提高和改進。

2.課題組成員通過兩年的調查研究，已經基本瞭解成都市目前高中美術校本課程實際開設情況，將會在下文"研究的過程"中對由此產生的對策，以及對以後的校本課程美術教學具有的影響，加以詳細的闡述。相信這樣的對策與以往的模式和方法相比也會具有一定的創新性。

3.課題組成員通過課程設置、課堂改革與教材編寫，經過歷時兩年的努力摸索，已經新開設了四門全新的校本課程，編寫出來七本高中美術校本教材。相信這樣的探索和實驗也會對今後的成都市高中美術教學工作具有發散新思維、挖掘新資源和改變教學模式的啟發作用。

四、研究的過程

本課題研究週期從 2012 年 4 月至 2014 年 5 月，課題的主體研究一共分為三個階段。

（一）準備試點階段（2012 年 4 月—2013 年 3 月）

準備試點階段主要完成了以下六方面的研究工作：

1.成立課題研究工作組，確定課題組主持人及參加研究成員，對課題進行論證，確立研究方向，並收集、整理、學習有關理論研究。在這一階段，明確了研究申報的課題為《新課程背景下成都市高中美術校本課程開展情況調查研究》，主持人為季曉歌，主要研究人員有辜敏、楊鵬達、楊瑤、劉靜。每位課題組成員都做了大量細緻有效的工作準備，通過反復研讀教育部頒發的《普通高中美術課程標準》，用從網路下載期刊文章、圖書館查閱重要資料等形式，學習、討論教育專家尹少淳、朱慕菊等已經證明行之有效的教育理論的方式，在研究思路、資料搜集和人員配備等幾方面做好了開展工作的準備。

2.課題組成員外出培訓、交流，並選派季曉歌老師赴新課程改革先進地區學習先進經驗，同時展示校本課程研究的探索成績。在這一階段，課題組成員積極參加四川省和成都市的教師培訓。成員們分別參加了成都市教科院組織的"陶藝""剪紙""木刻"校本課程技能教學培訓，四川師範大學組織的"四川省中小學教學名師"培訓等市省級培訓活動。季曉歌老師還遠赴沿海教育發達地區，參加了"江浙粵川名師後備人選教學交流"活動，並在浙江嘉興稚川中學展示了"古代希臘藝術簡介"的校本課程教學，獲得了教育界同行的好評。

3.經四川省教育廳、四川省教科所批准，本課題正式申報立項成功，成為四川省中小學名師課題（川教函〔2012〕901號）。2012年12月28日，四川省教育廳正式發文，將《新課程背景下成都市高中美術校本課程開展情況調查研究》確定為省級名師課題。

4.舉行"新課程背景下成都市高中美術校本課程開展情況調查研究"課題開題報告會，邀請指導專家答疑解惑，為課題組指明研究路徑和研究策略。

①2013年3月29日，課題組於成都市石室中學文廟校區正式開題，並舉辦開題報告會。與會人員除了全體課題組成員之外，還邀請到了四川師範大學陶旭泉教授、四川省教科所美術教研員馮恩旭先生、成都市美術教研員辜敏女士、石室中學校長田間、石室中學校長助理徐銳等教育教學專家進行指導。（圖9-1）

②會議由徐銳助理主持，季曉歌、楊鵬達分別作了課題的《開題報告》和《工作報告》，得到大家的肯定。其間，田間校長、陶旭泉教授、辜敏老師、馮恩旭老師分別作了指導和發言，提出了對課題的期望、要求和計畫的改進意見。

5.課題組成員進行工作分配，並開始編寫三本石室中學高中美術校本教材。在此階段，課題組舉行了分工合作，明確了由季曉歌全面負責課題推進，辜敏負

圖 9-1 課題組在成都市石室中學舉行開題報告會

責搜集、整理、提供成都市有特色的高中美術課程資訊，其他成員在各自改革教學方式、改變教學方法的基礎上配合全組的研究工作。由季曉歌、楊瑤、劉靜三位研究成員率先進行石室中學高中美術校本教材的實驗性編寫（《外國美術的發展》《寫意山水畫》《中國工筆劃》）。

6.課題組成員分別在石室中學文廟、北湖兩個校區開設"鑒賞""繪畫"模塊中的校本課程，進行課程實驗（"外國美術史"課程和"中國畫"課程）。其中，季曉歌老師在文廟校區高二年級講授"鑒賞"內容的"外國美術的發展"課程，教材、教具、教案和課件等教學資源均由教師自行準備。劉靜、楊瑤老師分別在北湖校區高一年級講授"繪畫"內容的《寫意山水畫》和《中國工筆劃》，教材、教具、教案和課件等教學資源均由教師自行準備。其餘課題組成員做好協助工作，包括課程的設置與安排、教學資料的收集、教學方式的改進、教學資源的儲備、學生情況的調查和教學評價的回饋等。

（二）全面研究階段（2013 年 3 月—2013 年 12 月）

全面研究階段主要完成了以下四方面的研究工作：

1.課題組外出調查統計成都市部分高中美術校本課程開展情況，並通過重點取樣、問卷調查，以及聽課、評課、討論交流等形式重點考察了成都市一些具有藝術特色和美術教育特點的學校。在此階段，課題組成員進行成都市部分中學的實地調研，走訪了十多所高中學校，從課堂教學、教學設施、課程設置、學生情況和師資力量等方面調查，瞭解不同學校在開展高中校本課程時的不同情況。下面是在藝術特色學校進行的重點取樣的研究活動。

成都市第三中學：該校為成都市和四川省藝術特色學校。同成都市大部分普通高中相比，其辦學方向主要是為高等藝術院校提供升學資源，包含有美術、音樂、舞蹈、主持、播音等藝術專業學習科目。其中，美術教育是其最主要的教學內容和教育特色，在校高中學生近 1000 多人，其中 70%都是美術高考生。課題組的主要研究活動是旁聽了一節普通中學美術國家課程（初中二年級），課題為《漫畫》，參觀考察了美術課程教學設置、美術專業畫室、部分高中學生美術作品，並與該校高中美術教師進行了座談交流，邀請藝術處陳曉松主任為全組成員作了美術教學情況簡介的報告。課題組成員在調研時發現：該校教學多媒體設施完備，擁有兩棟教學大樓和十間以上的專業美術畫室；只在初中階段開設有國家普通中學美術課程，高中全部採用校本課程，並開設有"國畫""版畫""泥塑""鑒賞"等選修課程，暫時使用一套不太成熟的校本教材；高中美術教師在編的只有八名，其餘五至八名教師全部採用了外聘的形式；使用校本課程教學後的高考成績斐然，學生在 2013 年本科錄取人數已突破 200 多人。

成都市第七中學（林蔭校區）：該校為國家級示範高中，成都市一流公辦學校，四川省藝術特色學校，是成都市普通高中的優質辦學典範，高考升學率常年居於市內中學前兩位。課題組的主要研究活動是旁聽了四節高中美術課程（全部為校本課程），內容分別為"書法""鑒賞""設計""素描"，考察了美術課程教學設置、美術專業教室、部分高中學生美術作品，還觀摩了學生的美術創作活動，與該校高中美術教師進行了課程改革的座談交流，邀請該校陳帥老師為全組成員作了美術教學情況簡介的報告。課題組成員在調研時發現：成都七中在高中美術教育上是率先進行新課程改革的重點中學之一，目前只在高二年級開設有美術課程，除了"美術鑒賞"部分為國家課程外，還開設了"設計""素描""山水畫""書法""陶藝"等校本課程；教學多媒體設施完備，教學用具、學生材料由學校統一提供，擁有四間專用美術教室；校本教學內容均由教師自行設定，沒有規範和統一的校本教材；高中美術教師在編只有一名，其餘四位教師採用外聘的形式；使用校本課程教學後，學生學習美術課程興趣提高，教學效果反映良好，近幾年在成都市中小學學生藝術節上均有學生獲得一等獎。

　　成都市樹德中學（光華校區）：該校為國家級示範高中，成都市一流公辦學校，四川省藝術特色學校。是成都市普通高中的優質辦學典範，高考升學率常年居於市內中學前兩位。課題組的主要研究活動是旁聽了一節高中美術校本課程（高二年級），題目為《現代書法——單字印象》，參觀考察了美術課程教學設置、美術專業教室和部分高中學生美術作品，與該校高中美術教師進行了課程改革的座談交流，邀請該校文峰老師為全組成員作了美術教學情況簡介的報告。課題組成員在調研時發現：成都樹德中學在高中美術教育上正在進行新課程改革，目前在高一、二年級均開設有美術課程，除了"美術鑒賞"部分為國家課程外，正在準備開設"剪紙""中國結""彩泥""書法"等都是校本課程；教學多媒體設施完備，教學用具、學生材料由教師和學生自行準備，擁有三間專用美術教室；校本教學內容均由教師自行設定，沒有規範和統一的校本教材；高中美術教師在編有兩名，暫無外聘教師；使用校本課程教學後，學生學習美術課程興趣提高，教學效果反映良好，近幾年在成都市中小學學生藝術節上均有學生獲得一等獎。

　　成都市青白江大彎中學：該校為國家級示範高中，四川省藝術特色學校，注重校園文化建設和美術教育，是成都市比較有美術辦學特色的高中學校之一。課題組的主要研究活動是旁聽了一節高中美術校本課程（高二年級），課題為"橡皮圖章"，參觀考察了美術課程教學設置、美術專業教室、部分高中學生美術作品，與該校高中美術教師進行了課程改革的座談交流，邀請青白江美術教研員黃小明老師和該校羅筱萍老師為全組成員作了美術教學情況簡介的報告。課題組成員在調研時發現：成都青白江大彎中學在高中美術教育上正在進行新課程改革，目前在高一、二年級均開設有美術課程，除了"美術鑒賞"部分為國家課程外，正在準備開設"手工""設計"等校本課程；教學多媒體設施完備，教學用具、學生材料由教師和學生自行準備，擁有兩間專用美術教室；校本教學內容均由教師自行設定，沒有規範和統一的校本教材；高中美術教師在編有三名，暫無外聘教師；使用校本課程教學後，學生學習美術課程興趣提高，教學效果反映良好，近幾年在成都市中小學學生藝術節上均有學生獲得一等獎。

　　2.課題組成員繼續編寫四本石室中學高中美術校本教材。在此階段，小結已經在編的三本校本教材的成果，提出進一步的改進計畫：季曉歌與劉靜、楊鵬達與王洪軍、楊鵬達與楊瑤等幾位研究成員繼續進行石室中學高中美術校本教材的實驗性編寫（《寫給我們的中國美術發展史》《中學素描》《彩色鉛筆畫》）。

課題組成員分別在石室中學文廟、北湖兩個校區全面開展高中美術校本課程實驗（"外國美術史"課程、"中國美術史"課程、"中學素描"課程、"彩色鉛筆畫"課程）。其中，季曉歌、劉靜老師在文廟校區高一、二年級講授有"鑒賞"內容的"外國美術的發展""中國美術史"，並推出學生"自主授課"的教學模式，制訂出學生"自我評價"的課堂評價表格，教材、教具和教案、課件等教學資源均由教師自行準備；楊鵬達、楊瑤老師分別在北湖校區高二、高一年級講授有"繪畫"內容的"中學素描"和"彩色鉛筆畫"，教材、教具和教案、課件等教學資源均由教師自行準備；其餘課題組成員做好協助工作，包括課程的設置與安排、教學資料的收集、教學方式的改進、教學資源的儲備、學生情況的調查和教學評價的回饋等。

3.課題組成員楊瑤老師和季曉歌老師完成了校本課程公開課在石室中學和成都市美術教師教研會上的展示、交流。在此階段，課題組成員楊瑤老師以自編校本課程《中國龍》參加成都市 2012—2013 年度美術教師課堂競賽，獲一等獎；課題組成員季曉歌老師在 2013 年 3 月於石室中學北湖校區舉行的"2013 年成都市美術欣賞課教學研討活動"中，展示校本教材中"古代希臘藝術簡介"一節，獲得與會師生的高度評價。

4.由課題組成員季曉歌、楊鵬達、楊瑤老師撰寫，以校本課程內容為探討方向的論文參加成都市美術教師論文比賽，進行經驗交流。其中，季曉歌老師以名師課題為契機，以正在實驗的高中美術校本課程"外國美術的發展"為內容，撰寫出了《臨淵羨魚，不如退而結網─高中美術鑒賞教學中校本課程開發初探》一文，獲得成都市中小學教師論文比賽一等獎。楊鵬達老師以課題研究為契機，以正在實驗的"中學素描"高中美術校本課程為內容，撰寫出了《新課改之素描行》一文，獲成都市中小學教師論文比賽一等獎。楊瑤老師以課題研究為契機，以正在實驗的高中美術校本課程"中國工筆劃"為內容，撰寫出了《論新課改環境下高中美術課教學評價》一文，獲得成都市中小學教師論文比賽一等獎。

（三）總結推廣階段（2013 年 12 月—2014 年 4 月）

該階段在匯總以前調查研究的基礎上，主要是提煉成果，提出解決問題的方法、途徑，請教專家釋疑，並進行總結和推廣。

1.全部石室中學高中美術校本教材編寫完畢（共七本），並印刷出書，由課題組成員在校本課程教學中使用。在編寫的過程中，全體課題組成員秉承以下四點作為教材的撰寫宗旨：以課程改革為背景；以《美術課程標準》為根本指南；以為課堂教學服務為基本出發點；與生活和時代聯繫、將學生和學校作為知識學習的連結點，不斷地聽課、議課，注重學習情況的回饋，在實踐運用中去發現教材存在的問題，並做出進一步的完善和修正。

2.課題組成員劉靜老師完成校本課程的校內公開課《漢代畫像磚》，並進行展示、交流。根據課題組編寫的校本教材《寫給我們的中國美術史》的內容，劉靜老師在校內公開展示了《漢代畫像磚》一課，獲得師生的一致好評。

3.課題組成員結合石室中學的學生藝術節舉辦校本課程教學成果展覽。課題組成員分別結合 2013 年、2014 年成都市兩屆中小學學生藝術節，在校內舉辦了校本課程的教學成果展覽。其中包含有校本課程教師業績和教學特色介紹；校本教材展示；學生"鑒賞"作業，"素描"課堂習作及創作作品展覽。這兩次展覽，共收集了學生作品近 400 多件，製作展板 30 多塊，展示了教學改革在校本課程中的成就，獲得了領導和師生的好評。

4.研究出成都市高中美術校本課程開展中出現問題的解決方法、實施途徑，總結、整理、彙編研究成果並匯總成為《結題報告》，2014 年 5 月在四川師範大學舉行"名師專項課題"結題活動時進行彙報和推廣。在此期間，季曉歌老師將代表全體課題組成員作關於"新課程背景下成都市高中美術校本課程情況調查研究"的《結題報告》，並從課題價值、理論層面和實踐運用等多個方面去論證課題研究成果，使之能夠推廣到成都市乃至四川省的高中美術教育教學領域。

第三節 研究的成果

一、研究成果的呈現

經過兩年多的調查研究與課堂實踐，在全體課題組成員的共同努力下，關於"新課程背景下成都市高中美術校本課程開展情況調查研究"這一課題，已經取得了一定的研究成果，現將主要成果匯總如下。

（一）課程設置

課程設置是校本課程能夠開展的必要前提條件，通過研究，課題組探討了成都市部分高中美術校本課程設置中的問題並提出了一些改進建議。

這裡本身就存在兩個問題，一是到目前為止，成都市仍然有一部分高中未能按照新課改的要求，在《美術課程標準》的指導下開設校本課程。主要原因有學校領導不夠重視、教學設施或場地有限、師資力量不足等，所以這一部分未能開設校本課程的學校就談不上如何進行課程設置的問題。二是通過課題組的調查研究發現，目前已經開設有高中美術校本課程的學校，因為尚處於探索階段，所以課程的設置也是五花八門，缺乏科學性與合理性。

結合表 9-2 的調查資訊和實際體驗，課題組成員認為有以下兩個關於課程設置的問題需要改革。第一，規範性差。雖然名為"校本課程"，實際很多學校仍然把課程當作課改以前的"第二課堂"，課程安排隨意性很大，平時經常以"活動""開會"等名目任意取消、減少。還有的看來似乎門類很多，其實一些學校在只有一個年級開設美術課程的情況下，總課時是無法達到《美術課程標準》所要求的 54 個學時的。第二，課時安排不合理。除了成都三中因為有大量美術高考

表 9-2 成都市部分高中美術校本課程設置表

學　校	校本開設課程	校本教材編寫
成都樹德中學（光華校區）	正逐步開設課程，包含有"當代藝術介紹""剪紙""彩泥"等內容	正在籌備編寫
成　都　七　中（林蔭校區）	已常規開設課程，包含有"國畫""篆刻""油畫""版畫"等內容	正在籌備編寫
成都石室中學（文廟、北湖校區）	已常規開設課程，包含有"中外美術發展""國畫"（花鳥、山水）、"素描"（初級、中級）、"彩鉛"等內容	全部編寫完成，2014年5月已印製七本

生，所以將專業學習的課時安排到 80 分鐘至 120 分鐘之外，其餘學校的校本課程課時都是傳統的 40 分鐘。美術作品的創作是有其自身規律的，大多數時候都需要一個"構思—草稿—創作—修改—完成"的過程。課題組成員在調研時多次發現這樣的現象：一節 40 分鐘的課程，理論知識講解有 10 分鐘，教師示範有 5 至 10 分鐘，輪到學生動手作畫的時間只有 20 分鐘。很多學生往往在構思、草稿以後剛剛動筆，下課鈴聲就已經響起（尤其在國畫、素描等需要準備材料且創作作品時間較長的門類中更為常見），實際上這堂課程的學習要求就沒有完成，教學效果也

打了折扣。

對於這樣在美術校本課程設置中出現的問題，課題組提出了這樣的建議：注重課程設置的規範性和學時要求的嚴謹性。

首先，學校應將校本課程設置列入正式的課表安排。其次，是嚴格比照《課程標準》的要求，學習一個模組必須修滿 18 個學時，學生至少修滿 54 個學時才能獲得結業成績。石室中學課題組的美術教師們在這個方面已經做了一些實驗性的探索。

從表 9-3 可以看出，石室中學的高中美術校本課程設置已經採取與國家課程結合的形式，規範、科學地進入了全校正式的課程安排之中。而在以後的教學中，只要條件允許，課題組教師還將嘗試開設"油畫""攝影""電腦設計"等美術校本課程。目前開設的這些學習內容是石室中學的美術教師們在盡可能多地實驗不同的教學內容和方法，通過校本課程的開設去促進高中學生美術學習效果的全面提高，最終找到最適合本校師生共同發展的美術教學課程。在與其他學科

表9-3 成都市石室中學（北湖校區）2012—2013年美術課程設置表

年級	授課教師	授課內容（模塊）	課程屬性
高一	楊瑤	美術鑑賞	人美社國家課程
	楊鵬達	外國美術發展	校 本 課 程
高二	楊瑤	中國畫·工筆	校 本 課 程
	楊鵬達	中學素描（上）	校 本 課 程
	王洪軍	中學素描（下）	校 本 課 程

相協調的前提下，盡可能地將美術課學時安排為 80 分鐘以上。也就是說，在普通高中的課時每節只有 40 分鐘的情況下，爭取將兩節美術課排在一個上下相鄰的時段裡，由教師在這常規兩節課共 80 分鐘的時間裡統一授課。課題主持人季曉歌老師在作為全國美術課程實驗基地的深圳中學，已經瞭解到這樣的美術課程學時安排。因為遵循了學科學習的規律，合理安排了創作時間，深圳中學美術課堂（學習內容基本全是教師自編的校本課程）的學生學習效果和學習成績都得到了相應的提高。

其次，課題組成員認為只有發揮教師特長，才能做到校本課程設置與專業所長相結合。

從以上兩個關於"課程設置"的表格中我們還能看出，目前的成都市高中美術教學，"多開"美術學習門類甚於"開好"美術學習門類。課題組成員通過對不同學校的課程調研後認為這是一個值得商榷的地方：自從實施新課程改革以來，很多學校和美術教師按照課程標準裡"開齊、開足"幾大模組的要求，努力地爭取"多種經營"，希望能夠"遍地開花"，結果往往事倍功半。既沒有搞出自己美術教學的特色，又把課程設置推入了一個接一個無止境的所謂"創新"之中。教師雖有"貴為人師"的義務和責任，但畢竟是個有血有肉的普通人，不可能也不應該是一種無所不能的"完人"。大部分美術教師在高校本科學習期間，往往都是在學業的最後兩年才進行專業的方向性學習，進行諸如國畫、油畫、設計等專門訓練。這樣的學習既有針對性也難免會有局限性。因而，當新課程標準要求美術課程盡力開足、開齊五大系列、九個模組的教學內容時，如何優質、高效地完成其中的教學任務，是擺在這些進行過專項學習而對其他美術類別不太熟悉的美術教師們面前的現實問題。石室中學的美術教師們在開設美術校本課程時採用的辦法是：發揮教師所擅長的美術專業，盡可能地從自身優勢出發，量體裁衣，調動主觀能動性，開設與此相關的校本課程。比如，表 9-3 中"課程設置表"裡的楊瑤老師所學專業為國畫，楊鵬達、王洪軍兩位老師所學專業為油畫，根據他們的實際情況就分別開設了國畫的工筆，素描的初級、中級等繪畫課程。季曉歌老師所學專業雖為工藝設計，但對美術發展史有一定的研究，就專門開設了"美術的發展"這門鑒賞類課程。通過這兩年的教學實驗來看，這樣的方式既能發揮教師所長，又符合《美術課程標準》的要求，還能為學生們帶來更多的美術技能和美學常識，受到了師生們的喜愛，取得了一定的教學成果。

最後，課題組成員認為每位進行校本課程改革的美術教師都應該適應時代要求，將學生需求與地域特色相結合。

這裡面包含著兩個意思，一是教學的主體永遠都是學生，學生的需要就是教育者永遠研究的主題。21 世紀已是網路化、資訊化的時代，我們應該從實際出發，考慮到學生的審美要求、審美能力和時代特點去正確地進行引導。二是無論時代怎麼更新變革，各個地區、民族、學校都應該傳承好自己固有的優良文化傳統和文化特色。美術校本課程的設置如果不能夠及時地與時代特徵、審美時尚，或者地域文化特點相結合，就必然會陷入教條、空洞的理論說教中，更不能體現本學科具有的人文主義性質。比如，課題組大多數成員所在的成都市石室中學，既是千年古校,又是園林式綠化單位,校內樹木蔥蘢,花草繁多。課題組劉靜老師在校本課程《中國畫·山水》裡關於樹木畫法的教學環節設置中,就有意識地選取了本校校園現有的樹木形態,然後根據這個學生身邊隨時可以觀察的物象總結特點,最後引導出來"鹿角畫法"這一傳統的國畫表現技法。同樣,楊鵬達老師在設置《中學素描》課程時,在講到物體的透視表現手法這個環節的時候,也採用了石室中學仿漢代特色的建築進行說明。這樣的一些方式和方法,由於源自生活、發自身邊,會讓學生在學習中感同身受,既增加了學生的學習興趣,提高了學習效益,又注重了傳統文化的教育和繼承,保持了本校、本地的文化特色。

正是因為有了這樣課程設置的研究體驗與探索的背景,課題組的季曉歌老師在課題開展的前期就已經通過自己的思考和總結,在成都市 2013 年美術教師教研活動中設計並主講了《臨淵羨魚,不如退而結網——高中美術鑒賞教學中校本課程開發初探》的講座,獲得了與會美術教師們的好評。楊鵬達老師也根據自己的切身體會寫出了《取捨黑與白,得失明和暗——高中美術課改之素描行》這樣有關校本課程、探討課程特色設置的論文,並獲得了成都市 2013 年美術教師論文比賽的一等獎。

(二)教材的編寫

校本教材的編寫是校本課程得以規範和有序開展的必要前提。如果缺乏較為成型的校本教材作為課程支撐,無論是課堂教學還是教學評價都會缺少科學性和延續性。通過這兩年的調研,課題組成員在高中美術校本教材的甄選和編寫上都取得了顯著的成績。同時,也發現了成都市部分高中美術校本課程教材編寫中出現的問題並提出改進的建議。

目前大多數高中學校的美術校本課程基本沒有被編寫成書。在本課題的研究工作中,課題組成員先後重點考察了成都市第三中學、成都市第七中學、成都樹德中學、成都市青白江大彎中學的高中美術課程。這些學校均為四川省藝術特色學校或國家級示範高中,在成都市教育界既有一定的代表性,也有一定的影響力。但是非常遺憾的是沒有看到一本已經正式編寫出書的校本教材。有些地方學校通過收集、整理資料的方法也搞了一些所謂的"校本教材",但因為沒有完整、系統的教育理念及規範、合理的教學進度,實際上其內容也不過是"美術興趣小組"的延展或"師生作品集"而已,無法構建完整的課堂教學。而更多學校的課程教授都是通過教師自己收集資料或根據教學經驗現場授課,這樣教學效果和教學目標自然會受到影響。因此，課題組認為校本課程裡教材的缺少，確實是目前高中美術校本課程裡最大的問題。

　　2.根據課題組成員編寫教材的一些不太成熟的經驗，我們提出了一些教材編寫的建議與改進方法。

　　（1）遵循新課標要求，保障國家教材的授課內容。從根本上看，校本課程不過是豐富了教學手段，拓展了教學思維或改變了一些授課方式，任何學校或個人都無權擅自更改國家課程（《美術課程標準》）所指出的教學理念和基本要求。比如，以課題主持人季曉歌老師編寫的石室中學美術校本教材《外國美術的發展》為例，書中雖然加入了大量與時代和學生相關的新鮮元素，但卻是嚴格按照《美術課程標準》中關於"鑒賞"模組的要求，以時間為順序，紮紮實實地講述了"外國美術史"的主要內容。從最早"文明的起源""古埃及、古希臘美術"開始，到中期的"中世紀美術""文藝復興美術"，至近現代的"19世紀歐洲美術""19—20世紀現代美術"，每一個教學章節均遵循新課標要求，以傳授美學常識、引導正確審美觀為理念，對學習的主體進行全方位的教育。其實相對於正統的國家教材來說，校本教材的編寫有點像做一部歷史題材的電影，同樣的主題思想和情節內容，需要不同的導演（學校和教師）去設計不同的表現手法和演出橋段，但最終的主題思想和價值觀的確立卻是不能任意改變的。圖9-2《外國美術的發展》一書的教材目錄可以很好地說明這一點。

　　（2）體現教學特色，編寫不同於其他教材的教學內容。簡單地說，就是在編寫時從地域文化或本校特色出發，能讓閱讀者一眼就能分辨出這是本地區或本校的自編教材，而並非其他地區或其他學校的自編教材，要有自身顯著的特色。在這方面，課題組也做了一些嘗試，但做得不夠完美，還缺乏一定的深度，需要在以後的工作裡去進行改良。在此舉例談談我們的一些做法。

　　①處處以本校作為依託，強調教材與學習者的歸屬感。

　　學校是每個教師和在校學生每天工作與生活的基本場所，課題組成員認為在校本教材裡，我們每位美術教師應儘量使用"學校與學生"這個最近的本位載體在教材裡進行示範說明，起到課堂與生活交融，理論與實踐聯繫的作用，在實際授課時確實收到了良好的教學效果。課題組楊瑤老師在校本教材《彩色鉛筆·植物篇》裡就很好地運用了這些身邊的元素，增強了學生學習的興趣。在教學開始

目錄

外國美術的發展（20課時）

　　我們為什麼而學
　　人類的童年——史前美術與古埃及美術
　　在大河的兩側——古代丙河流域美術與古印度美術
　　優美和典雅的起源——古代希臘美術
　　嚴謹和實用的形式——古代羅馬美術
　　信仰與神權的世界——中世紀的美術發展
　　理性和科學的視窗——歐洲文藝復興藝術
　　瑰麗多彩的風景線——17、18世紀的歐洲美術
　　眼花繚亂的萬花筒——從新古典主義到印象主義
　　不同國度的文化美——18、19世紀的英國與俄羅斯美術

附錄
　1. "外國美術發展"學習自測題。
　2. 學生課外自學參考書目。
　3. 石室中學學生美術鑑賞學習心得一覽。
後記

> 　本書以《普通高中美術新課程標準》為根據，以立足石室中學為依托，為我校教師自編的校本教材。全書共分為三部分，第一部分為鑑賞類，即《美術的發展》（含《外國美術發展》《中國美術發展》），第二部分為新課程實驗類，即《中國畫》（含《中國工筆劃》《寫意山水畫》《創意素描》《生活與素描》《中級素描學習》）

圖 9-2 石室中學美術校本教材《外國美術的發展》目錄

的環節裡，她有意識地選取了石室中學校園中常見的"圖書館+銀杏樹"這樣的景物，引導了學生的注意力，進而推出"如何繪製彩色銀杏葉"這一教學主題。

②除了設置嚴謹的教學內容以外，也可以設計一些有特色的教學活動。

在校本教材的編寫過程中，經過討論和實踐，課題組發現將一些既與時代關聯又與學生興趣結合的教學活動放入每一課的教學環節裡會收到意想不到的教學效果。我們覺得，經典的美術作品確實有其值得傳承的諸多優點，但作為一個現代教育者如果只是停留在照本宣科地"背誦"課程的層面，就會真的把那些已經離我們時代有幾百年乃至上千年的美術作品鑑賞成了"老古董"。校本教材由

教師編寫，其中有一個重要的優勢就是可以發揮每位教師的主觀能動性，在充分領會原有作品技法和內涵精髓的前提下，可以變"古"為"新"。例如，為了改變有些教材古板生硬的面貌，激發學生作為教學主體的學習熱情，在《外國美術的發展》裡，從第一課開始至最後一課，季曉歌老師設計了"小貼士""一起討論""思考與探索""看看，說說""策劃活動""'我'的聲音"等教學環節與活動。經過實際授課時學生的教學反應和課後的教學評價可以看出，這樣的設計豐富了課堂內容，引導了學生的學習興趣，切實地提高了教學的課堂效益。

③校本教材編寫與科研活動聯繫起來，促進教師業務能力的提高。

編寫一本教材，對很多習慣了拿畫筆而不是簽字筆的美術教師來講本身就不是一件容易的事情，更何況這個校本教材還要深入淺出，既要有新課程精神，又要有自身特點，再加上資料收集、圖文編輯的工作，有時難免會顯得繁重和枯燥，所以確實在實踐過程裡出現了不少困難。大多數教師和學生一樣只是普通人，除了物質上的獎勵之外，在具體工作中需要一些精神層面的動力。於是課題組想到用教學科研這樣與教師切身利益掛鉤的東西來促進教材的編寫工作。課題組所在的石室中學美術備課組兩個校區共有 5 位教師，除了一位教師因為教務工作太繁重無法分身之外，其餘教師共同參加了正在彙報的這個科研課題，而這個課題又有意識地選取了"校本課程"這樣一個主題，還專門請到了成都市美術教研員辛敏老師這樣的專家來為老師們做指導工作。通過能使教師們收穫教學、科研"雙贏"的安排，不但增強了教師編寫教材的積極性，提高了校本教材的編寫品質，還能夠使教材的編寫、使用、回饋、評價與課題做到真正的互動，極大地促進了教材使用的實用性與科學性，做到教學與科研的良性迴圈。

④對校本教材編寫的收穫與反思。

首先是過程雖然不易，收穫卻是巨大，保證了石室中學高中美術校本課程教學的規範性和持續性。令課題組教師們自豪的是：在石室中學所有學科的校本教材編寫中（包括語數外等高考科目），美術學科的教材既是數量最多，也是質量最高的。課題組從 2012 年開始，經過兩年多認真地工作研究，在組內全體教師的努力下，已經撰寫了七本高中美術的校本教材，分別是《寫給我們的中國美術發展史》（主編季曉歌、劉靜）《外國美術的發展》（主編季曉歌）《中國工筆畫》（主編楊瑤）《中學素描》（分為上下兩冊，主編楊鵬達、王洪軍）《寫意山水畫》（主編劉靜）《彩色鉛筆畫》（主編楊鵬達、楊瑤），這些教材目前已經由石室中學陸續實驗性地使用在課堂教學之中。

從學校和教師教學的角度來講，完善了三級教育體制中重要的一環，極大地豐富了校本資源的建設；從學生學習情況的反映來看，表現出易於接受，學習興趣高漲，促進教學成績的提升的特點；從教師的主體發展來說，實施"以教促研"，"教"與"研"共同進步的學術風氣在美術備課組已經初步形成。不但在"四川省中小學名師課題"這樣的科研課題中佔有一席之地，而且還進入了石室中學另一項省級課題，即《基於網路環境的教學資源庫在高中學科教學中的優化應用研究》（中國教育學會十一五規劃課題，編號23，已於2013年結題，獲得四川省第五屆普教教學成果獎）。

第二是由於水準有限，可以改進的地方還很多。在研究了已經編寫好的全部教材後，課題組成員發現了這樣一些問題需要在以後的工作裡改進。

首先，課程偏多，課本太厚。前者體現在急於完成新課程改革的"開足、開齊"的要求，在兩年時間裡寫出來七本教材，難免會出現美術門類過多，學生對知識的學習難於消化的弊病。其次，是教材編寫經驗不足，如《寫給我們的中國美術史》一書有近160頁，想介紹的美術內容太多，卻造成了積壓內容的沉重感，這對於本已經負擔過重的教學對象—當代中學生們，顯然不是一件好事。還有些教學環節設計不太科學，需要改進。比較明顯的例子主要體現在"課後作業"環節的設計上：一是檢測題目過於籠統，教學針對性需要提高；二是評價標準不太清晰，容易導致評價的客觀性與準確性混亂。美術作為一門學科，雖然具有人文性質，但也需要進行等級的測評，這樣才能取得知識、技能的固化。在這方面，課題組的編寫人員在考慮作業題目的有效性、作品完成的時間要求和技法的檢驗測試方法等方面都需要做進一步的改進。（圖9-3～圖9-9）

成都石室中學高中美術校本教材一覽（編寫者均為課題組成員），包括《寫給我們的中國美術史》（主編季曉歌、劉靜，石室中學）、《外國美術的發展》（主編季曉歌，石室中學）、《中國工筆劃》（主編楊瑤，石室中學）、《中學素描》（上）（主編楊鵬達，石室中學）、《中學素描》（下）（主編王洪軍，石室中學）、《寫意山水畫》（主編劉靜，石室中學）、《彩色鉛筆畫》（主編楊鵬達、楊瑤，石室中學）。

（三）課堂教學的實踐與收穫

課題組認為課堂教學是教師向學生傳授知識和技能的重要過程，再好的校本課程理念沒有經過課堂的實踐檢驗，都不能稱其為合格的地方課程。在本課題的研究過程中，課題組成員積極探索和實踐，依託石室中學這個基本的平臺，在過去的幾年時間裡進行了高中美術校本課程的實驗性教學。課題組將這一教學方式的探索稱為"積極引導，自主學習"模式。"積極引導"自然是指教師應該發揮

圖 9-3《寫給我們的中國美術史》封面

圖 9-4《外國美術的发展》封面

圖 9-5《中國工筆劃》封面

圖 9-6《中學素描》（上）封面

圖 9-7《中學素描》（下）封面

圖 9-8《寫意山水畫》封面

圖 9-9《彩色鉛筆劃》封面

應有的知識、技能與價值觀的傳授和鑒別作用，"自主學習"則是指在課堂教學裡應該充分體現學生為主體的學習形式與學習內容。下面我們將通過課題主持人季曉歌老師在高中美術校本課程（《新課程標準》"鑒賞"學習領域）中實際的運用為例，來進一步闡述課題組教師在美術校本課程中是如何進行"積極引導，自主學習"的，這一不同於以往傳統教學模式的探索。

1.季曉歌老師在美術"鑒賞"校本課程中關於"積極引導，自主學習"的教學實驗。

（1）教學流程與傳統方式不相同。在當前的教學課題研究工作中，季曉歌老師一般是按照圖9-10的步驟進行準備和授課的。

從以上流程圖中可以看出，行課的程式一般分為三個大的步驟：

第一步驟是在教師確定課題以後（在確定課題時教師一般只是確定大的主題範圍，允許學生在此範圍裡按照美術學科的範疇，根據自己的喜好自由命名講課題目。教師這樣做的目的，是想在《課程標準》的框架內盡力不去束縛學生思維的延展，讓他們用自己的頭腦去探索和思考）。其中，教師按照常規的中學備課流程進行備課、准備課件，學生由美術課代表將全班分為三個大組，每組選出

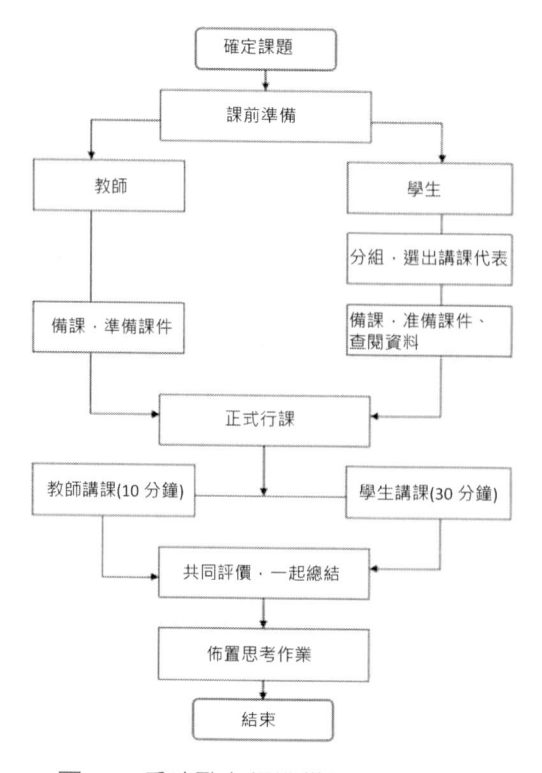

圖 9-10 季曉歌老師準備及授課流程圖

1~2 位講課代表，並提前一周做好講課的準備（准備課件、上網查詢資料、收集實物等）。教師這樣設置的目的，是基於成都市高中一般班級人數有 60~65 人的情況，如果每個學生都講一個課題，顯然不符合實際情況，因而採取了這種"代表式"的講課方法。全國著名的中學美術教育專家房尚昆先生，曾向四川省美術教師們介紹過他在深圳中學的做法，即全班每位同學都要講述同一個課題，製作同一個內容的課件。課題組成員在實踐中認為這種模式不太符合成都市石室中學的實際情況，因而啟用自己的方法，大膽進行了革新。

緊接著便進入第二步驟，即"正式行課"環節。其中，先由三個大組的學生代表面向全班一共授課 30 分鐘，然後再由教師根據同一主題授課 10 分鐘。這裡包含了這三層的教學設想：規範學生的講課時間，便於課程的順利進行；將大部分授課時間留給學生讓他們自己思考和講解，尊重了學生的主體地位，給了他們充分說出自己美術鑒賞觀念的機會；最後 10 分鐘教師的授課則是根據《美術課程標准》的要求，將應該傳授和必須學會的美術鑒賞知識、技能向學生們進行強調，鼓勵正確的美術價值觀，指出有失偏頗的看法和認識，做好正確的價值、觀念的指引作用。

第三步驟包括"共同評價，一起總結"和"佈置作業"。前者由教師和學生共同評價打分（各佔 50%，具體方式將在本節後面的"石室中學美術校本課程實踐心得"中做出詳細介紹），教師進行小結；後者在留出課後作業時，儘量以思考、活動或收集、整理作品、查閱資料為主，目的是在不過多增加額外負擔的前提下訓練學生的思考、鑒別能力。

（2）既要尊重學生主體地位，又要發揮教師的引導作用。課題組成員們曾經共同研究過這樣一堂以學生為主體，用自主授課方式開展的"鑒賞"課程。

附："美術鑒賞"校本課程授課實例

［要求］：課題由教師指定，學生可以在主題不變的情況下自擬題目，講授自己感興趣的美術鑒賞內容。全班分為三個大組，每個課題每組每次出一位同學代表全組同學講課，課件和文稿由學生自己準備，講課成績由教師和組長共同評價打分。學生講課時間為 10~30 分鐘，教師講課時間為 10 分鐘。

［課題］：義大利文藝復興美術

[授課班級]：石室中學 2014 級 12 班

[授課方式]：師生共同講課

課例一：《曠世奇才——米開朗基羅》

教學過程簡錄

授課者：女生甲

1. 視頻引入："米開朗基羅故事"

2. 揭示課題，講授內容

（1）米開朗基羅生平簡述：生平、個性、藝術特色

（2）米開朗基羅作品簡介：西斯廷教堂壁畫《創世紀》→教堂壁畫繪製前後對比及壁畫全貌介紹

（3）概述並舉例： 　《大洪水》　　　　《先知伊其爾》　　　《德爾菲》
　　　　　　　　　　　↓　　　　　　　　　↓　　　　　　　　↓
　　　　　　　（人物眾多，構圖嚴謹）　（動態出色）　　（色彩飽滿）
　　　　　《原罪與逐出樂園》　　　　　　　《創造夏娃》
　　　　　　　　　↓　　　　　　　　　　　　　↓
　　　　　（通過動態、眼神等局部分析造型特點）

（4）重點講解：《創造亞當》→從全貌到局部進行剖析

（5）遐想：《創造亞當》→人類大腦的輪廓形狀

3. 總結：米開朗基羅藝術作品的特點是整體造型巨集偉，具有男子的陽剛美。

4. 教師評價：該同學講課內容主題鮮明，教學設計完整，課件製作精美，語言表達流利，重點突出，是一堂努力求實的美術知識鑑賞課。遺憾的是授課時主要側重於壁畫作品而忽略了雕刻的作品和藝術特點，在與主題呼應方面還不夠完整。

課例二：《文藝復興時期的四位代表人物：米開朗基羅、達·芬奇、拉斐爾、多納泰羅》

教學過程簡錄

授課者：男生乙

1. 動漫作品畫面引入："忍者神龜"

2. 揭示課題，講授內容

（1）"忍者神龜"的傳說：與四位大師同名的四個"忍者神龜"的故事與形象介紹

（2）四個"神龜"與四位藝術家的對比：

①神龜"LEO" + 達·芬奇（重點講解）

A. 個性對比和生平介紹

B. 達·芬奇作品介紹：《最後的晚餐》→三組人物造型，即"普通青年""文藝青年""2B青年"，《岩間聖母》→神秘的人物手勢構成了畫面

C. 分析特點：構圖嚴謹、完美，人物表情刻畫生動

②神龜"DON" + 多納泰羅（略講）

A. 個性對比和生平介紹

B. 多納泰羅作品《大衛》介紹

C. 分析特點：注重姿態，造型寫實

③神龜"MIKE" + 米開朗基羅（略講）

A. 個性對比和生平介紹

B. 米開朗基羅作品《大衛》介紹

C. 分析特點：略帶誇張的雄壯男性美

④神龜"RAPH" + 拉斐爾（略講）

A. 個性對比和生平介紹

B. 拉斐爾作品《西斯廷聖母》介紹

C. 分析特點：構圖穩定，主題突出

3. 總結：從四個烏龜與四位藝術家的分析比較，引出藝術家和藝術作品都需要科學和個性的結合。

4. 教師評價：該同學講課內容主題突出，課件製作精美，在講述中經過自己的獨立思考並得出了結論。視角新穎獨特，過程生動流暢，很好地調動了聽課同學們的學習興趣，是一堂具有生活和時代感的美術鑒賞課。不足之處是與其他同學的互動交流還稍顯不夠。

在看完以上學生授課的教學過程簡要記錄後，大多數人都不難發現一些優缺點。比如，課堂內容充滿了時代感，教學環節往往具有意想不到的新意，教學重點的劃分有些模糊，美術學科的知識特點還比較薄弱等。然而，課題組成員認為：無論是優點還是缺點都是在校本課程探索過程中必然會出現的問題，只要教

師們作為"授業"者能夠在校本課程的實踐中主動去思考和實驗，一起去研討可以總結些什麼，發現些什麼，又或者可以檢驗出什麼，還有什麼方法可以再創新，總會在自己耕耘的課堂內外有所收穫。綜合以上課例不難看出，在校本課程學習中將"積極"的教師"引導"與真正全面的學生"自主學習"結合起來，才能收穫有趣、有益、有效的既充滿科學探索精神，又不失人文本色的美術課堂。

2.石室中學美術校本課程的實踐心得。

經過課題組成員在校本課程裡關於"積極引導，自主學習"模式的實踐和認真總結，得出了這樣一些實踐心得。

（1）傳統的教學方式決不能全盤否定，新課程改革以來，出現了很多不同於以往的教學新思維，並帶來了一些新的教學方法和方式，但通過實際的課堂教學檢驗，課題組仍然認為不能簡單地否定傳統的"講"與"授"的教學方式。課題組所認為的傳統課堂教學方式，就是指在以尊重學生為教學主體的前提下，教師依然要充分擔當起傳道、授業、解惑的角色，而不是在一堂美術鑒賞課裡只是先充當一個視頻的放映員，然後組織全班學生講課的一個簡單的課程管理者。教師如果以實施《美術課程標準》為藉口，把自己教書的主陣地全部交給學生，任其在學習過程裡自然摸索，我們認為這是偷懶和沒有責任心的表現。這樣做的一個結果除了使教學效率不高、教學品質下降之外，還會使學生感受不到教師傳授知識的魅力，影響教師的權威和感召力，進而影響教學效果的實際實施。在實踐過程裡，課題組教師也曾經嘗試過完全由學生來組織和評價的校本課程課堂，結果發現由於缺乏合理的疏導，過程容易混亂，結果就是南轅北轍。季曉歌老師在實驗"外國美術的發展"鑒賞課程時發現，學生在講課時主題不到位（有的學生只講自己感興趣的東西，出現了美食、旅遊、遊戲等這些與美術學科知識聯繫不大，甚至完全沒有聯繫的主題與內容），重點不夠突出，如有位學生在講"文藝復興美術"中的畫家達·芬奇時，大談藝術家的逸聞趣事，卻忽略了他在美術史上的貢獻和作品特點，教學評價不能體現學習的目的和評價的公正性（居然出現了學生們相互打"人情分"的現象）。楊鵬達老師在實驗校本課程"中學素描"時同樣發現：技法教學課堂中教師的引導作用是絕對必要的。沒有教師的指導，一些學生迷失了學習方向（有的學生可以把"寫實"的人物臆畫成"寫意"的動漫），一些學生找不到學習的重點（有的學生對物像外在"光影"的刻畫超過了對形體內在"結構"的認識），更不用說課堂紀律的渙散進而導致教學正常程式無法進行了。從某種意義來講，這種完全"放羊式"的授課方式確實輕鬆了教師，解放了學生，但不會帶來應有的教學效果，對於一個學科的基礎知識傳授來說是不嚴謹、不認真的。所以，教師在實施《美術課程標準》並及時轉變教學觀念的同時，仍然要在校本課程裡扮演傳、幫、帶、講的重要角色，仍然要當好一堂課的總導演，而不能簡單地只是去跑龍套。

（2）實施新的教學方法能夠促進教學效果的提升，這樣的說法與上面提到的要在教學中保留一些傳統的教學方式並不矛盾。通過在美術校本課程實驗的"積極引導，自主學習"模式可以發現，所謂新的教學方法是指在《課程標準》的指導下對課堂學習方式採取以學生為主體，師生共同探索，運用自主學習、互助學習、引導學習和多樣化評價等方法的新型學習方式，是相對於以往那種單純由教師授課、學生聽講"滿堂灌"式的方法而言的。尤其普通高中的美術學科，由於本身具有人文性和不受高考應試的限制，在改變教學方式後確實受益匪淺。在課題組教師一節 40 分鐘的校本課堂裡，一般包含有"教師"和"學生"兩個方面的教學方法的改進，前者注重在課堂的開頭和結尾進行組織教學和美術知識與技能的總結（教師教學側重點在於提升學習興趣，引導學生的積極思考和實踐，而不是生硬地教導學生應該"怎麼做"），後者注重在課堂學習中以主人翁的姿態進行主動探索和思考（在教學過程裡尊重學生的話語權，使學生充分感受到發表自己看法的重要性和必要性，從而能動地發揮出學生們自主學習的潛力和保障學習興趣的延展性）。以"鑒賞"課程為例，季曉歌老師發現，以前在一節鑒賞課裡主要依靠教師講解授課，40 分鐘的課堂最多就只能有 5、6 個學生能夠起來回答問題，教學互動的效果不佳，不能夠帶動全體學生共同思索，在校本課堂裡實施分組學習，這樣就幾乎調動了所有學生主動參與的積極性。校本教材具有國家教材無法觸及的地方特點和符合校情的優勢，其課程的設置具有靈活安排、優化資源的特點，隨著課程的開發，教學方式也變得豐富多彩，教學內容的"面貌"也變得不再生硬和古板，學生在主動參與中得到了滿足，感受到了快樂，進而促進了學習效率的提高和教學效果的提升。

（3）校本課程的實踐會帶來多元化的教學評價方式，正是因為實施了校本課程的開發，教學評價的方式也做出了積極的改變。在課題組教師的校本課程教學中,教學的評價不再是以往單純依靠教材、教參作為標準答案的模式,這就改變了學生作業千篇一律,教師評價一成不變的現象。

表 9-4 是課題組自己設計的一個"美術鑑賞課堂評價表"。

注:本組講課者授課時,本組組長不能給本組打分,科代表獨立給 3 個組打分。

評價標準:

課題正確	結構完整,詳略得當 10 分
美術知識準確	講述過程生動、流利 20 分
課件製作精美	完成態度認真 20 分

表 9-4 成都石室中學·美術鑑賞課堂評價表

班級	組別	組長	講課者	課題	得分（滿分50分）
	1組				
	2組				
	3組				
科代表打分（滿分50分）	1組		2組		3組

通過以上的表格可以看出,學生在鑑賞課堂學習時在"評價標準"（包括有課題、美術知識、課件三個方面）的指引下,授課的同學相互評分,其評分結果佔課堂成績的 50%,教師評分同樣為 50%,兩者相加為學生的平時成績。在兩學年的實踐中,課題組感覺這樣的評價方式既改變了以前教師主觀領導課堂評價的方式,豐富了評價的層次與寬度,又尊重了學生的主體地位。即使學生成績有了民主和多元化的評價格局,又能夠保證教師在指導美術知識、技能、價值觀方面的正確導向,受到了學生的好評,也收到了不錯的課堂教學回饋。同樣,在非鑑賞類的美術校本課程教學中,全組教師根據《成都市美術學科模組教學標準及評價手冊》,從學校和地區的實際情況出發,制訂了"學生成績評價表"（表 9-5）,從而完善了整個美術學科校本課程的評價結構。

而正是由於有了這樣多元化的評價方式，不但讓課堂效益得到了有效的保障，學生學習的熱情得以釋放，而且使學生的學習效果得到了顯著提高。

3.通過課題的開展和研究獲得的成就顯著。

在課題研究的幾年中，通過全體成員的不懈努力，已經取得一些成績。

一是正在進行研究的教師發展方面，課題組成員季曉歌老師，在 2012 年獲得"四川省中小學教學名師後備人選"稱號，在 2013 年獲得成都市美術專業委員

表 9-5 成都石室中學·非鑒賞類美術課程學生成績評價表

姓名			性別		班級		模塊	
出勤情況	時間							
	情況							

		得分	優	良	中	差
學習過程記錄（30）分	1.平時作業完成情況(平時作業平均成績)10分		10—8	7—5	4—2	1—0
	2.美術學習能力（賞析、表現；收集整理能力；合作能力）5分		5	4—3	3—2	1—0
	3.學習態度（認真程度；材料準備情況；清潔整理的情況）10分		10—8	7—5	4—2	1—0
	4.情感、價值觀5分		5	4—3	3—2	1—0

注：△遲到，○請假，×曠課

理論基礎測試（20分）	
連線題（8分）	
選擇題（12分）	
作品呈現（50分）	
題目	

會"優秀工作者"稱號，2012 年 10 月在成都市"市級中學骨幹教師培訓"中展示自編的校本課程"古代希臘藝術簡介"一課，2012 年 12 月以自編的校本課程"古代希臘藝術簡介"一課赴浙江嘉興進行省級交流，2013 年 3 月論文《臨淵羨魚，不如退而結網——高中美術校本課程初探》獲得 2012—2013 年度成都市一等獎、成都市"石室中學學術年會"論文一等獎，論文《關於鑒賞教學中"有效性提問"的探索》（與劉靜老師合作完成）獲得 2013—2014 年度成都市一等獎，2013 年 3 月在石室中學北湖校區面向全市美術教師展示校本課程"古代希臘藝術簡介"一課，2013 年 3 月在成都市美術教師繼續教育活動中主講了《高中校本課程研究》講座，2013 年 4 月在青羊區美術教師教研活動中主講了《做一個幸福的美術教師》講座，被成都市教科院聘為成都市 2012 年、2013 年、2014 年教師論文比賽主評委，以及成都市 2013—2014 年度中小學美術教師課堂競賽主評委，2014 年入選四川省中小學科研專家庫，指導的學生美術作品分別在成都市 2012—2013 年度獲得"成都市中小學藝術節"一、二等獎；課題組成員辜敏老師，在 2014 年被成都市教育局評為"未來教育家"榮譽稱號（美術學科唯一一名）。課題組成員楊鵬達老師，在 2013 年獲得成都市美術專業委員會"優秀工作者"稱號，指導楊瑤老師參加 2013 年度"成都市美術教師課堂競賽"獲得"指導教師獎"，關於校本課程改革的論文《取捨黑與白，得失明和暗——高中美術課改之素描行》獲得成都市一等獎、"石室中學學術年會"一等獎，被成都市教科院聘為成都市 2012 年、2013 年、2014 年教師論文比賽主評委，以及成都市 2013—2014 年度中小學美術教師課堂競賽主評委，2014 年入選四川省中小學科研專家庫，指導的學生美術作品分別在成都市 2012—2013 年度獲得"成都市中小學藝術節"一、二等獎。課題組成員楊瑤老師以校本課程《中國龍》一課獲得 2013 年度"成都市美術教師課堂競賽"一等獎，論文《做一份美味的"1+2"夾心餅乾——對新課改環境下的普通高中美術必修模組與選修模組的一些思考》獲得成都市 2012—2013 年度一等獎，指導的學生美術作品分別在成都市 2012—2013 年度獲得成都市中小學藝術節一、二等獎。課題組成員劉靜老師，創作的作品《山寨春色》在 2012 年成都市中小學廉政文化進校園書畫作品（教師組）中獲得二等獎，校本課程論文《人文精神在高中美術欣賞課中的體現》獲得成都市 2012—2013 年度二等獎，校本課程論文《關於鑒賞教學中"有效性提問"的探索》（與季曉歌老師合作完成）獲得 2013—2014 年度一等獎，並於 2014 年 3 月在校內公開展示了自編的校本課程"漢代畫像磚"一課，獲得一致好評，在 2012 年第二屆成都市學生"寫經典·畫經典"中獲得"優秀指導教師獎"，指導的學生美術作品分別在成都市 2012—2013 年度獲得成都市中小學藝術節一、二等獎。

二是在課題組教師的帶領下，校本課程裡的學生在 2012—2013 年度學習中取得的成績方面：學生何純雨、安可分別創作的美術作品《楊震卻金》《廉政》在"成都市廉政文化進校園"書畫活動中獲得一等獎；學生樊捷舟創作的美術作品《山水》在"成都市廉政文化進校園"書畫活動中獲得一等獎；學生陳愛曉創作的書法作品在"成都市廉政文化進校園"書畫活動中獲得二等獎；學生王悰栗創作的書法作品在第二屆成都市學生"寫經典·畫經典"活動中獲得一等獎；學生沈緣督、雷辛分別創作的攝影作品《嚮往非洲》《午後陽光》，在"天翼飛揚·陽光少年校園系列活動中"分別獲得一、二等獎；學生鄭月皓創作的美術作品《遊龍驚夢》、學生潘艾翊創作的美術作品《曦下嫣然》、學生楊霈原創作的美術作品《金魚的歌》和學生冷莎創作的美術作品《暗香》在"成都市中小學生藝術節"中獲得二等獎；學生李三三創作的美術作品《春色花中家》、學生何雨倩創作的美術作品《祖孫情》、學生馮月創作的美術作品《花動一山秋色》在"成都市中小學生藝術節"中獲得三等獎；學生廖天創作的美術作品《一場友誼賽》在"成都市中小學生藝術節"中獲得一等獎；學生劉思貝、餘俊良分別創作的篆刻作品《處其後》《天道酬勤》在"成都市中小學生藝術節"中獲得一等獎。

二、研究成果說明

課題組成員認為"新課程背景下成都市高中美術校本課程開展情況的調查研究"既是一個覆蓋面較廣、牽涉線路較多，又是一個理論性和實踐性都很強的課題。鑒於水準有限，組內教師的研究只能說在以成都市部分重點中學為基礎的情況下，做出一些初級的調查，完成了一些探索性的工作。一方面基本完成了研究任務；另一方面也出現了很多值得課題組成員反思的問題。

課題組在課題開題成功並開展進行研究工作後發現，由於教師的職業所限（組內四人為一線教師，一人為教研員），調查研究的實際時間受到很大的限制。教師們平常課程安排較多，而且由於學校教育的特點，週末兩天根本無法利用，基本上兩周才有一個下午的時間能夠保證全組成員前往某校進行考察。這在客觀上對調研的品質尤其是調查的廣度產生了不小的影響，致使一些在成都市周邊具有特色的鄉村學校的高中美術課程樣本無法採集，這不能不說是一個缺憾。
從研究的深度來說，校本課程雖然是國家三級教育體制中最基層的一級，但卻可能是最有地方特色的一個層次，因而課題組在全面挖掘美術資源，體現成都市的地方特色方面還做得不夠。當然，目前成都市高級中學裡幾乎沒有一所學校有完整且成體系的高中美術校本課程，這使研究工作遇到了沒有課程可以學習、借鑒的困惑。

三、研究成果的應用

對於校本課程的研究，是從 20 世紀 70 年代才開始進行的，應該說，相對於很多成熟的教育教學理論，校本課程在中國，尤其是在位於西部的成都市，依然在摸索階段。課題組的教師們在研究中已經盡了很大的努力，去學習各種理論、方法，收集了不少資料，卻發現在應用時依然有些力不從心。主要表現在對理論學習的系統高度、宏觀把握、深度研討及各種學說流派的支撐論點的理解上仍然需要加強，很多校本課程的理論在"定性"與"定量"上的區別也還比較模糊，這都需要在以後的研究工作裡進行進一步的培訓、學習。

四、餘論

課題組成員認識到，通過本課題的研究工作，確實在高中美術校本課程的建設與開展上取得了一定的成績，至少在石室中學這個實驗平臺上得到了課程設置、教學方法、教學思維等諸多方面的改進。但是，隨著研究工作的推進和課程教學的不斷深入，理論與實踐結合的越多，就越發現自己在知識結構、技法技能、教學技巧等方面的薄弱。例如，以前是學國畫專業的教師發現自己對西方美術史瞭解有限的不足，而以前擅長於鑒賞教學的教師發現自己動手能力的不足。
經歷過了這樣一個摸索的過程，課題組內的每一位教師都已經理性認識到要真正搞好高中美術的校本課程，並不是僅僅憑著對教育的一腔熱情，一朝一夕能夠完成的。面對新課程改革的大趨勢，教師們在教育教學中還應該更加深入地進行先進理論的學習，全面地發展專業的技術能力，不斷地改進教學的方式、方法，努力地去搞好教育科研，才能增加自己的人文修養，拓展教育思維，鍛煉實踐能力，實現綜合素質的提升，為中小學美術教育新課程改革盡到一個教育工作者應盡的責任。

參考文獻：

①教育部.基礎教育課程改革綱要（試行）[S]，2001.

②四川省教育廳.四川省普通高中課程美術學科教學指導意見（試行）[S]，2010.

③教育部.普通高中美術課程標準（實驗）[M].北京：人民教育出版社，2003.

④尹少淳.美術課程標準解讀[M].北京：北京師範大學出版社，2002.

⑤門秀萍.中小學校本課程開發的理論與實踐[M].北京：開明出版社，2003.

⑥燕國材.素質教育概論[M].廣州：廣東教育出版社，2002.

⑦吳剛平.校本課程開發[M].成都：四川教育出版社，2002.

⑧朱慕菊.走進新課程[M].北京：北京師範大學出版社，2002.

10

第十章

發揮示範高中美術教學輻射作用的實踐探索

美術課堂問道—美術基礎教育熱點研究

第一節 研究問題

一、問題的提出

（一）素質教育的時代需求

1994 年教育部應社會發展對人才素質的要求發出《關於在普通高中開設"藝術欣賞"課的通知》（教體[1994]13 號），要求普通高中藝術必修課暫定名為"藝術欣賞"課(分為美術欣賞課和音樂欣賞課)，在高一、高二年級開設，每週一課時。

2002 年 5 月 13 日，教育部印發《全國學校藝術教育發展規劃 2001—2010 年》（教體藝[2002]6 號）的通知：要求高中階段所有學校按規定開設藝術課程；高中階段藝術課程和教材的改革應體現多樣性、選擇性的特點；使學生在普遍達到藝術課程基本要求的前提下，實現對藝術課程各個學習領域的自主選擇；各級各類學校開展課外、校外文化藝術活動，要做到有計劃、有措施、有師資、有制度；要因地制宜，充分利用一切有利條件，普遍成立各種藝術活動小組和社團。

四川省教育廳《關於普通高中課程改革的意見》（川教〔2009〕226 號）及《四川省普通高中課程設置方案(試行)》（川教〔2010〕28 號）文件中《四川省普通高中課程美術學科教學指導意見（試行）》，設置 5 個內容系列和 9 個學習模塊，即必修美術鑒賞（鑒賞基礎和鑒賞內容）和選修"繪畫·雕塑""設計·工藝""書法·篆刻""現代媒體藝術"（攝影/攝像和電腦繪畫/電腦設計）。具體方法如下：選擇一個模組，修習 18 學時可獲得 1 個學分，每個學生必須修習美術課程 54 學時，以獲得規定的 3 個基本學分；建議採取"1+2"的選課策略，即建議學生先必修"美術鑒賞"獲得 1 個學分，再在其他內容系列中任意選修兩個模塊內容獲得另外 2 個學分；在取得必修的 3 個學分的基礎上，所有學校至少開設三個模組內容供學生學習，所選模組不加規定。

教育部辦公廳關於印發《全國學校藝術教育工作經驗交流會紀要》的通知（教體藝廳[2011]1 號），明確了今後十年中國學校藝術教育的發展目標，實現惠及全體的藝術教育、提供豐富優質的藝術教育、構建體系完備的藝術教育。深化藝術教育教學改革，全面提高藝術教育品質；擴大藝術活動受益面，提升藝術活動水準；加強校園文化建設，營造良好的育人環境；加強藝術教師隊伍建設，全面提高藝術教師素質；優化藝術教育資源配置，保證藝術教育必備條件；加強教研科研工作，促進藝術教育健康發展；重點推進農村學校藝術教育，在促進藝術教育均衡發展等方面切實加強工作。

（二）高中美術課程教學現狀

就四川省廣安市的高中學校來看，1994 年下發了《高中開設藝術欣賞課的通知》，但是很多學校由於高考壓力和師資短缺，高中依然沒有開設藝術欣賞課。2002 年教育部印發《全國學校藝術教育發展規劃》的通知後，部分學校才開始在高一開設每週一節的藝術欣賞課，也就是單周音樂雙周美術。2010 年秋季開始以學分制實施新課程，美術課程實行必修和選修，學生必須修完 54 學時獲得 3 個學分。但實際上，市、縣（區）的大多數中學依然只是在高一每週開一節或半節美術欣賞課，選修模組沒開，農村的高中只有少數的學校才開設有美術欣賞課。

（三）簡要分析

通過分析與現狀的比較不難發現問題，這些問題的存在，不僅嚴重影響到我省基礎教育課程結構的完整性，而且制約著我市全面實施素質教育和基礎教育品質的進一步提高。首先，出現這種狀況的根源主要是高考，普通中學領導和高考學科教師為了提高高考成績，儘量擠佔藝術學科時間，即使是開設藝術學科，也是應付了事；其次，條件不足，師資匱乏，原因是行政部門為減少支出不願意配，學校也不主動要；最後，教學的設施設備嚴重缺乏。為了改變這個現狀，落實教育部對學校美術教育發展提出的要求，推動新課標的全面實施，我們根據"龍頭帶動促發展"的行業發展規律，查閱了大量的資料，經過仔細地分析和推理論證後，大膽提出了"發揮示範高中美術教學輻射作用的實踐探索"這一研究課題，著重從實踐中去探索龍頭學校（美術教育示範高中）發揮輻射作用的途徑、策略和規律，形成相應的教研成果，便於推廣運用，推動我市乃至四川省高中美術教育的發展。

二、本題研究的意義

1.梳理和提煉美術教育示範高中教學教研的成果，促進其美術教育的進一步發展。

2.探索以美術教育示範高中為抓手，研究其發揮輻射作用的途徑和策略，形成相應的研究成果，便於推廣運用，推動美術教育的改革和發展。

3.探索既不妨礙高考，又有利於高中美術新課程實施與落實的策略，使高考學科教學與美術新課程的實施相互結合、相互促進和共用發展，推動中學美術教育品質的提高。

4.探索示範高中與普通中學美術教學相互促進，共同發展的策略、方法、內容體系與模式，賦予示範高中美術教學新的內涵。

5.探索發揮美術教學示範高中輻射作用的途徑、方式、效果、價值和模式，開發利用示範高中美術教學輻射資源，培養師生共謀中學美術教育發展的新理念，從而使中學美術文化教育得到更好的發展和創新。

6.對四川小學、初中美術教學同類問題的研究具有一定的指導意義。

三、本問題國內外研究的現狀

經詳細查證，國內外學術界目前專門針對發揮示範高中美術教學輻射作用及相關問題的專門研究較少，因此，本課題的研究實施，彌補了該項問題研究薄弱的現狀。

四、相關概念界定

1.美術教學示範高中：是指在美術教育方面具有示範作用的普通高中。

2.示範高中美術教學的輻射作用：是指以美術教學示範高中為美術教育發展的基點，通過其較強的師資、較好的設備、先進的理念、領先的教學方式、較好的教學效果等資源優勢，去影響和改變其周圍的普通高中的學校領導、教師、學生對美術教育的認識，提高美術教師素質，帶動和促進周圍普通中學美術教學，推動中學美術教育的均衡發展。

第二節 研究的路徑

一、研究思路

1.示範高中美術教學經驗成果創建、梳理與提煉，明確輻射源的優勢，找到輻射的內容。

2.通過高中美術新課程實施現狀的調研，分析、梳理、選擇輻射的物件。

3.將輻射源的優秀成果輻射給物件，在實踐中探索輻射的途徑、方式及效果，收集回饋資訊，總結經驗。

4.調整思路，再次實踐，收集資訊。
5.整理加工，形成研究成果。

二、研究方法

1.文獻研究法：通過書籍和網路查閱相關發揮示範學校教育輻射作用的研究資料、文獻，豐富課題組成員的理論素養，尋找可借鑒的經驗，為課題研究提供有力的理論支撐，確定研究的切入點，確立實踐探索的方向，定位研究主題。

2.經驗總結法：在研究過程中，通過具體的實驗研究，分析總結發揮示範高中美術教學輻射作用的點滴經驗，反覆實驗，在此基礎上探索出具有規律性、可行性、創新性的經驗成果。

3.比較研究法：在研究過程中，通過對輻射物件的變化，進行縱向、橫向比較，比對各種做法的實際效果，得出科學的結論，形成經驗材料，總結梳理形成發揮示範高中美術教學輻射作用的研究成果。

4.行動研究法：採取"診斷、學習、計畫、實施、反思"的研究思路，通過輻射源輻射給物件的具體實踐和過程研究，探究如何從學校實際層面入手，尋找"優化輻射途徑，促進美教發展"的措施，邊學習、邊實踐、邊探索、邊總結，使理論與實踐、成果與應用有機結合起來，總結出具有實際意義的、發揮示範高中美術教學輻射作用的策略。

5.案例研究法：對典型的教師、學生、管理者個體發揮輻射作用的個案進行分析研究，通過微觀分析，歸納出其發揮輻射作用的途徑、方式、效果，形成成功的案例。

6.教育調查法：對示範高中發揮輻射作用的各種資源進行全面的收集、整理、分析和研究；深入輻射物件瞭解學生、老師、領導的文化意識和美教價值的細微變化，發現發揮輻射作用的新思路、新方法、新經驗，從中找出構建和創新發揮輻射作用的內容、途徑和方法。

三、研究的突破或研究的創新點

（一）創新發揮示範高中美術教學輻射作用的理念、途徑、方式和方法

本課題的研究突破了美術教學示範高中只注重自身教學，強調自身品質和特色的傳統模式。結合美術教育課改的全新理念，挖掘發揮美術教學示範高中輻射作用

的社會價值，改變普通中學低估美術教育價值的現狀，促進農村中學重拾"以美育人"的理念，擴大普及面；對美術教學示範高中發揮輻射作用的方式、途徑、效果等方面從無到有進行實踐探索，不斷創新，立足有效性，達到科學化。

（二）創新發揮示範高中美術教學輻射作用的內容

本課題的研究在發揮示範高中美術教學輻射作用的實踐探索中，充分開發示範高中美術教學輻射作用的資源，豐富發揮示範高中美術教學輻射作用的內容——教學經驗、教研成果、教學成果、專業素養、學生傳播、媒體宣傳等，使其美術教育具有鮮明的示範性。

（三）創新示範高中美術教學的內涵和普通中學美術課改的實施途徑

本課題的研究創新了示範高中學校美術教學的內容，豐富示範高中美術教學的內涵，使示範高中美術教育擔負起帶動普通中學美術教育使之共同發展的責任，從而開闢了中學美術新課程實施的新途徑。

（四）課題與普通農村中學美術教師合作研究

本課題的研究聯合普通農村中學美術骨幹教師合作研究，使研究真正切合實際，保證研究的客觀性和有效性。其實，這本身就是發揮示範高中美術教育輻射作用的一種途徑和方式。

四、研究的過程

（一）研究準備

梳理分析總結輻射源的優勢，找出輻射源美術教師的專業特長，整理出教學經驗和教研成果，確定輻射內容。

（二）理論研究

1.擬出輻射的途徑：課堂教學、教研、教師專業培訓、課外活動、展覽交流、學生交流等。

2.擬出各輻射途徑的方式：

①教學：實施定期開放式課堂教學、教學交流、送教下鄉等。

②教研：共同做課題研究、學術講座、學術交流、教學經驗交流等。

③其他途徑：教師、家長、學生等口頭交流的社會自然輻射、媒體宣傳輻射。

（三）實踐研究

1.教學輻射：邀請被輻射學校的美術教師、領導、學生代表到輻射源聽課，進行交流；探討教學資源的利用，說明輻射物件更新教學理念，建立結對的穩定聯繫；組織輻射源教師送教到輻射對象，上公開課、示範課、舉辦講座，進行現場表演；說明輻射物件開發地方課程資源；組織輻射源與輻射物件的美術教師進行教學交流，輻射高中美術教學觀念、教學方法、教學經驗。

2.教研輻射：邀請輻射物件教師到輻射源，參與課題研究，進行集體備課，準備競教課或公開課；輻射源教師下鄉介紹經驗；輻射源教師到輻射對象做競教課評委或聽公開課，與輻射物件就具體的內容有針對性地進行具體的研討，對教師進行磨課；論文寫作的具體指導。

3.專業培訓：對輻射對象的美術教師進行專業培訓，輻射專業素質。

4.作品交流：組織輻射源師生的美術作品到輻射物件舉辦美術作品展覽，進行現場書畫交流。

5.實感交流：選派輻射源學生到輻射對象進行實地感受交流。

6.效果檢測：分組組織輻射物件的管理人員、教師、學生代表召開輻射作用實效座談會；向不同層次的群體發放、收回調查問卷，檢測輻射效果。

7.成果提煉：梳理發揮輻射作用的經驗材料，撰寫研究論文，積累研究成果；在專家、指導教師的幫助下，深化實戰經驗，提升認識，結合輻射源發揮輻射作用作為教學資源的開發和運用策略，總結提煉研究成果，形成研究報告。

（四）難點突破

在高中階段，美術學科實為邊緣學科，本課題實踐研究過程中最大的難點在於領導和教師的重視程度和經費問題。為此，邀請市教科所趙娟參加了本課題研究，每一次活動我們都通過市教科所或區教育局或區教研室出通知，有教育主管部門的同志參與，也得到相關學校領導、教師的重視與支持，活動效果很好，當他們看到美術教育的價值後，就變得更積極主動。

第三節 研究的成果

一、研究成果的呈現

1.論文《發揮示範高中美術教學輻射作用的實踐探索》發表在期刊《時代教育》（ISSN1672-8181，CN51-1677/G4）2013年22期第2—3頁上，收錄在"中國核心期刊資料庫""中國學術期刊網路出版總庫""中文科技期刊資料庫（全文版）"。

內容摘要：示範高中美術教育的優質資源即較強的師資、較好的設備、先進的理念、領先的教學方式、較好的教學效果、豐富的教研成果等，通過共研備課、定期講座、教學展示、送教下鄉、活動交流、長期結對、專題研討、同課研討、共同研究課題和幫助開發課程資源等有效途徑，發揮其輻射作用，推動高中美術新課程的實施，促進高中美術教育的發展。

2.論文《發揮示範高中美術教學輻射作用的現狀與對策》在四川省第十三屆教師優秀論文評選活動中獲一等獎。

3.《發揮示範高中美術教學輻射作用的實踐探索》課題研究報告。

二、研究成果說明

這項課題從提出經前期調研、課題申請、立項開題、具體研究、效果評價和成果提煉，歷時兩年多，挖掘出了美術教育示範高中優質資源的輻射作用，找到了發揮輻射作用的途徑和方式，形成了研究成果。它適用於在美術教育方面有示範作用的中小學。它的推廣與應用，能突破示範高中美術教學只注重自身教學、強調自身品質和特色的傳統模式，讓示範高中擔負起發揮輻射作用的職責，發揮示範高中美術教學輻射作用的社會價值；能改變普通中學低估美術教育價值的現狀，讓更多的人看到美術教育在育人中的價值，改變了領導、教師、學生、家長對美術教育的認識，從內心認識到人在成長過程中需要美術教育，並內化成動機，形成主動發展的動力，從而推動學校、社會和家庭美育的發展；能促進農村中學重拾以美育人的理念，普及面廣泛；能推動中小學美術教改，促進美術教育的整體發展。

三、研究成果的應用

示範高中美術教學，是指在美術教育方面具有示範作用的普通高中的美術教學。我們姑且稱之為"輻射源"。其產生的輻射作用，是指以示範高中美術教育為美術教育發展的基點，通過其資源優勢，去影響和改變其周圍的普通高中對美術教育的認識，提高美術教師素質，帶動和促進周圍普通高中的美術教學工作，推動高中美術教育的均衡發展。

（一）共研備課 發揮輻射的指導作用

組織輻射源美術教師與輻射物件美術教師集體備課，共同探討，實現其教學水準的提高。集體備課的流程為：輻射源美術教師主講—集體學習研討—模擬教學實踐—反思交流—生成優案。

一是在共研中提高。在每次的集體備課的活動中，從備課標、備教材、備教法、備學生、備課程安排、備評價、備前次的得失等，在每一個環節的交流探討的碰撞中，既實現了輻射源發揮輻射的指導作用，又實現了美術教師教育素質的共同提高。

二是注重課標的解讀。課程標準是教材編寫、教育教學的依據，是管理和評價課程的基礎，為教學工作提出了基本方向和基本要求。正確解讀並細化課程標準是探索有效教學的主要路徑之一，是切實提高教學效益的基礎性工作，對提高教育教學品質具有重要意義。在集體備課活動中，老師們真正體會到解讀課程標準的價值。通過對課程標準的深刻理解，準確把握其要求和意義，使教學目標的續寫更加具體，更加具有可操作性，從而為教師的"教"和學生的"學"，提供了明確的目標和方法。

三是堅持用活教材。對於美術學科來說，教材並不唯一，尤其是在農村，教材更不能唯一。因為農村有更豐富的民間文化、民俗文化，有更鮮活的美育教材和更豐富的鄉土材料。只要能把握課程標準的要求，整合有效的資源，對課程內容進行大膽的創新，那麼走殊途同歸之路，就是最好的發展方向，其收效也是非常好的。經過實踐，實現輻射物件對課程理解的質的飛躍。

四是突出學生主體地位。發揮學生主體地位不是一句空話，它體現在教學過程中的每個環節。在集體備課的過程中，帶領輻射學校的老師充分考慮學生身心發展的規律，根據學生成長的需要和認知規律，緊緊圍繞"學什麼？學到什麼程度？怎麼學？"三個主要問題，立足學生的"學"，來規劃教師的"導"。在課程資源的利用上，要求學生對身邊資料進行搜集和思考，引導學生關注社會，聯繫生活。在情境問題的設計上，立足學生的能力和水準，注重問題的梯度性、層次性和開放性，達到啟迪學生思維，培養學生能力，提升學生思想境界的目標。

五是強化美術活動的育人功能。育人是美術教育最根本的目的。所謂"育人"，就是要培育高素質的人。也就是說，通過美術教育的各種活動，訓練學生觀察的眼睛，培養學生的觀察能力，增強學生的記憶力，培育學生豐富的想像力，發展思維，開發學生的創造潛能；培育學生的非智力因素的積極興趣、動機、理智品質、意志力及豐富的高級情感，塑造孩子的性格，讓學生形成良好的氣質，培育學生的健康心理，讓學生能正視現實並悅納自己，增強學生的心理耐受力，提高學生的社會文化素質，提升學生的審美素質。在美術活動的探討中，既訓練學生的競爭意識、群體意識與合作意識，又讓學生認識並感受到人與人之間的差異；既培育學生接受他人、善待他人、理解他人的心理素質，又培養起學生良好的人際交往意識，學到堅持己見、說服他人、容忍他人意見和進行妥協的種種技巧，將競爭意識轉化為學習的動力，讓學生學會與人相處，培養學生分工協作的組織協調能力，從而發展學生進取心理、相容心理，克服和矯治固執、孤傲、封閉、多疑心理。

（二）定期講座 擴大輻射的影響力度

組織輻射源美術教師在每一季度到輻射學校舉行一次經驗彙報、專題報告等講座活動。美術骨幹教師成長的歷程也是一種有價值的、可利用的資源，將其成長的過程挖掘出來，對輻射物件或其他學校教師的教育教學、教研和專業水準的提高都有借鑒意義。將他們在某一方面的研究成果或獨特認識、個人經驗以講座、專題報告或經驗彙報的形式展示出來，從理論與操作兩個層面同步實施，齊頭並進，形成較濃厚的研究氛圍，不但能開闊輻射物件的眼界，激發他們的主動性，更能提高他們的研究意識和研究水準，促進廣大教師向教育教學的深層次、高水準發展。

（三）展示教學 增大輻射的直接作用

教學的交流實行定期開放式課堂教學，以現場的美術教學觀摩課為平臺，讓輻射源產生更強的輻射力，發揮輻射的直接作用。優秀教師的課堂教學往往是他們教學理念的體現、教學經驗的凝結和教學智慧的展示。能夠給輻射學校教師以思考和啟迪，有利於提高他們的業務素質和教學能力。為此，我們借助於課堂教學的研究，從實踐的積累中提煉。在不斷探索美術教育教學改革的新路子，促進美術課堂教學優化的同時，堅持每一學期都組織輻射源美術教師舉行觀摩示範課、教學研討課，展示輻射源的課堂教學最新研究成果。我們把每一次的觀摩展示課，都作為學校發展的一次大展示和大檢閱，從教學環境建設，到教學過程的改進，到科研成果的轉化，再到科研的深化，力爭達到最優，使之產生更強的輻射。

每次上完課，都組織主講教師、聽課人員與受教學生代表進行座談。在座談會上：首先是主講教師陳述本次課的教學目標、教學設計和教後感受；其次是同道與其他學科教師從不同角度進行評議並提出建議；三是受教學生代表談談自己的體會和想法；四是進行梳理總結，形成條理化的經驗，讓更多教師的教育理念和教學水準得以提升，產生更大的輻射作用。

（四）送教下鄉 產生近距的直射作用

組織輻射源美術教師到輻射學校上公開課、示範課、研究課，既改變輻射對象的領導、教師和學生對美術教育的認識，又提高美術教師的素質，進一步加大輻射的影響力度，提高輻射的效果，讓輻射更直接更有效。

（五）活動交流 大化輻射的社會影響

一是組織輻射源美術教師到輻射學校，對其進行專業的培訓和切磋交流，提高他們的專業素質；二是組織輻射源學生到輻射學校，進行表演和對話交流，讓輻射學校的學生感受到美術教育的價值，培養起他們參加美術活動的興趣，激發主動去學習的意識；三是組織輻射源和輻射學校的師生作品，舉辦師生作品展覽並進行探討交流，提高師生的多種素質，擴大輻射的社會影響。

（六）長期結對 建立輻射的穩定機制

1.通過電話、短信、郵件等方式，建立長期穩定的互訪機制。其價值體現在兩個方面：一是隨時瞭解輻射工作實施情況，據實調整下一階段的工作重點，相互協調，保證輻射作用的順利實現；二是交流各自手中的教學、教研及活動資源，如公開課錄影、集體備課活動體會、教育新觀念、教學案例、教學論文、演示圖片、創作評價、育人探究等，實現資源分享，達到幫扶相長、共同提高教育教學素質的目標。

2.結對子，提高輻射學校教師的教學能力。讓輻射源美術教師與輻射對象結師徒對子，建立一幫一的手把手學校和師徒關係的深度整合，對師徒均提出明確的要求。在和諧的師徒關係中，徒弟在備課、上課、批改作業、個別輔導、經驗總結、論文撰寫和創作表達等諸方面要虛心向師傅學習。平時，徒弟有了問題要及時向師傅請教。師傅也要樂於指導徒弟，不定期聽徒弟的課，讓徒弟在探討中找出存在的不足之處，找到解決問題的方法，不斷改進與完善自身的課堂教學方式，改進教學方法，從而不斷提高自身的教學水準。徒弟每學期要上兩節彙報課，屆時全組人員和校領導參與評課，打出等級。對課堂教學效果好、進步幅度大的徒弟予以表彰，其師傅也予以獎勵。採取這種做法，縮短了青年教師的成長週期，較快地提高了輻射學校美術教師的整體實力。

教研組結對，實現教研活動的共同策劃和建構，在教育科研、課堂教學和教改的前沿資訊等領域進行探索研究，發揮其引領作用，最大限度地加速了輻射學校老師的成長。這是實現教師專業均衡發展的有效策略，是用一種非常有效的方法來實現校際資源與理念的共用，能引發參與者智慧的碰撞，取長補短，明顯提高輻射對象的業務素養。

（七）課研紐帶 發揮輻射的引領作用

1.專題研討：美術教育是在美術活動的過程中實現育人的美育活動，在活動的實施過程中，教師會遇到不少問題，比如：如何確定主要目的，如何組織活動，怎樣進行有效引導，怎樣組織同學間的探討與交流活動，如何在成果展示中激發同學們的信心及提高課堂教學的有效性，等等。這當中的每一個問題都可以作為一個專題，組織專題研討活動。對於每一個確定的專題研究的主題，都先收集每一位老師在實踐中的經驗，再集中輻射源教師和輻射物件教師進行交流研討，整理形成有價值的資源。通過專題研討，各個擊破，不但能讓輻射對象教師變得成熟，儘快成長，還能使他們相互學習、共同進步，實現共同發展。

2.同課研討：在經過一些輻射的影響後，組織輻射源和輻射物件的美術教師就同一課題進行備課和上課實踐，對上課進行全程實況錄影，然後組織美術教師看上課的實況錄影，要求每一位元老師都認真地寫出細緻全面的課堂教學分析，再逐項進行討論交流，在討論時錄音並記錄，再進行梳理歸納，形成有價值的教學實況研究報告。之後，再要求輻射學校美術教師就這個課題進行備課、上課，讓教師們在實踐的親力親為中，逐漸建立起科學的以美育人的理念，切實提高教育教學工作能力。

3.課題研究：一是讓輻射學校的美術教師參加輻射源美術老師主持的課題研究，在共同的課題研究中，讓輻射學校的老師學會教育科研，並提高科研水準；二是輻射源美術教師深入輻射學校，指導輻射學校的美術老師主持課題研究，幫助他們高品質完成研究的課題。讓輻射學校的美術教師在課題教學研究的實戰中學會教研，理解教研的實際價值，通過一項一項的教學研究提高他們的業務水準。

（八）幫助開發 形成輻射的帶領作用

各地都有著自己豐富的人文和社會資源，有的還有著鮮明的特色，這些都是可挖掘的地方課程資源。對於輻射學校的美術教學而言，幫助他們探索出一套行之有效的課程資源開發策略是非常重要的。

　　1.引領自主開發，形成校本特色：輻射源美術教師與輻射學校的教師一起分析和研究輻射學校所在的地方文化特色，找到可利用的資源，再結合自身的課程資源優勢選取具有個性化的內容，融入學校設置的課程框架中，設計成一個個特色鮮明的教學案例或編撰為校本教材，形成校本資源特色。如"綠色家園""興國寺文化""肖溪古鎮分析""宕渠遺韻""對稱剪紙"等。

　　2.建立課程資源庫，搭建共用平臺：示範高中在長期的美術教學實踐中積累了豐富的經驗和資源，為了便於教師、學生查閱和利用資源，我們把多年來積累的美術公開課和美術活動的案例、反思、記錄、圖片、視頻等資料，以電子和文本兩種形式，進行分門別類的整理存檔，並利用網路搭建共用平臺，建立美術實踐活動課程資訊資源庫。專室存放、專人負責，不斷更新，進而達到常態化實施。教師、學生隨時可以查閱或下載。

　　總之，發揮示範高中美術教育輻射作用不是靜態的展示，而是有計劃、有步驟、有策略、有目標地實踐操作。要點線面結合，建立對口支援體系，幫助輻射學校做好目標定位和發展規劃，建立自主發展體系，與輻射學校一起開展合作研究，建立試驗研究體系，逐步推進，以美術教學、教研、專業技能等活動的現場會、研討會、培訓會為契機，在發揮引領輻射作用的過程中提升輻射物件專業素養，進一步增強輻射物件的自主發展能力，實現教師互動成長，擴大輻射面。

　　四、餘論

　　通過實踐研究我們也發現一些問題，引發我們的深度思考。

　　1.教育主管部門要強力推進建設美術教育示範高中，使其有足夠的示範性，是名副其實的美術教育示範高中，並讓更多的學校成為美術教育示範學校。但如果單憑學校的力量是不夠的，因為多數學校的校長和教師還沒有足夠的認識，不願意投入經費，也就不願意去努力建成美術教育示範高中。所以，主管部門如果沒有得力的措施，效果是不大好的。

　　2.發揮示範高中美術教學輻射作用的實踐活動還需教育主管部門或教研室介入，因為有不少的中學還不是很樂意成為被輻射的對象，他們不看重美術教育，還沒有按照新課程改革開上美術課。教師數量不夠，也不願意在美術教育方面開展這麼多活動，還擔心過多的美術活動會影響高考。我們這個課題完成得很順利，是因為市教科所的兼職美術教研員參加了課題的研究，開展活動都有區教研室參加。

3.教育主管部門主動作為，指定一些有美術教育示範作用的學校為輻射源，定點幫扶一兩所被輻射學校，而且是有指導、有檢查，不能只是一紙檔。在此基礎上逐漸擴大，切實推動學校美術教育的科學發展、穩步發展。

4.發揮示範高中美術教育輻射作用不是靜態的展示，而是有計劃、有步驟、有策略、有目標的實踐操作。要點、線、面結合，建立對口支援體系，幫助被輻射學校做好目標定位和發展規劃，建立自主發展體系，與被輻射學校一起開展合作研究，建立試驗研究體系，逐步推進，以美術教學、教研、專業技能等活動的現場會、研討會、培訓會為契機，在發揮引領輻射作用的過程中提升輻射物件專業素養，進一步增強輻射物件的自主發展能力，實現教師互動成長，擴大輻射面，強化輻射作用。

5.在研究實施的過程中，我們也遇到了一些困惑：如輻射對象似乎不是很主動；輻射源組織的支教、講座、交流培訓、師生作品交流展等活動，在很多人的眼裡，都認為是形式，是表面文章，都覺得沒有多大實際意義；如何讓社會中的人們認識到美術教育的價值等。

參考文獻：

①教育部.基礎教育課程改革綱要（試行）[S]，2001.

②四川省教育廳.四川省普通高中課程美術學科教學指導意見（試行）[S]，2010.

③李樹平.新課程中小學課堂美術教學設計[M].瀋陽：遼寧美術出版社，2006.

④王承昊.中學美術課程與教學論[M].長春：東北師範大學出版社，2006.

⑤金玉峰.中學美術教學法研究[M].北京：人民教育出版社，2002.

⑥陳雅玲.怎樣開發利用美術課程資源[M].重慶：西南師範大學出版社，2006.

⑦尹少淳.走進文化的美術課程[M].重慶：西南師範大學出版社，2006.

⑧餘琳玲.美術教學的評價[M].重慶：西南師範大學出版社，2006.

⑨侯令.美術課程標準的三個維度[M].重慶：西南師範大學出版社，2006.

⑩錢初熹.美術教師教育的願景[M].上海：華東師範大學出版社，2009.

⑪徐建融.美術教育展望[M].上海：華東師範大學出版社，2002.

⑫陳榮華.美術課程與教學論[M].長春：東北師範大學出版社，2005.

⑬馮曉陽.美術教育價值取向的歷史與傳統[M].長沙：湖南人民出版社，2008.

⑭尹少淳.美術教與學新編[M].北京：高等教育出版社，2009.

⑮尹少淳.走進課堂：美術新課程案例與評析[M].北京：高等教育出版社，2003.

⑯錢初熹.迎接視覺文化挑戰的美術教育[M].上海：華東師範大學出版社，2006.

⑰鞏平.美術新課程教學與教師成長[M].北京：中國人民大學出版社，2009.

⑱教育部.普通高中美術課程標準（實驗）[M].北京：人民教育出版社，2003.

⑲美術課程標準研製組.普通高中美術課程標準（實驗）解讀[M].南京：江蘇教育出版社，2004.

⑳王大根.中小學美術教學論[M].南京：南京師範大學出版社，2013.

㉑陶旭泉.美術教師培訓理論與實踐[M].成都：四川大學出版社，2012.

第十一章
小學美術"4+2"課堂教學模式在新教師培養中的應用研究

美術課堂問道——美術基礎教育熱點研究

第一節 研究問題

一、問題的提出

《國家中長期教育改革和發展綱要》指出：加強美育，培養學生良好的審美情趣和人文素養。促進德育、智育、體育、美育有機融合，提高學生綜合素質，使學生成為德智體美全面發展的社會主義建設者和接班人是中國教育工作者認為的神聖使命。2012 年 4 月 18 日，四川省教育廳頒發的《關於進一步加強中小學藝術教育的意見》（以下簡稱《意見》）指出：從總體上看我省藝術教育目前仍然是學校教育中的薄弱環節。一些地方和學校沒有把藝術教育擺上育人應有的位置，藝術教師短缺、藝術課開課率不足、活動形式單一、資源匱乏等問題在各地還不同程度地存在。藝術教育的滯後，制約了素質教育的全面推進和人才培養品質的提高。

《意見》提出加強藝術教育教研、科研工作，要立足本地、本校實際，著眼解決藝術教育實際問題，積極開展科研工作，以課題研究促進教學水準和教學質量的提高。

以德陽市為例，特別是"5·12"地震後，通過災後重建，學校面貌發生了翻天覆地的變化，設施設備得以改善。在藝術教育方面，各學校都配備了專用的美術室，專用畫桌、畫架、畫箱、寫生工具等，用品可謂一應俱全，許多教室還配備了高端的電腦、電子白板等現代多媒體教學系統。學校急需一大批專業素養過硬、熟悉現代教學手段、具有現代教育觀念的青年教師（2013 年統計德陽市中小學缺少近 300 名專業美術教師）。近幾年德陽市通過公招新教師和大規模到國家"211"工程師範院校進行雙選活動，使教師隊伍力量得到進一步加強。每位教師的成長，都是從新教師開始起步的。

但他們與學校教學實際需要還有一定差距，表現為對學生管理能力弱，對課堂教學不熟悉，對中小學已實施的多年的《美術新課程標準》有關理念認識不清和滯後，對中小學美術教材內容理解不深。

他們在從教後，從學校層面而言，急需對他們進行針對性的打磨、培養和提高。急需培養他們對學生的管理能力和課堂駕馭能力，在新課標的理念下理解消化教材內容的能力，提升課堂教學的魅力。

從個人層面，新教師由於剛入職，學習生活等諸多方面壓力大，他們十分渴望專業水準高和教學經驗豐富的教師像朋友一樣幫助他們走好"入職適應期"的第一步，渴望有名師在教學和工作中不斷鼓勵和引導他們發展，渴望利用名師的人脈資源和影響力擴大視野和提升能力，以期儘早地融入學校和當地社會。

但由於各個學校間的競爭關係及行政隸屬關係，若無教育主管部門牽頭整體實施的"名師帶教"工程，若無相關的配套政策措施和檢查考評機制，若沒搭建相應的平臺，那麼帶教的名師就很難走出自己的學校，名師已有的教學經驗和教學模式很難推廣，其影響力就降低了。

新教師的成長有兩個重要階段，這也是新教師成長的關鍵時間。前三年是新教師從"學院派"向"務實派"轉型的重要時期；前五年是新教師由青澀轉向較為老練、成熟的關鍵期。

剛剛走出師範院校的新教師，雖然在教育教學的理論上有一定的積澱，但由於實習的時間較為短暫，與學生"零距離接觸"的機會有限，不明白理論與教學實踐之間存在著較大的區別。雖然新教師在上崗前，教研部門與學校都曾組織過類似"通識培訓"式的集訓，但時間較短，新教師從吸納到消化再到運用更需時日的浸潤，因此，集訓效果不甚明顯。

當下小學美術新教師的課堂教學中存在的主要問題有：一是小學美術教師在專業素質方面存在問題，被教材牽著鼻子走；二是課堂教學各個環節平均用力，重點不突出，難點不易突破；三是課堂教學教師以自我為中心，無視學生的學情及情感體驗；四是課堂過分關注優生，培養全體學生的意識差，忽視小組合作，忽視中等生及弱勢群體，公平性把握差；五是備課不充分，導致上課時對著課件或課本照本宣科，課堂氣氛比較低落；六是組織教學存在問題，對學生要求不嚴格，學生上課時注意力不集中，無培養學生學習習慣的意識；七是不會準確地把握課型，教學內容目的不清晰，教學程式安排不當。

新教師急需得到培養，他們的弱點在於課堂教學，其培養的著力點應放在課堂教學能力的提高上，這是培養的重中之重。

二、本課題研究的意義

為小學美術新教師專業化快速成長鋪設一條通向成功的美術教育之路，即小學美術合格教師—小學美術優秀教師—小學美術名師—小學美術教育專家。

一是通過研究探索美術課堂教學的"4+2"課堂教學模式，形成操作性強的、可複製的、新的美術課堂教學模式，並在模式中有針對性地培養課堂教學能力。為新從事美術教學的教師提供可操作的示範性課例，讓他們迅速走上美術教學崗位，少走彎路、少折騰，使新教師在較短時間內成為一名小學美術合格教師。

二是通過研究搭建區、市、省美術名師成長平臺，使新教師在三年內成長為一名小學美術優秀教師。

三是形成以名師為核心的教育教學科研團隊，建立有學科特色的名師工作室，培養一批專注於美術教育研究的美術骨幹教師，使他們在五年左右的時間成為一名小學美術名師。

四是通過課題研究，形成小學美術課堂教學評價體系，有助於教育主管部門制定"名師帶教"有關配套政策措施和檢查考評機制，打造小學美術教育專家。

三、本課題及相關領域的研究

自《美術新課程標準》實施以來，以小學課堂教學為研究物件的主要有二大群體：一是以高校和專業科研人員為主的研究群體，他們根據新課標理念在課堂教學方面主要以理論研究為主，著述頗豐；二是廣大基層美術教師，他們更注重美術課堂教學具體操作層面的實踐研究。美術學科每三年一屆的美術優質課競賽在全國已經開展了八屆，帶動了美術教師研究美術課，特別是在新課標理念不斷深入人心的情況下探索美術課的模式。比如，有研究高效課堂模式的，有以"興趣、快樂"為核心的美術課堂教學模式為研究物件的，有研究小學美術生活化課堂教學模式的，有研究小學美術探究型教學模式的，還有以情景教學為美術教學模式研究物件的，等等。就四川省而言，雖然已有多屆省市美術優質競賽課，卻還沒有對課堂教學模式作系統的專題研究，小學美術課堂教學研究方面成果雖多，但還沒有產生有較大影響力的美術課堂教學模式。

四、相關概念界定

（一）課堂教學模式

課堂教學模式就是在一定教學思想或教學理論指導下建立起來的較為穩定的教學活動結構框架和活動程式。作為結構框架，突出了教學模式從巨集集觀上把握教學活動整體及各要素之間內部的關係和功能；作為活動程式則突出了教學模式的有序性和可操作性。它具有指向性、可操作性、完整性、穩定性、靈活性等特徵，具有能為美術教學提供一定理論依據的模式化的教學法體系和指導老師從整體上去綜合地探討教學過程中各因素之間的互相作用及其多樣化的表現形態，以動態的觀點去把握教學過程的本質和規律的功能作用。

（二）"4+2"美術課堂教學模式

"4+2"美術課堂教學模式指建立在以學生學習認知規律為基礎的美術課堂教學模式。"4"是指課堂教學中的四段，即引人入勝的教學開始，高潮迭起的教學過程，興趣盎然的作業和指導，意猶未盡的展示和拓展。"2"指課前和課後的兩段，即好奇探索的課前學生自主"備課"，深入探究的課後學生自主"回課"。

"學生自主備課"，是指在課前，教師用設疑、設問等方式讓學生主動自覺進行學習，如內容查找、資料準備、圖片收集及工具材料的準備等。"學生自主回課"，是指課後學生因強烈的興趣而主動自覺探究和教學相關的延伸內容。

（三）新教師培養

本課題研究的範圍"新教師的培養"界定在從事美術教學教齡在五年左右的教師，以及剛從院校畢業走上教育崗位，對小學美術教學不太熟悉的（入職適應期）新教師的培養。

小學美術"4+2"課堂教學模式在新教師培養中的應用研究，主要是以小學美術"4+2"課堂教學模式為依託，以"名師帶教""名師工作室"等為載體，在實際教學中重點指導新教師熟悉課堂、研究課堂，在課堂教學中磨煉，不斷提高教學水準，探索出適合自己的教學風格，從而為新教師成長為優秀教師、骨幹教師打下基礎。

第二節 研究的路徑

一、研究思路

（一）研究的整體思路

1.本課題的要點是探索小學美術"4+2"課堂教學模式，並能在新教師的培養中得到實踐驗證和發展，即實踐—研究—總結—再實踐—再研究—再總結的基本思路，重研究，更重實踐，模式不僵化，要特別注意不要為了"模式而模式"，模式要科學合理化。手段為目的服務，過程為發展服務。

2.本課題的重點是新教師培養應用研究，研究範圍不能僅僅局限於課堂教學，要關注教師的全方位發展。

3.本課題研究的內容依託在名師工作室的建立上，現"德陽市辜曉平名師工作室"已批准建立，研究重心要放在名師工作室和"名師帶教"工程中去，最終目的是培養更多的青年教師成為骨幹教師和名師。

4.本課題研究要結合新教師所在學校實際，要勤於溝通協調，要積極取得學校領導支持，及時瞭解新教師所在學校的教育教學情況，把研究與學校的具體教研和藝術發展相結合。力爭達到"培養一個人，特色一所校"的效果。

（二）研究的途徑和措施

以名師工作室為依託制定新教師培養計畫。

以"專業引領、同伴互助、交流研討、共同發展"為宗旨，根據教師專業發展的四個方面，即師德修養德、美術專業能力、教育教學能力和教育科研能力來設計研究的內容。

以教育科研為先導，以課堂教學為主陣地，組織研究課堂教學模式，重點研究"4+2"課堂教學模式。以網路為交流載體，建立科學性、實踐性、研究性於一體的研修團隊。

圍繞德陽市中小學名師工作室的總體目標，遵循優秀教師的成長規律，通過三年為一個週期的工作計畫的實施，有效推動名師工作室成員的專業成長，力爭形成在市、區內有較大影響的、具有引領和輻射作用的小學美術骨幹教師群體。

1.制定個人發展規劃。新教師根據個人的實際情況，科學地制定出本人的三年發展規劃，明確今後自己專業發展的目標和步驟。

2.強化教育理論學習。工作室領銜教師和指導教師將向成員推薦教育必讀書目和選讀書目，每位元成員依據自己的情況制訂相應的讀書計畫，每年完成不少於100萬字的讀書量。

3.打造專題網路平臺。通過網路傳播和線上互動，有效地使工作室成為動態的工作站，成果輻射源和資源的生成站。

4.加強教育教學交流。定期集中開展教學實踐研討活動，同時在網上進行讀書、教學感悟等各種研修的交流活動。

5.開展各種專題研修。成員定期集中（每月一次），就各自對當前小學美術教學中的熱點、難點問題的認識進行課例研討、評課沙龍等活動，形成一些解決問題的策略和方法。

6.自主教學實踐。組織開展工作室成員研討課、交流課等活動，每位工作室成員每學期至少要有一節校級以上公開課或觀摩課，或再開設一次專題講座。

7.開展課題研究。工作室成員可以圍繞主持人的課題，承擔一個子課題研究，也可以在主持人的指導下自主立項課題進行研究，確保每年有一篇品質較高的研究論文在公開刊物上發表。

8.收集整理指導教師和新教師的教案、心得、感悟、輔導學生的教學成果等編輯成冊出版。

9.外出觀摩學習。有計劃地安排工作室成員外出培訓、觀摩、考察學習，聘請知名教育專家學者擔任工作室導師，進行指導。

（三）課題研究目標

1.在新課程標準背景下進一步探索實踐，完善發展小學美術"4+2"課堂教學模式，提高教學的有效性。

2.在小學美術"4+2"課堂教學模式中如何有針對性地訓練和培養教師的能力，用小學美術"4+2"課堂教學模式對新教師進行相應的能力培養和訓練。

（1）好奇探索的課前學生自主"備課"——培養和訓練教師對學生的課前引導和組織管理能力。

（2）引人入勝的教學導入——培養教師的課堂引入的創意能力，包括風趣幽默、生動形象的語言表達等能力。

（3）高潮迭起的教學過程——培養教師課堂教學的藝術感染力和課堂駕馭能力。

（4）興趣盎然的作業和指導——培養教師對學生的責任心和愛心，以及教師對學生作業的指導方法。

（5）意猶未盡的展示和拓展——培養教師教學的管理藝術和正確、全面、發展性地評價學生的能力，以及教師對多學科知識的綜合運用能力。

（6）深入探究的課後學生自主"回課"——培養教師的科學態度及對教學的總結反思能力。

3.記錄新教師的成長案例，探索對新教師的培養方式和方法。

4.通過名師工作室，以點帶面，提升全體參研美術教師的教育教學的研究水平，培養美術骨幹教師。發揮輻射作用提升全市美術教師的思想觀念、專業知識技能和課堂教學能力。促進學生美術素養的全面發展，從而使全市的美術教育質量得到提升。

二、研究方法

本課題的研究以理論研究為指導，實踐應用研究為主體，個案研究和綜合研究相結合，強化綜合研究。

問卷調查分析法：通過問卷調查瞭解全市的美術新教師專業基礎、教學情況，以及所需要解決的問題和需求，瞭解教研活動的現狀和存在的問題。

文獻資料法：通過查閱書籍和網路資源，查找相關的研究資料。

行動研究法：這是一種適應本課題的探索性方法，也是基本的研究方法。針對研究活動中遇到的問題，不斷地嘗試、改進工作。探索教研活動實施的有效途徑，解決教研中的實際問題。將單個教師的行動研究和群體教師的協作性行動研究結合起來，借助集體的智慧力量，邊實踐邊總結，邊檢驗邊完善，及時調整，並解決問題，最終形成一套比較有效的教研活動的組織方法和模式。

經驗總結法：在研究的過程中，注意不斷總結經驗，形成在研究過程中的成果，如通過各種教研活動的開展，總結有效教研活動的經驗並推廣。通過此模式下的教育教學活動的開展，教師和學生都發生了相應的變化，從而形成更有效的教學策略。

案例研究法：結合課題研究目標，建立美術教師個人檔案，從教師實際出發，針對個性發展的需要，為他們制定培養目標和訓練計畫，進行有效指導。在較長時間內連續進行追蹤調查，研究其發展變化的過程。

頭腦風暴討論法：在教研活動的討論中，進行頭腦風暴的討論法，各抒己見，產生思維碰撞。

三、研究的創新點

是以探索實踐美術課的"4+2"課堂教學模式為載體，以已經在教學實踐中取得成績的新教師多次參加省、國家級美術優質課大賽，並能榮獲大獎的小學美術課課例為基礎，以帶教名師的帶教日記、反思材料和新教師教學教案、日記、心得、反思、感悟等真實材料整理出版為抓手，以"名師帶教"工程為依託，以 2012 年對西南大學美術學院畢業的三名新教師的培養和名師工作室 10 名學員為樣本，認真總結經驗規律，為"名師帶教"提供經驗和借鑒，填補我省美術"名師帶教"實踐研究的空白。搭建省、市、區名師工作的平臺，形成以名師為核心的教育教學科研團隊，建立有學科特色的名師工作室，使名師影響力擴大，理念得以傳人，為更多的新教師能夠站得更高、走得更遠，最終成為新一代名師打下基礎。

四、研究的過程

（一）課題研究準備階段（2012 年 6 月～2013 年 3 月）

成立課題組，組建研究小組，確定主研人員，制訂實驗方案。通過問卷對研究物件（美術新教師）的基本情況做調查研究，收集培養新教師的有關資料，瞭解新教師的特點、特長，調查新教師走上崗位後的困惑及需求。梳理課題組成員開展的與本課題研究相關的成果，查閱有關資料。學習教育部《基礎教育課程改革綱要（試行）》，《美術課程與教學論》（陳榮華，東北師範大學出版社，2005 年），《中小學美術教學論》（尹少淳，湖南美術出版社，2012 年）。

（二）課題開題階段（2013 年 3 月～2013 年 6 月）

課題開題階段主要是學習美術教育教學理論，制訂新教師培養計畫，著手課題初期研究，舉行開題儀式。

2013 年 3 月，課題組成員學習相關美術教育教學理論，重點學習《美術教育學新編》（尹少淳，高等教育出版社，2009 年），《美術教師培訓理論與實踐》（陶旭泉，四川大學出版社，2012 年），《美術新課程教學與教師成長》（鞏平，中國人民大學出版社，2009 年），以期確定更好的研究方法和研究原則。統計形成調查分析結果，擬定課題，確定課題研究方案，撰寫研究方案，撰寫立項報告和立項申報，請市、區教育專家為課題立項作指導。

2013 年 5 月上旬，在市、區教育局的領導下，啟動名師工作室，進行工作室常規建設，完善軟體（各種制度、規則建設）和落實硬體（落實辦公場地，配備基本辦公設施）經費。確定"名師帶教"新教師，召開工作室成員大會，研究工作室規劃，對學員老師進行熱愛藝術教育的培訓。

2013 年 6 月 8 日，在德陽市第一小學舉行開題論證會，邀請專家們對本課題的研究報告提出意見和建議。課題組針對專家們提出的意見和建議修改研究方案。同時，舉行"辜曉平名師工作室"掛牌儀式，宣佈工作室成立，正式開始工作，佈置有關課題研究具體實施工作。

（三）課題研究實施階段（2013 年 6 月～2014 年 5 月）

進行系統的研究，以教師實際工作中的問題為題材，重視與同行、專家的夥伴關係，重視研究過程中對教師觀念和行為所帶來的變化與改進，不斷修正。

組織課題組成員研究結題形式，組織新教師撰寫個人課題總結論文，收集整理案例、課例、反思材料等。課題小組整理資料，對兩年來的實踐研究進行全面的理論總結，並鑒定其理論價值，把經驗結果上升到理論層面，撰寫研究報告和課題研究結題工作總結。

第一階段（2013 年 6 月～2013 年 10 月）

2013 年 6 月制定"名師帶教"計畫，新教師根據個人的實際情況，科學地制定出個人的三年發展規劃，明確今後自己專業發展的目標和步驟。

此階段主要瞭解新教師課堂教學實際情況（聽課、評課、示範課），以名師工作室的名師辜曉平、馮偉傑、肖豔為指導，對所研究的新教師進行聽課，瞭解其真實的課堂教學情況並做出分析，在 2013 年 6 月 19 日，利用"德陽市辜曉平名師工作室"領銜名師辜曉平到四川幼兒師專為參加國培的綿陽美術教師上美術欣賞課"穿越 2500 年，神遊派特農神廟"的機會，組織工作室所有成員現場聽課學習，課後四川省美術教研員馮恩旭現場評課。辜曉平對"4+2"課堂教學模式作介紹，新教師寫出課後隨筆，會後組織召開有針對性的教學模式研討會。

第二階段（2013 年 10 月～2014 年 1 月）

走近名師，影響軌跡：通過第一階段對研究物件的深入瞭解，發現問題較多，表現在對美術教育教學認識不足，熱情不高，課堂教學隨意，部分教師職業倦怠，對個人發展規劃不清。2013 年 10 月，以"成都—德陽同城化教育系統項目"為契機，在成都舉行"攜手美術教育名家，共謀專業發展之路"辜曉平名師工作室成員個人發展研討會。研討會以成員老師展示個人發展 PPT、專家名師現場點評方式進行，由於研討會針對性極強，突破了新教師發展的瓶頸，會後對新教師隨筆分析表明，對他們觸動較大。

"名師帶教"，幫助發展：此階段，建立名師幫扶物件，讓工作室名師與新教師進一步密切關係，時時跟蹤，時時輔導。通過課堂和教研，為新教師提供了學習的機會，新教師公開課，課前有要求，有指導，課後有反思。新教師戈書豪美術課《下雨了》，經多番打磨後參加區級公開課，張剛《家鄉的藝術—德陽潮扇》獲省優質課賽一等獎。通過磨課，新教師課堂教學藝術進步明顯。

此階段，還有意分批讓新教師，跟隨名師參加各種學術活動，如"辜曉平工作室"領銜名師到四川師範大學省級名師培訓會和成都市金牛區教育研究培訓中心作"名師工作室建設專題"報告會，到成都師範學院聽首都師範大學博導尹少淳教授講座，部分成員到南充參加四川省美術優質課大賽觀摩活動等，開闊了新教師的眼界。重點學習《美術教師培訓理論與實踐》（陶旭泉，四川大學出版社，2012年），學習《怎樣開發利用美術課程資源》（陳雅玲，西南師範大學出版社，2006年）。

通過對新教師有關隨筆、教案、心得的整理，發現他們在與名師、專家的深入對話和學習中，對美術教育教學的認識有了質的飛躍。

第三階段（2014年1月～2014年5月）

此階段，主要是做好成果的收集展示，如學員筆記課案、心得等，整理好檔案。

充分利用名師工作室領銜名師辜曉平參加由浙江大學舉辦的"千課萬人"海峽兩岸中小學美術課堂教學研討觀摩會上示範課的機會，讓新教師全程參與準備與上課的每一環節，瞭解幕前幕後的方方面面，瞭解名師名課產生的過程。通過兩三個月的過程，參與示範課《走進古蜀國—探秘三星堆》的設計、準備，多次的磨課後，最後在浙江大學與中國名家同台獻課中集中呈現，贏得全國各地專家一致好評，工作室所有老師在過程中得到了一次課堂教學的寶貴經驗。

此階段重點學習《名師如何煉就名課》（李力加，西南師範大學出版社，2006年）裡的相關知識。

（四）課題結題階段（2014年5月～2014年6月）

進行研究總結，形成研究結題報告，對課題研究進行結題；開展名師課堂展示活動和課堂教學實例研討，進行成果推廣。

五、概述研究困惑及對策

（一）認識問題

1.理論認識：新教師忙於應付教學，對於教育教學理論知識的學習，特別是對於美術學科理論知識的學習相當薄弱。主研人員對理論學習與新教師的培養研究不具有針對性，有些教師沒有選擇圍繞專題研究的理論依據作為學習材料，只要是美術教育教學的理論專著都拿來學習，並且大多是流覽性的閱讀，沒有深入理解，結果忽視了理論學習的作用，對於研究者來說是無效的學習。在理論學習中，我們選擇了非常具有課題針對性的理論書籍進行共同學習，統一交流學習心得，從而實現理論支撐，為課題深入開展提供基礎動力。

2.實踐操作中的主要問題及對策：由於研究物件來自於不同的學校，新教師工作任務重、壓力大，起初開展活動都很難集中，總是有人因為學校工作瑣事而缺席。名師工作室的成立，得到了市區校的積極支持，提前制定好工作計畫，使各項研討活動正常有序開展。

新教師困惑—師徒結對及工作室集中學習研討促進教師的發展。

新教師要學習如何與學生相處、適應繁忙的工作、適應新的環境、有效地教學等。

通過師徒結對、名師專題講座、網路平臺進行疏導，讓每一位新教師能夠盡快適應學校教育生活，教會他們積極運用新課標的理論知識來正確處理老師和學生的關係。新教師要儘快轉變觀念，要有強烈的責任心，努力讓自己適應忙碌的教學活動並在教學中找到快樂，使自己的忙碌變得有意義；積極改變自己，努力使自己適應新的環境，從美好的大學生活中走出來。另外，新教師要努力積累自己的教學經驗。

"4+2"課堂教學模式的順利實施問題，因新教師對課堂教學的生疏，一堂課很難把握住和把握好這四個環節：引人入勝的教學開始—高潮迭起的教學過程—興趣盎然的作業和指導—意猶未盡的展示和拓展。再加上思想上未引起高度重視，對學科教學認識不到位，特別是學科教學品質的得過且過，造成課堂教學秩序亂、課堂知識傳授少、教學層次混亂、課堂關注面窄、教學效果差。

通過師徒結對及名師工作室活動開展，來切實抓好教學診斷活動。大家集中聽課，每人都要發表見解，指出問題所在，帶教老師給予專業指導。利用優質課、展示課、彙報課的契機，讓學員認真準備，名師用心指導，工作室集體研課磨課，努力實現打造一個、成功一個、打造一個、影響一批。讓我們的新教師在平時的課堂中，堅定不移地實施"4+2"課堂教學模式，並養成良好的教學反思習慣，認真分析總結教育教學的得與失，從而為課題研究提供強勁的事實支撐。

這樣的專題研討最終目的是要用於指導實踐。而教學診斷是對實踐落實情況的監控，它是依據專題研討達成的共識，是對課堂教學實踐落實情況的評價。這也是一種有效的群體研究的活動形式。它的具體要求：常態進行、注重實踐、重在改進。這項活動也是組織老師開展研究活動、提升教師的參與意識與研究水準的最佳途徑與方式。

（二）策略問題

1.研究過程的實效：本課題研究的基本模式是實踐—研究—總結—再實踐—再研究—再總結。在小學美術新教師的培養中，以美術"4+2"課堂教學模式為依托，以"名師帶教""名師工作室"為載體，在課堂教學實踐中指導新教師熟悉課堂、研究課堂，在課堂教學中反覆磨煉，不斷促進其教學水準的提高，探索適合自己的教學策略。而在研究過程中，由於注重各項活動的開展，過於重實踐，而減少了研究的時間，降低了研究的廣度和深度，所以未能達到良好的效果。新教師要走出去，向其他地區美術名家學習，向全國、各省著名美術教育專家學習，親耳聆聽美術教育專家、美術教育名師講座，親眼見證其對教育的熱愛與執著。用真誠的交流、智慧的碰撞，為我們課題的順利進行和深入研究指明方向。有名家引領，使新教師眼界大開，找到自己的不足，更清晰自己的理想與目標。

2.引領新教師專業成長：新教師自我提升的意識強，但是主動性不強，站在岸上不下水，觀望的多，實踐的少。他們對美術教學研究的重要性認識不足，對問題的認識非常淺顯，多數人研究能力不足。新教師有時會有抵觸情緒，參與的積極性低，出現操作不規範、不到位、不成型的結果。其一，建立美術教師的精神家園，調整好他們的心態，讓他們認可自我、悅納自我，建立職業自信心，接受自己是美術教師這一定位，認真對待自己的美術教師工作。其二，要有積極進取的心態。在新課程改革中，提倡美術教師專業成長，是時代發展的要求，是未來美術教學的需要。面對現實，接受挑戰，勇於轉變思想觀念，提高教書育人的責任感和使命感。加快專業提升，積極參加各種培訓學習進修，加強專業學習，養成教學反思的習慣。讓新教師必須明確通過教育科研促進自身的專業成長，要讓老師懂得研究是分內的事情，不斷提升理論認識水準。積極參與研究可以幫助教師自身形成良好的思維層次，促進自身研究技能發展，不斷提升實踐水準，形成自己的教學體系、教學風格，為成為名師打下良好的基礎。

3.對新教師成長的評價主要是以下三個方面：

（1）我們側重於對新教師課堂教學水準的考核評價。起初只依據名師工作室評價考核標準來對新教師成長進行評價，發現有一些偏頗。後來，我們依據學校對新教師進行年度教學工作的考核標準對新教師進行成長評價，側重於從教學思想認識、課堂教學設計、課堂教學基本功、教學方法運用、組織能力、課堂教學效益等方面進行評價。從常態課—彙報課—合格課—優質課等方面評價課堂教學水準。

（2）新教師不僅要注重教學技能水準的提高，更要加強教育理論、教學思想的修養，這樣才可能使他們具有可持續發展的潛力。新教師容易忽略動手動心，要讓他們在每一次課堂教學後，寫寫教學反思、感悟；每一次外出學習機研討會後，寫寫學習心得；積極參加各級各類的優秀論文、教案、美術教育案例、課題研究等的評選。

（3）針對新教師，進行有目標、有計劃的強化管理，做到定位準確、針對性強。建立有效的激勵機制，提供更多更好的成長展示平臺。"實踐出真知，實踐長才幹"，多給新教師鍛煉的機會，推進青年教師成長。通過一些重大活動，促進新教師在"課堂拼搏"中"學會教學"，在各種實踐中"磨煉"本領，求得"真經"，不斷提高教育教學水準。

第三節 研究成果

一、研究成果呈現

（一）構建"4+2"美術課堂教學模式之教學技巧，為美術新教師提供可操作的示範性課例

好奇探索的課前學生自主"備課"—引人入勝的教學開始—高潮迭起的教學過程—興趣盎然的作業和指導—意猶未盡的展示和拓展—深入探究的課後學生自主"回課"（以下的各環節時間可根據實際情況作相應調整）。

1.好奇探索的課前學生自主"備課"，練就新教師對學生的課前引導和組織管理能力，培養提高學生自主學習能力。（30分鐘左右）

學生自主"備課"，是通過教師的設疑、設問等方式讓學生在課前主動自覺進行學習的內容查找、資料準備、圖片收集及工具材料等的準備。實際更多的是一種學生課前預習，只是比我們通常所說的預習內容更豐富，這是由美術學科的

性質決定的。

在當下的美術課堂教學模式中，很少有人把學生自主"備課"納入課堂教學之中。而該模式的納入則更加充分地發揮了美術教師的主導作用，也能激發學生的自主性、積極性。要求學生在上課之前作好自主"備課"，有助於學生更好、更及時、更充分地瞭解本課學習內容的要求和學習的重難點，他們心懷好奇心和探索欲，主動積極參與，就激發了孩子們探求的欲望，更有助於提高學生的美術素養。學生堅持課前自主"備課"，不僅為聽新課做好了思想、知識上的準備，而且獲得了上新課的主動權；不僅會使學習輕鬆起來，而且會使學生養成勤於動腦動手的好習慣，逐步培養自主學習的能力。

而美術課的學生自主"備課"，不是簡單地去看一下將要學習的內容，而是依據學習內容，並根據需要去探索和搜集與之有關的各個方面的資料，如相關圖片、美術作品、文字資訊及工具材料等的準備，新教師們要高度重視這一環節。

課前學生自主"備課"是適應新課程改革所宣導的主動性、獨立性與個性化的一種學習方式，它不僅會使學習輕鬆起來，而且會使學生養成勤於動腦動手的好習慣，逐步培養他們自主學習的能力。

學生通過課前自主備課後，學習起來比較輕鬆，也對美術有了更深層次的理解，對美術課也越來越喜歡。同時，也培養了學生進行初步探研性學習的能力，使學生的學習能力得到了培養與提高。

"設計生活中的標誌"課前學生自主備課成果

課前觀察：學生在家中觀察了各種家用電器的商標、各種日用品的商標、各個電視臺的台標等；上網流覽，注意觀察公共場所的標誌，如商店、圖書館、銀行、車站、碼頭、醫院等各行各業的圖形標誌；學生本人在上學、放學的途中注意觀察每天都要接觸到的標誌，如學生本人穿的校服、背的書包、走在馬路上的交通安全警示圖形標誌等。

課前收集：收集到了各類實物標記共 20 種。

課前複製臨摹：臨摹禁止吸煙的標誌、公共廁所的標誌、醫院的標誌等。

課中交流：向同學們介紹這些圖形標誌的含義及它們的藝術特點。

附注：該生的展示贏得了師生的一致讚揚。

2.引人入勝的教學開始，練就新教師課堂引入教學能力，巧妙激發學生學習興趣。（5 分鐘左右）

俗話說："良好的開頭是成功的一半"。一節課能否有個好的開頭，直接關系到這節課的成敗。平鋪直敘，學生易產生厭倦情緒，因此必須精心設計引人入勝開頭藝術，巧妙激發學生學習興趣，從而使老師輕鬆駕馭課堂。要達到這樣的效果，教師必須依據教材內容和學生實際，精心設計好每一節課，用別出心裁、平中有奇的導入來激發學生的學習興趣，使學生積極主動地投入學習之中。

新教師要熟練掌握並靈活運用常見的一些導入方法，教學要獨具匠心，讓人賞心悅目。

（1）謎語導入法：猜謎語是學生特別喜愛的一項遊戲。利用猜謎語的方法導入課題，能夠較好讓學生的注意力集中到課堂上來。

教學實例：在上"我的書包"一課時，先讓學生猜謎語："我的好夥伴，天天跟我見，肚中書本現，任勞又任怨"。學生猜謎後，展示各種書包的圖片，讓學生介紹自己的書包，這個導入有趣、簡潔，而且富有啟發性，一下子就激發了學生的興趣。

（2）故事導入法：學生都愛聽故事。聽故事是孩子們的最愛，充滿童趣的故事不但能吸引孩子，而且能使原本枯燥無味的內容變得妙趣橫生。抓住學生的這個心理特徵，根據教學內容的特點和需要，運用一些成語故事、寓言故事、科學家或名人的故事，甚至教師根據教材中自己編的短小有趣的故事導入新課，既可以激發學生對所學內容的學習興趣和求知慾，又容易使學生領悟教材的內容。在教學過程中，抓住學生愛聽故事的心理特點，巧設情境，用可愛的人物形象和生動的故事情節感染他們，從而激發學生豐富的想像力和強烈的創作慾望。

教學實例：在想像畫教學"畫故事"一課中，用《海底兩萬裡》精彩片段進行導入，學生據此進行想像畫形象創作。還可畫出抽象的圖形，讓學生編故事、添畫故事。

（3）導遊解說法

教學實例：在教學"穿越 2500 年，神遊派特農神廟"一課時，我是這樣導入的：展示奧運會獎牌圖片，讓學生觀察獎牌上的圖案（第一屆現代奧運會體育場後的山，山上的廟），引出"雅典衛城"和"派特農神廟"，然後說："今天我就帶大家去希臘旅遊一下，老師當導遊，出發，起飛！"通過衛星地圖從空中找到希臘，再找到雅典和派特農神廟，再下降，這樣原本枯燥的建築欣賞，就變成了學生的模擬旅遊，學習興趣大增。

（4）利用電教手段和多媒體導入法：充分利用電腦的多媒體技術，把聲音、圖像和活動畫面展示給學生，可以充分提高欣賞課、技法課和創作課的課堂效率，使美術課的導入更加豐富多彩。

教學心語：在教學"走進古蜀國，探秘三星堆"這一課中，學生對幾千年前的青銅藝術品，感知上有難度。於是我在課前通過對三星堆發現者後人的走訪，拍攝青銅器製作的視頻，在教學中通過這些圖片、視頻資料，讓學生從直觀上瞭解青銅器的製作工藝和藝術美感，在課堂中完成了歷史的穿越，提高了課堂教學的實效性。

（5）遊戲導入法：遊戲是學生童話世界中永恆的主題。遊戲能激發學生玩的天性，在玩的過程中學生會有意無意地觀察到那些鮮活生動的主題畫面，頭腦中也會留下做遊戲時人物的動態形象。當學生的活動感受、形象感受、記憶感受深刻時，只需稍加引導，他們就可以創作出生動的畫面。

教學實例：張老師上"有趣的漢字"一課，在上課前，老師先把數張範作反貼在教室黑板上，給課堂營造了神秘的氛圍。鈴聲響起，老師提議讓學生進行擊鼓傳花的遊戲，學生都興致勃勃地投入到遊戲中，接著從遊戲中產生一位幸運兒將黑板上的範作打開。這樣的導入方式將學生的注意力集中到美術課堂中來，學生在輕鬆愉快的學習氣氛中學到了知識。

（6）實際操作導入法：在部分手工課上，把原材料先發給學生，讓他們先操作體會，探索分析，教師在此基礎上再歸納總結，然後傳授方法。學生參與感強烈，情緒活躍，有利於開發智力、培養能力。

教學實例：在"彩球的設計"一課中，老師沒有示範，而是給每個小組發了一個彩球，讓學生仔細地觀察並拆解，把自己的發現說出來，學生們都迫不及待地研究起來，老師後邊的教學也就事半功倍。

（7）直觀演示法：小學生好奇心強，喜歡觀察那些生動的、尚未認識的現象。以一個直觀有趣的實驗演示導入新課，會激發學生的直接興趣，把學生的注意力集中到教學內容上來。形象直觀的演示對於理解和掌握美術抽象知識很有效，它能引發學生的直覺體驗，在他們感受新的材質及表現方法等方面有意想不到的效果。

教學實例：在教學"認識原色、間色"一課中，我一上課就通過實驗演示幫助學生學習，避免了枯燥抽象地講授，引起學生的興趣。先在試管裡加入等量的紅、黃、藍顏料（兩份），學生認識了原色後，演示原色兩兩等量相調，從而調出橙、綠、紫。這樣既突出了重點，又解決了調色形式需"等量"這一難點。"咦""呀""哦"的聲音此起彼伏，學生興致高漲，順利地掌握了三原色和三間色的知識，為展開教學做好了鋪墊。

（8）談話交流法：談話是教師與學生之間最簡單的交流方式。利用談話，能拉近師生之間的距離，使學生從教師的談話中受到啟發和感染，從而引發學生的學習欲望。

教學實例：如學習"繪畫日記"時，教師是這樣設計導言的："同學們都寫日記，日記能夠記錄當天發生的有興趣的或感受最深的事，那麼，既然我們都會畫畫，為什麼不給日記配以簡單的畫面，使日記更直觀、更形象呢？"簡潔的一句話既點明瞭繪畫日記是在日記上配畫的主題，又以一個反問句調動了學生的學習積極性和想要嘗試的學習欲望。這時，教師寫出主題──繪畫日記，再趁熱打鐵，利用投影放大文字日記和繪畫日記的範圖，讓學生觀察，讓他們說說，文字日記和繪畫日記有什麼不同？學生回答："前者只有文字，後者既有文字又有繪畫。"再問這些繪畫是幹什麼用的？學生又很快回答："是為了表現文字內容的。"這時，教師小結："文字日記與繪畫日記的目的是一樣的，都是為了表現和記錄每天發生的有意義的或重大的事情。但繪畫日記比文字日記表現得更直觀、更形象。"這樣，學生不僅理解了繪畫日記的課題意思，而且通過範圖和啟發分析，加深了他們對繪畫日記表現特點的瞭解，從而讓學生產生學習美術的興趣和願望，為學好創作課"繪畫日記"打下了基礎。

（9）實錄導入法：利用多媒體手段，把學生的課間活動用攝像機錄下來，在課堂上放給學生看，使學生置身於其中，既可激發學生的學習興趣，又為學生提供了觀察真實而豐富的活動內容和場景的機會。

教學實例：如教"我喜愛的活動"一課時，課前老師把學生的課間活動用攝像機錄下來，編輯成"學生的課間活動"實況錄影，課堂上放給學生觀看。觀看中老師提問："在錄影中你看到同學們都在幹什麼？是在什麼時間？什麼地點？"學生回答："踢毽子、打沙包、打乒乓球……是在課間十分鐘，在校園裡。"老師說："對！這些活動都是在緊張學習之餘開展的，它既能消除大腦疲勞，又有益於身體健康。你喜歡這些活動嗎？"同學們高興得回答："喜歡！"老師提出要求："既然同學們喜歡，那麼我請同學們重新觀看一遍錄影，觀看後，每個同學根據自己的觀察和記憶說出你所喜愛的活動中的人物動態形象和活動規律。"待同學們一一回答後，老師說："好！同學們觀察得真仔細，這節課，我們就來學習繪畫創作課'我喜愛的活動'。"這樣的導入方法，既吸引了學生的注意力，培養了學生的觀察和記憶能力，又為上好創作課做好了素材的收集和準備工作。

3.高潮迭起的教學過程，練就新教師課堂教學藝術和課堂駕馭能力，培養學生激情高漲的學習專注能力。（15 分鐘左右）

高潮迭起的教學過程是指在教師精心地鋪墊、巧妙地點撥、恰當地引導下，課堂上出現的學習激情高漲、學習興趣濃厚、參與意識倍增、生動活潑的教學場面。一出精彩紛呈的戲，必定有扣人心弦的高潮，甚至會高潮迭起，成功的課堂教學也應該是這樣。這樣的教學過程，學生對教師的教學反應是敏感而強烈的，或是因急於想知道結果而凝神思慮，或是因解決了某一難題而釋然愉悅，或是為有了新發現而驚奇欣喜，或是為領悟到知識內蘊而激動自豪等。此時，學生處於異常"覺醒"和高度興奮狀態，感受到創造的激情和成功的體驗，使學生不僅在自主探究中進入了豁然開朗的境界，而且在精神上產生了愉悅、振奮甚至心曠神怡的感受。

蘇霍姆林斯基認為，教學效果很大程度上取決於師生的精神狀態。精神振奮，則效率倍增；情緒低落，則效果甚微。

（1）精心設計的教學導語：將新理念滲透到美術教學之中，充分讓學生在學習中得到快樂。教師在設計教學導語時，可以讓學生通過視覺、聽覺去感受美的造型、美的線條、美的色彩、美的構圖、美的聲音，從而喚起一種審美的快感。

（2）情緒飽滿的精神狀態，一是教師首先要學會微笑。有平易近人的感覺，會讓孩子敢於走進教師的心靈，為你的美術課堂打下了堅實的感情基礎。課堂上，學生敢於、樂於發表自己的見解和觀點，這樣的美術課堂便十分和諧，充滿了活力。教師給學生以更多的微笑，也就給了他們更多的自信，給了他們更多的學習選擇權，學生就找到了張揚個性的空間，美術課堂便充滿了活力與激情。二是教師抑揚頓挫的語言。講課是課堂教學的核心，講課的藝術突出表現在語言藝術上。要把課講得深入淺出、有條有理、生動形象，教師的語言要清晰、簡練、生動、準確規範和富有節奏。要能夠掌握並正確運用不同的抑揚頓挫語調和高低強弱音調的技能，來增強語言的表達力和感梁力。要善於以表情、姿態、手勢等作為輔助手段，使自己的語言更富有感染力，使學生聽起來如沐春風，成為一種語言藝術的享受。我們美術教師應該讓自己的語調變得抑揚頓挫，充滿激情。當然激情不是表層的誇張，也不是聲嘶力竭的叫喊，更不是矯揉造作的表演；激情是真實的、感人的、振奮人心的，是情感自然而充分的流露。時而高山流水，時而小溪潺潺；時而優美淡雅，時而幽默風趣。這樣，學生在你的課堂，就會感覺輕鬆、愉快、充實。學生也會對這樣的老師保持新鮮感，就會喜歡上課。

　　（3）技藝高超的繪畫示範：教師的繪畫示範，是老師與學生面對面的交流，是心與心的溝通，是與現實的直接對應，是真真切切的藝術上的對話。

　　美術教學就是要讓學生把自己的情感轉變為一種可見的線條、形狀、色彩、造型。教師技藝高超的示範，可以給學生一種心境，可以創造一種氛圍，可以產生一種情緒，可以激發一份衝動。通過示範，增加學生對知識的理解和對技能的認識，同時由此帶來的愉悅感也是非常重要的。

　　比如，中國畫的筆墨表現形式，老師用筆、墨、紙邊演示邊給學生講解中國畫的用線、用筆、用墨、乾濕、濃淡，皴、擦、點、染，以及構圖、色彩、水分的控制等技法。這既展示了老師的基本功，又讓學生零距離地感受到中國畫運筆用墨的神趣。一個優秀的美術教師在示範過程中的表現，就是直觀地為學生演示，不僅讓學生學習老師的繪畫本領，也讓他們感受到老師的親和力。教師沒有展示繪畫技術就是空口無憑，不能使學生信服。示範的過程中，師生相互交流，學生通過欣賞、觀察、思考進而模仿，就很容易掌握基本的方法，達到一定的水平，學會表現事物，在表現的過程和結果中獲得一定的成就感。再通過與教師的交流，學生的思路就會非常開闊，話題就會非常寬泛，就會產生廣泛的文化情境。

　　（4）妙趣橫生的視聽感官：教師在教學過程中要善於運用現有資源，多角度全方位立體的激發學生探究的興趣。自主合作探究已然是我們美術新課標理念下的最重要的學習方式。一堂課，要使學生保持良好的學習狀態，教師就必須不斷地刺激學生的學習欲望。小學生的視聽感官是非常敏感的，多展示他們沒看過的畫，配合有效的音像作品，激發他們的學習興趣和求知欲望，會收到事半功倍的效果。讓學生充滿活力、充滿激情，那麼美術課堂也會變得光芒四射。

　　（5）鼓勵讚美的心靈愉悅：一個人只要體驗一次成功的喜悅，便會激起無限的追求意念和力量。在教學過程中不斷給學生創設成功的機會，讓每個學生不斷得到成功的體驗，特別是對小學生多鼓勵、多肯定、多讚美，如"孩子，你真棒！""你知道的美術知識可真多！是從哪兒學來的呀？""這個同學在美術方面的造詣不淺，大家都應該向他學習！""你家裡人有畫家嗎？知道的比老師還多哩！老師都很羨慕你！""你今天畫得多好啊！"這樣既讓孩子們享受到學習的快樂，體驗到成功的喜悅，又提高了孩子們上課時的注意力。

（6）跌宕起伏的教學推進：教學推進是指一節課的張弛快慢及具有規律的變化。有經驗的教師非常講究對教學推進的控制，因為適度的教學推進能自始至終牽動學生的注意力，維繫學生的熱情，使課堂教學跌宕起伏、張弛有度，從而讓老師輕鬆愉快地實現教學目的，完成教學任務，提高教學水準。

要使教學推進有序而充滿生趣，教師要做好"五把握"。一是要把握好內容的主次，主要內容應該重點探究和講解，學生能理解的要多讓學生探究和講解。二是要把握好教法，先進、創新的教學方法，加大了課堂教學的資訊量，激發了學生學習的好奇心和想像力，大大提高了課堂教學效果。三是要把握好教材，備課時要充分利用教材和教參，熟知教材內容，分析教材的重點、難點、疑點，教師本人對教學內容的重點、難點一定要瞭若指掌，課堂中絕不能出現"糊塗老師帶出一幫糊塗學生"的現象。四是要把握好學生，要牢記學生是學習的主體，要充分利用新課程教學理念，轉變學生學習的方式，要十分注重與學生的情感交流，善於"傾聽"學生的發言，運用恰當的鼓勵性語言評價學生，充分調動學生學習積極性。五是要把握時間，要根據教學內容對課堂教學的時間進行分配，要遵循"主多次少"的原則，重點和難點的內容多花時間，次要的內容少花時間。

總之，課堂教學推進的跌宕起伏，可謂無處不在、無時不有。教學重點突出，詳略得當；活動循序漸進，由淺入深；過程張弛有度，動靜結合；環節過渡自然，層次分明；教師字字珠璣，起伏有致；課堂結構疏密相間，啟發誘導；虛實相生的教學方法；教學內容內在的科學性與教學外在表達的形式等，均是課堂教學節奏美與藝術美的集中體現，是課堂教學得以高效、生動的"催化劑"。只有追求教學推進跌宕起伏的和諧，才可以求得真、善、美的統一。

4.興趣盎然的作業和指導，練就新教師責任心和愛心，引領學生享受創作實踐。（15 分鐘左右）

美術作業能夠充分體現一個學生是否具有藝術創作方面的潛能。美術教師在教學過程中通過思路的引導、環節的設計、作業的佈置與引導、作業的評定、適度的鼓勵，不但會培養學生的美術興趣，而且將進一步激發學生潛在的準確造型能力、靈活思維空間、獨特創新能力、不拘一格表現形式等，這些都將在學生的美術作業中得以充分體現。

教學實例：在上"樹葉貼畫"一課時，教師把新授內容講完，需要孩子們自己創作。可以按照書中的樹葉畫，可以按照自己採摘的樹葉畫，還可以用創造性的想像的樹葉來畫。教師在指導時，不僅要從樹葉的形狀、樹葉的脈絡、樹葉的色彩等方面來進行，還要從人文的角度來進行，比如，如果樹葉都具有人的喜怒哀樂等情感呢？特別富有想像力的同學，教師可以進一步激發他們的創作靈感，如啟發式地提問："能不能以樹葉為主題，畫一個樹葉的連環故事呢？再輔之以生動的語言，是不是更有趣味呢？"孩子們在這樣的作業過程中，培養了觀察力、想像力、思維力。他們不僅得到了老師的精心指導，還得到了老師的肯定和表揚，更享受到了創作實踐的樂趣和成功的喜悅。

由此看來，我們的美術教師在課堂教學中的指導作用，就是要給學生營造一種身臨其境的氛圍，激發一種靈感，更直觀地掌握一定的技法，提高鑒賞能力，增強審美意識，領略藝術文化的知識性、情感性、社會性、廣泛性。

5.意猶未盡的展示和拓展，提高教師教學管理能力和對多學科知識的綜合運用能力，引發學生情感共鳴，從而更好地發展自我。(5分鐘左右)

課堂作業展示是美術教學中不可缺少的一個環節，也是檢驗一堂課學習效果最為有效的手段，運用好作業展示評價，不僅可以極大地激發學生學習的興趣，提高學生學習的能力，還可以培養學生的競爭意識和團隊合作精神。美術教學中作業展示一般包括四個過程：創意展示、自我評價、集體評價、教師評價。

教師需根據不同年級，不同學情，不同學習內容，靈活採用不同的展示方法，如平面展示、立體展示、靜態展示、流動展示等。展示的方式可以多種多樣，可以是自主性展示、研討式展示，也可以是合作式展示，只要是有利於教學，受學生歡迎的展示方式，都可以大膽去嘗試，力求學生人人都能夠參與到展示與評價活動中來，最終達到激發學生的學習興趣，有效地提高課堂效果的目的。

當然在學生作品展示中，教師要注重培養學生形成良好的美術素養。注重引導學生對作品美感的認識，注重提高學生的興趣和讓他們瞭解自己尚須改進之處。教師們的評價語言也應該非常多樣，充滿智慧和詩意的語言不但在情感上會拉近評價者和被評價者之間的距離，激發學生的學習熱情，而且也充分體現了美學的特點，既能夠使師生之間平等對話，還能使學生獲得精神上的支援，得到情感上的滿足，成為實現學生美術素養提升和個人成長的有力平臺。

教師意猶未盡的拓展，要聯繫學生的現實生活，讓學生主動參與學習，設計有效的拓展內容，激發學生的好奇心，通過不同形式的表現方法設計有效的拓展內容。為學生課後的自主"回課"打下伏筆，當然設計"課後拓展"內容要真實，要將面向全體的統一要求與因材施教相結合，要及時展示、回饋，增加它的實效性。當然，拓展的內容要有利於進一步開發課程資源，進一步引發學生課後對所學內容的思考，深入地進行學習，從而激發學生探究的興趣，培養學生學習能力。

6.深入探究的課後學生自主"回課"，練就新教師科學的總結反思能力，提升學生創新實踐能力。(30 分鐘左右)

教學實例：辜曉平老師上了"走進古蜀國，探秘三星堆"一課，儘管教師製作了精美的課件，並且教師的生動形象、風趣幽默的講解充分吸引了學生的注意力，學生個個都驚歎不已，但是課堂的容量本身就是有限的，不可能面面俱到，學生在一節課的時間內還是不可能對三星堆有較充分的瞭解。但是學生已被教師激發起了強烈的學習興趣，他們被三星堆悠久的歷史文化所深深吸引，想瞭解更多的三星堆文化，就要在課後去深入探究。有的學生利用休息時間親自到三星堆博物館參觀調查研究；有的學生利用網路資源，認真瞭解三星堆輝煌燦爛的文化歷史；有的學生還學了三星堆面具簡單的製作技術；有的還研究了三星堆人面神像、縱目面具與其他古文明的異同，他們研究面具的特點，並用不同材料製作面具，寫寫自己研究的一些成果，學學三星堆祭祀表演等。

這樣的學生自主"回課"，不僅激發了學生學習興趣，更培養了學生的創新實踐能力。

我們研究的"4+2"課堂教學模式，從各個環節的不同方面為新教師的課堂教學提供了豐富的操作方式方法和教學技巧，也給新教師提出了不斷練好教學基本功的要求。研究過程中，優質的教學實踐課例、豐富的課型、多樣的內容為新教師課堂教學提供了較為成熟的範本。他們按照教學設計，課下反復琢磨，課前再次回溯，課中認真實施，課後深刻反思，長期堅持，這樣，新教師就能夠很快地、較好地走上課堂教學正軌，享受美術課堂教學的美好，很快成為一名合格的小學美術教師。

"4+2"課堂教學模式，促進了師生的美術能力和水準的共同發展，提高了師生的綜合素質。

（二）以"名師帶教"工程為依託，發揮"名師效應" 開發教學潛能，實現新教師的穩步發展

1.新教師困惑：新教師從大學校園走向複雜的社會，走出校園登上講臺，成為人民教師，所扮演的角色有了根本性的變化。從其自身的角度來講，心理上、狀態上要較快適應；從教學的大局來講，必須較快地進入角色，適應教學。而新崗位上遇到的問題，如何與學生相處、如何適應繁忙的工作、如何適應新的環境、如何能有效地教學等，都考驗著新教師。新教師如果想有所成就，就要抱著長期奮鬥的信念，熱愛學生、熱愛崗位，踏實走好每一步。而如何走、怎樣走好，他們往往又苦於找不到好的方向。

2."名師帶教"促發展："名師帶教"工程的實施，為新教師的成長提供了強勁的動力。由學校聘請國家、省、市特級教師、班主任，省、市、區學科帶頭人和骨幹教師，市教壇新秀及有影響、有特色的資深教師與新教師結對開展幫教活動，發揮"名師效應"，開發新教師教學潛能，指導新教師的工作常規，帶新教師開展教學工作。名師們不僅是在專業素質教學技能上對新教師進行指導，更是在思想品德素質上進行引領。新教師有了"師傅"，有了學習的榜樣，心中有了底，工作有了顧問，問題就能夠及時得到解決，工作也減少了盲目性，教學就順利得多。

（三）以名師工作室為依託，營造精神家園，制定、實施新教師培養計畫，構建研究創新型團隊文化，為新教師整體快速發展護航

1.營造精神家園：德陽市辜曉平美術名師工作室的成立，為新教師的培養提供了強勁的動力。它有豐富的市區活動、名師的風采、積極上進的團隊精神、完善的青年教師培養計畫，就像一陣陣春風，吹進了每個教師的心窩，它又如甘甜的雨露，滋潤著每個教師的心田。

工作室營造了"團結奮進、開拓創新、和諧民主、銳意進取、愛心相傳"的氛圍。工作室成員在教育教學工作中，不斷提升自我，他們在迅速變革的環境中學會了適應。在不斷地學習中，大家相互交流，碰撞出智慧的火花，每一位教師

都有著積極參與決策的意識和能力，他們有了民主意識、權利意識、主動意識和責任意識，其層次和水準正在逐步地提高。

創新是一個民族不斷前進的不竭動力和源泉。只有創新，才不會落後；只有創新，才不會妄自尊大。所以，創新精神是團隊精神的重要組成部分，團隊的發展離不開創新精神。在工作室裡，教學與科研工作的創新、學術的創新成為工作室的生命線。

新教師要珍惜每一次學習的機會，珍惜每一次名師們的專題講座，謹記每一次名師們的諄諄教誨，要從思想上、業務上、為人處世等方面向名師們學習，學習他們精益求精的工作作風、勤奮上進的工作態度、無私奉獻的精神品質。讓新教師在心與心的交流，在智慧的碰撞中，在這個積極上進的集體精神引領下快速成長。

2.制定切實可行的新教師專業成長計畫：名師工作室制定的三年總體規劃、年度工作計畫，從工作室成員實施任務的 16 個方面（制定個人發展規劃、強化教育教學理論學習、打造專題網站、加強教育教學交流、開展各種專題研修、自主教學實踐、開展課題研究、外出觀摩學習、美術基本功培訓、教科研論文的撰寫培訓、教科研報告的撰寫培訓、學校協作工作、個人成長彙編、建設名師工作室博客、建立工作室檔案、成果呈現）來鍛造新教師，使他們科學健康地快速發展。

3.構建學習研究創新型的名師工作室團隊文化：現代教育和先進的文化管理都需要高水準的學習研究創新型的教師團隊，在這樣的團隊裡，人人都是學習者、研究者和創新者，人人都是學校的主人，人人都參與或融入學校管理的流程中，構成一種靈動的、生態的、互動生成的文化系統，這是學校實施文化管理的關鍵。

（1）建立團隊與個體相融的共同願景，最簡單的說法就是"我們想要創造什麼？"它是團隊中每個個體共同持有的意向或景象。它創造出眾人一體的感覺，並遍佈到團隊的所有活動中，使之融匯起來。團隊的共同願景來源於員工個人的願景又高於個人的願景。它是團隊中所有員工共同嚮往的景象，是他們的共同理想。它能使不同個性的人凝聚在一起，朝著團隊的共同目標前進。團隊的發展離不開個人努力，個人的發展也依賴於團隊的興盛。作為名師工作室來說也是如此。如果工作室擁有具備紮實專業知識和特長並不斷追求的教師群體，那麼工作室必定欣欣向榮，人才濟濟。同樣的，一個名師工作室要向高品質、高水準邁進，必定要造就一批高素質的教師。深度匯談與組織引導相結合，是確立共同願景的好方法，同時新教師個人也要確立自己的發展目標，在團隊發展中找到自己的位置，大家在共同實現名師工作室目標努力的過程中實現個體目標，實現個體的價值。

①以"美術特色，專業引領，立足教學，同伴互助，交流學習，共同發展"為宗旨和以"團結、勤奮、求實、協作、創新"的工作室精神，確立了符合工作室和各位教師意願的、獨具名師工作室特色的、能指導名師工作室長期發展的願景，即以實現"以精細化管理為平臺，鍛造名優教師，全面提升新教師教育教學水準，促進新教師綜合素質的全面發展"的工作室培養目標。力爭形成在省、市、區內有較大影響的、具有引領和輻射作用的小學美術骨幹教師群體。

②基於工作室發展願景，教師根據個人水準並結合各自教學和科研能力，制定能指導自己中長期發展的個人發展願景。

③基於學校發展願景，教師正確處理好個人教育行為與集體教育行為的關系，從而實現個人、團隊快速成長和快速發展的良好勢頭。

（2）建構"教—學—研"一體的學習團隊，鍛造新教師技藝。鮑爾·沃爾納所提出的學習型組織的第五個階段，是"學習與工作的融合階段"，即學習和責任已被置於組織的管理系統中，學習已成為所有成員的共同責任，工作學習化，學習工作化，有組織的或自發的團組學習、部門學習。

對名師工作室來說，其自身的發展在很大程度上取決於名師工作室是否有一批專業發展程度高的教師。特別是新教師的專業發展往往取決於以教學能力為主的實踐智慧，這也就更需要新教師把教學工作與學習緊密結合起來。新教師承擔著專門的教學任務，他們要把教學任務完成好，一定要有創新求優的工作態度。因此，面對著不同的教育物件、不同的教育內容、不同的教育情景，工作室的所有成員不應該因循守舊、安於現狀、甘於平庸，而應該不斷地探索、思考，這樣就會隨時在教學工作中發現問題，找到不足，也就驅使工作室每一位成員產生強烈的學習需求。這種學習面向未知的現實狀況，發現的往往是綜合性問題，這些問題大多可以成為教師傾注較多精力研究的課題。於是校本培訓、校本教研應運而生。制定以校本培訓、校本教研為主體的工作室新型制度，可以促進教學反思文化、教師合作文化、閱讀文化和學習文化的形成，全面提升了教師的專業發展水準和綜合素養，形成新的教師日常行為和生存方式。這樣就把培育學習型組織和學習型行為、建設學習型學校與學校文化建設緊密結合起來。

這種"教—學—研"一體的學習又往往是一種團體學習。團體在組織中是最關鍵的、最佳的學習單位，通過建立更多的學習團體，可以樹立整個團隊一起學習的良好風氣。有諸多實例顯示，團體的集體智慧高於個人智慧，團體擁有整體搭配的行動能力。團體學習又可以發展團體成員互相配合、整體搭配與實現共同目標的能力，這樣的學習活動及其過程，為教師的持續發展和不斷提高提供了環境條件和氛圍。

基於這樣的認識，名師工作室就該是"教學研究一體"的團隊。

①深度匯談，直面教育中的關鍵問題。團隊學習是為了使學習轉化為現實的教學能力。要突破團隊學習中的障礙—自我防衛心理，消除暴露問題會顯示自己水準低、提出不同意見同伴間會產生分歧等顧慮，名師工作室定期就教育教學中發現的問題、遇到的困難開展深度匯談。問題集中後提煉出有一定普遍性、緊迫性的問題作為團隊在學習中要攻克的共同問題。這種問題可以是一個，也可以是相關聯的一組問題。

新教師心語：控制好上課的紀律，學生才能學有所獲。

在美術課上給學生談紀律，這是我最頭疼的問題。作為女老師，則開始對孩子們的調皮總是無所謂的態度，認為我們反正都是豆芽課，孩子們能學成什麼樣就什麼樣。教堂中對紀律要求不嚴，起初就一兩個小朋友不遵守紀律，由於我的放任，越來越多的孩子加入到違反紀律的行列中來，我用了好多辦法就是無濟於事，一堂課下來身心俱疲。在名師工作室研討會中，我鼓足勇氣讓導師們支著。導師們讓我學會換個角度想問題，一味地批評指責會適得其反，需要讚美他們，讚美的時候可以用語言，也可以用一個小小的肢體動作、一個眼神來表示。給學生鼓勵，這不僅是對學生物質上的獎賞，更是在精神上對學生的肯定，作用非常大。用鼓勵的方式和激將法的方式可以讓課堂變得和諧，變得更有說服力。聽了這些建議，我採用了一些激勵機制，在課堂上做記錄，記錄學生在課堂上方方面面的表現，如課堂紀律表現、用具準備情況、完成作業情況、課堂上的精神面貌和態度等，並定期向人家公佈。現在看效果不錯，激發出學生的學習積極性。

沒有感情的課堂絕對是失敗的課堂，教師要有豐富的情感和上課的激情，在課堂上調動學生的積極情緒，提高孩子們學習的積極性、創造性和主動性，真正做到師生交流融洽，切忌用征服鎮壓的方式取得課堂的片刻安靜，那樣容易喪失教師的威信，喪失學生對美術的愛好。

②進修教育理論，為專業研究打基礎。教育教學中的新問題更易成為新教師工作中的攔路虎，往往需要新教師採用新視角、新理念、新策略才能有效解決，所以不斷更新教師知識結構，提高教師的理論素養顯得十分迫切。教育名家的著述可以磨銳我們的眼光、夯實我們的底蘊、提供解決問題的新方法，教育專家積累的經驗、提出的真知灼見會給我們有益的啟示。由此，工作室規定教師要給自己制訂讀書計畫，系統閱讀，並定期開展讀書徵文活動，交流心得。

③確立教研小課題，學習研究互動協同。為使教學中存在的問題得到有效解決，個體的學習更有目標，專業努力更有方向，開展課題研究是一個很好的途徑。新教師以自己遇到的或在團隊匯談中大家確立的問題作為自己的研究課題，結合教學實際，制訂研究計畫，邊工作邊學習邊探索，不斷地尋找方法，調整對策，直到解決問題，同時在不斷地總結反思中提高實踐智慧和專業技能。工作室每學期舉行一次教研成果共用交流會，一學年舉辦一次教學專題論壇。

（3）開展"教育敘事"，共用教育經驗。教師教育中傳授給教師的主要是公共知識，這種公共知識比較抽象，指導個人實踐時往往與現實不甚匹配，理論與實踐間有脫節。"教—學—研"一體化研究，面向現實需要，針對真實情景，促進了公共知識向個性化知識的轉化。這種實踐貼近現實，生活氣息濃，對同伴感染力強，傳播較快。它具有個人的、社會的及專業的三方面價值：在個人發展方面，重視新教師各自的見解、立場與方法，可以讓他們獲得應有的專業尊嚴與自信心；在社會發展方面，則能突破教師的專業孤立，發展出相互支持的共同體意識；在專業發展方面，則可以通過分享工作室其他教師個人生活中的經驗與教訓，從而有效地建構與管理自己的專業知識。因此，我們要特別珍視它。我們要繼續採用"教學敘事"的方式，讓教師對自己的研究成果進行整理，把自己在從事教學研究中遇到的真實事件、經歷連同自己的研究成果、教育智慧一同呈現出來，通過工作室博客、QQ、微信平臺等媒介交流。

4.探討出了五種引領新教師快速成長的策略，擴大名師工作室影響力。我們採取積極引導、精心培養、放手鍛煉、記錄新教師成長案例等多種方式，突出抓師德修養和教育教學基本功的培訓，在方法上充分發揮名師工作室整體的優勢，促進新教師快速成長。

（1）專家引領，樹立專業意識。在新課程環境下，青年教師專業成長和專業素質的培養，離不開教育專家的引領。我們採用"請進來，走出去"的辦法接受課改專家對新的美術課程標準的解讀，從而轉變教育觀念，形成新的美術教學理念，轉變角色職能。在教育專家的引領和指導下，青年教師儘快更新教育觀念，保持與新課程的同步成長。專家引領下的新課改教育理念，將會深刻地影響和引導著青年教師的教學實踐，並樹立起適應新課程的專業意識。

（2）目標引領，激發成長意識。教師的專業成長與發展，最終取決於教師的自我需求和自覺行動。讓青年教師懷抱一種強烈的內需與渴求，使其不斷主動地提升自身專業知識和思想道德品質。變被動發展為主動發展，變教書匠為研究型教師，樹立較為遠大的目標，堅定崇高的教育信念，努力贏得發展的機會，保持一顆陽光的心態，向著目標，努力奮進。在個性潛能中找到自己，用堅強的意志正確看待挫折與失敗，體會教育的幸福與快樂，從而實現有價值、有意義的教育人生。

（3）優課引領，提升奮進意識。新教師的快速成長最關鍵的是課堂教學水準和能力的提高。作為戰鬥在一線的新教師，能否上好課，是決定你是否是一位合格美術教師的標誌。名師工作室最重要的工作就是提升新教師的教育能力和水準。

為此，工作室領銜名師和指導名師以"4+2"課堂教學模式為新教師打磨匯報課、研討課、優質課、示範課等，每一位新教師都得到了精心的指導，在研討會上，在教室裡，在名師工作室裡，經常能看到他們探討的身影。雖然有時非常痛苦，甚至有傷心的淚水，但是，當新教師取得了進步，授課非常成功，那激動的淚水又多麼讓人難忘。那經過一次又一次修改的教案，一次又一次碰撞中的智慧火花，分明是讓我們看到了進步的痕跡，是堅實的腳印。那些成功的課例，取得的優異成績，更激發了工作室每位成員不斷奮進的動力。當成功的喜悅和鮮花的簇擁圍繞著工作室時，我們又怎麼能停止前進的步履？又怎能停止吹奏奮進號角？

二、研究成果說明

成果名稱：《小學美術"4+2"課堂教學模式在新教師培養中的應用研究》

成果構成：小學美術"4+2"課堂教學模式介紹、課堂案例、教師成長心語、名師工作室案例。

成果效能：為新教師提供便於操作的課堂教學模式；為新教師提供課堂研究學習案例；為研究名師工作室和"名師帶教"工程提供參考。

三、研究成果的應用

《小學美術"4+2"課堂教學模式在新教師培養中的應用研究》從 2012 年立項以來，全體參研人員的積極鑽研，經過近三年時間的實踐研究，我們取得了一定的研究效果。

1.在新課程標準背景下進一步探索實踐，完善發展了小學美術"4+2"課堂教學模式，提高了教學的有效性，新教師的教學水準得到了快速的提高。對模式技巧的構建和新教師的快速成長打下了良好的基礎。

在每一堂課前，新教師們都能做到充分做好課前準備工作。深入鑽研，全面把握教材，瞭解學生原有的知識技能的品質，包括他們的興趣、需要、方法、習慣，學習新知識可能會有哪些困難等，以便採取相應的預防措施。新教師還要精心備課，精選教法，認真組織課堂教學，靈活引導學生享受課堂，在輕鬆愉悅的課堂氛圍中，讓孩子們沉浸在學習美術知識、掌握美術技能的快樂中。

2.建立了集科學性、實踐性、研究性於一體的研修團隊，使新教師對未來的專業成長方向看得更清楚，目標更高遠。

思想永遠是行動的指南，思想有多遠，行動才能走多遠。名師工作室每一位教師都是處在教育前沿的實踐者，所以，先行者更要走一條教育科學研究之路，它是我們名師工作室不斷向前發展的活水源頭。值得驕傲的是，我們的這個團隊在辛小平老師的引領下，正成為一個集科學性、實踐性、研究性於一體的研修團隊，課題研究成為我們名師工作室快速發展的引擎。

現在，新教師們對自己的職業生涯規劃都有了明確的目標，他們運用科學的方法、切實可行的措施，力求更好地發揮個人專長，進一步深入開發自己的潛能，努力克服職業生涯中的發展困難，不斷修正前進的方向。當困惑來臨的時候，教師要學會反思，思得、思失、思效和思改，從多視角、多層次思考，提高自己的分析問題和解決問題的能力，不能允許自己輕易放棄努力；當痛苦來臨的時候，要深深明白，幹一番事業就要緊緊地把握住前進的方向，在工作中不斷改進，持之以恆，從而實現自己的目標，使自己得到快速成長。

3.新教師真誠求學，課堂教學水準不斷提高，促進了學生美術素養的全面發展。

名師工作室使得新教師們少走彎路，他們一開始就從內心尊敬名師，虛心的態度使得他們能很快收穫更多的教育經驗和教育本真。名師們的循循善誘、諄諄教誨，更讓他們受益匪淺。經過名師指點，讓他們在短時間內課堂教學水準迅速提高，讓他們很快在課堂教學中找到自信。學習、學習、再學習，學習任何一個值得學習的人，博采眾家之長，讓自己的課堂教學水準不斷提高。另外，名師工作室給了新教師們走出去的機會，讓他們接觸到了更多的名師和教育專家，開闊了眼界，給他們也上了教育人生路上精彩的一課。他們在教學中，不僅傳授美術知識和技能，還從思想道德品質方面教育學生，讓他們懂得畫畫及做人的道理。

4.以點帶面，通過名師工作室，提升了全體參研美術教師的教育教學的研究水準，培養了一批專注於美術教育教學研究的骨幹教師，為新教師成為名師打下基礎。發揮輻射作用，轉變全市美術教師的思想觀念，培養青年教師的創新精神，提升專業知識技能和課堂教學能力。

現在，名師工作室的每一位教師都參與到了課題研究中，他們利用課餘時間、工作室活動時間、本校校本研修時間，將自身美術課堂教學中遇到的困惑、難題、成功的經驗，變成一個個研究的課題。他們思想上發生了根本性變化，活躍在美術學科教學領域中，敢於發表自己的見解和看法，敢於將所想付諸實踐，敢於承擔重任，敢於挑戰傳統觀念，提出自己獨特的教學理念與方法，從而培養其積極進取、敢於創新的心理品質，以適應教育改革新形式的需要。

他們的教育思想觀念更新快，他們的專業知識技能和課堂教學能力在不斷學習中快速提高，他們正是走在新時代教育前列的實踐者，正在成為美術學科教學中的骨幹和中堅力量。名師工作室步履將越走越快，而且會越走會越堅實。它已在較充分地發揮輻射作用，帶動名師工作室每位成員，影響著市區多所學校的美術教學，這對於轉變全市美術教師的思想觀念，提升他們的專業知識技能和課堂教學能力，將起到深遠的意義。

四、餘論

1.在研究過程中，根據九年制義務教育階段的情況，美術學習劃分"造型·表現""欣賞·評述""設計·應用""綜合·探索"四大領域，不同類型的課，怎樣有效地應用"4+2"課堂教學模式進行教學？在小學的低、中、高階段又怎樣實施？當新教師比較瞭解和使用模式後，如何在以後的課堂教學實踐中形成自己的教學模式、教學風格等需要進一步研究。

2.在研究過程中，我們發現新教師由於缺乏經驗，造成課堂教學混亂，原因除了對美術教學課堂學科特點不熟悉外，還有欠缺對學生的組織和管理能力，組織不好學生，教學效果往往較差。對新教師的培養，還需要增強其管理學生、溝通家長、協調其他學科教師的能力,這一方面的研究還有待進一步深入。

3.在研究過程中發現新教師的職業倦怠和心理困惑的問題比較嚴重,需要加強教師心理學的綜合研究。

4.對於如何建設名師工作室,加快美術名師工作室的發展,需要進一步研究。

參考文獻:

①尹少淳.美術課程標準解讀[M].北京:北京師範大學出版社,2002.

②尹少淳.中小學美術教學論[M].長沙:湖南美術出版社,2012.

③尹少淳.走進課堂:美術新課程案例與評析[M].北京:高等教育出版社,2003.

④朱小林,鄧宏.義務教育美術課程標準(2011年版)解讀[M].武漢:湖北教育出版社,2012.

⑤陶旭泉.美術教師培訓理論與實踐[M].成都:四川大學出版社,2012.

⑥陶旭泉.美術新課程教學技能訓練[M].北京:科技出版社,2012.

⑦王大根.中小學美術教學論[M].南京:南京師範大學出版社,2013.

⑧李力加.名師如何煉就名課(美術卷)[M].重慶:西南師範大學出版社,2010.

⑨鞏平.美術新課程教學與教師成長[M].北京:中國人民大學出版社,2009.

⑩陳衛和.小學美術新課程教學論[M].北京:高等教育出版社,2003.

⑪周明星等.成功教師全書[M].北京:人民日報出版社,1999.

⑫李永正.新課程理念下的創新教學設計—中小學美術[M].長春:東北師範大學出版社,2003.

12

第十二章

基層美術常規教研活動實施的有效性研究

美術課堂問道—美術基礎教育熱點研究

第一節 研究問題

一、問題的提出

（一）美術常規教研活動的有效實施的重要意義

《國家基礎課程改革綱要》提出美術課程的實施是對中小學生進行美術教育的必要手段，美術教育對陶冶學生情操、發展學生智力、培養學生創新精神等方面有著重要的作用，美術教育發展的關鍵又在美術教師。2012年4月18日，四川省教育廳頒發的《關於進一步加強中小學藝術教育的意見》（以下簡稱《意見》）提出：從總體上看藝術教育目前仍然是學校教育中的薄弱環節，一些地方和學校沒有把藝術教育提升到學校育人應有的位置，藝術教師短缺、藝術課開課率不足、活動形式單一、資源匱乏等問題在各地還不同程度地存在。藝術教育的滯後，制約了素質教育的全面推進和人才培養品質的提高，《意見》提出加強藝術教育教研、科研工作，要立足本地、本校實際，著眼解決藝術教育實際問題，積極開展科研工作，以課題研究促進教學水準和教學品質的提高。美術教師在近年來參加國培和省培及遠端網路培訓，有了較多的美術培訓機會，但是參加國培、省培的美術教師人數畢竟是少數，而縣市、片區和校級的常規教研活動的有效開展，對全體美術教師的專業素質的提高、解決教育教學中出現的問題更有針對性和實效性。由此可見，美術常規教研活動的有效實施是提高教師專業技能和教育教學能力的關鍵，是提高美術教育教學品質的重要途徑。

（二）當下中小學美術常規教研活動中存在的問題

1.美術教師對從事美術教育工作這一職業的情感態度和認識存在問題。很多美術教師談不上熱愛美術教育，覺得美術學科是豆芽課（副課），不受重視，實行績效工資後，美術教師的獎勵性績效相對較低，獲得成績的機會相對較少，對自己的評職晉級有影響，所以對美術教學教研的積極性不高。

2.美術教師學科知識和專業技能欠缺，難以勝任美術課堂教學工作。有很多老師上美術課不敢做範畫，缺乏美術特長；有的是語文、數學教師兼職上美術課；有的是專職教師卻又不專業。

3.美術教師教育知識和課堂教學技能參差不齊，課堂教學水準與新課程改革提出的要求差距甚大，教師的主導作用和學生的主體地位都沒有得到體現，美術課的教學目標不能很好地實現。新課程理念還不能夠很好的予以實施，教師自身的教學技能、技巧，包括課堂教學的組織和設計能力都有待提高，所以學生要想上一節高品質的美術課是很難的。

4.美術教師綜合能力欠缺，美術教師除了在承擔美術教學任務以外，還需要承擔學校的美化和宣傳工作，學校校園環境的美化、黑板報的製作、作品展示、校徽標誌的設計等，這對美術教師的綜合能力提出很高要求。

5.美術教師科研意識缺乏，科研能力很弱。部分美術教師對科研熱情度不高，找不到研究的課題，沒有良好方法，甚至不敢去研究，因此不能及時發現問題和解決問題。

6.城鄉美術教育發展不均衡，其中城鄉教師資源配置不均衡，農村美術師資嚴重短缺，專職教師少，專職不專業的現象較多。對 35 所中小學的調查顯示，全市（什邡市）專職、兼職美術教師有 65 人，美術專業畢業的美術教師有 30 人，其中大專學歷以上 20 人（包括近三年特崗美術教師 12 人），其餘為中等師範學校美術專業 10 人，全市專職美術教師 25 人，城區中小學專職有 17 人，農村學校師資更是嚴重不足。這一組資料暴露出我市美術教育發展嚴重不均衡的現象。

7.美術常規教研活動實效性差，缺乏針對性，存在"走形式"的現象。

（1）一些美術教師教育觀念陳舊，主動參與教研活動的積極性差；美術教研活動形式單一，多是聽聽課，評一評，走過場；美術教研活動缺乏針對性和實用性，沒有根據教師教育教學及自身發展所需來策劃和組織教研活動。

（2）美術教研組人數少，教研氛圍不濃厚，有一些農村學校只有一個專職教師或根本沒有專職美術教師，即使是專職教師一般也不專業。美術教研組只有一人或與音樂、體育合為一組，研來研去，就像一盤"洋芋、土豆、馬鈴薯"怎麼研還是土豆，沒有新意。

（3）教研活動組織者和教研組長在組織策劃上缺乏有效的方法和制度的保障。

通過調查發現，我市基層美術教研活動存在的這些問題和當前教育改革的要求存在很大的差距，阻礙了我市美術教育的發展，使我市中小學生的素質得不到全面發展。為瞭解決這些的問題，我們確立了《基層美術常規教研活動實施的有效性研究》的課題，本課題的研究將改變我市中小學美術教育薄弱的現狀，促進我市美術教育教學的整體提高和均衡發展。

二、本題研究的意義

本研究的目的旨在研究出一套基層美術教研活動實施的有效組織模式、管理模式和評價體系。最終提升基層美術教師的思想觀念、專業知識技能和課堂教學能力，提升全體參研美術教師的教育教學研究水準，促進學生美術素養的全面發展，從而使全市的美術教育品質得到提升。該研究還將對市、縣級基層美術教研活動的有效開展起到指導和示範作用。

對美術教研活動實施的有效研究，能夠使市、縣、學校的領導對美術學科更加重視，是美術教師專業成長的重要途徑。可以提高教師的專業素養及美術課堂教學水準，使老師們能勝任美術教育教學工作，使學校美術教育水準整體提升，並能充分調動老師們參與教研活動的積極性。美術教研活動的有效實施是實施素質教育的重要手段，只有教師的教學能力得到了提升，學生才能享受到高品質的美術課程，才能享受到美的薰陶，達到真正落實素質教育的目的。

三、本問題國內外研究的現狀

通過查閱大量資料，中國關於美術教研活動的研究非常少，尚未發現與本課題完全相同的研究。對通識性"教研活動有效性研究"涉及語文、數學等課程的研究較多，這些研究為本課題提供了理論研究依據。

四川師範大學美術學院碩士生導師陶旭泉教授撰寫了《美術教師培訓理論與實踐》一書，書中對美術教師的培訓目標、培訓內容、培訓策略方法、培訓模式等做了詳細論述，其中對美術教師常規教研活動培訓模式的構建和應用的相關理論對本課題有很強的指導意義。如何將美術教師的培訓與教研活動結合起來，是值得深入研究的問題。

由成都師範學院的李宗樂、鄒豔紅、馮恩旭、陳實等老師編著，由四川美術出版社出版的圖書《中小學美術教師繼續教育培訓研究》，對中小學美術教師應有的素質、美術學科繼續教育的評價原則和評價方式做了詳細的闡述。美術教研活動的評價方式可以在此基礎上做更深入的研究。

天津師範大學教育學院郭志明在《如何提高中小學教師教研活動的實效性》的文章中提出"急需解決的問題主要有三個方面，即教師的觀念、教師的動力和教師的能力"。這一觀點也正是美術教研活動需要解決的三方面問題。

衢州市鹿鳴小學副校長溫菊琴在《提高校本教研的實效性，促進教師專業成長》文章中指出以下五點：找准切入點，提高理論學習有效性；抓問題關鍵點，提高問題研究針對性；落實著力點，增強校本研究實用性；構築教育制高點，使校本科研更具有科學性；培育成長點，讓校本教研更具有發展性。這些研究對所有學科教研活動的有效實施都有著指導意義，但美術教研活動還有著與其他學科不同的專業特點。

華東師範大學碩士研究生陳路的研究報告《新課程背景下上海市美術教研活動的研究》提出美術教研活動的新理念：美術教師的教學研究目的，在於為美術教師的專業發展提供學習、研究與交流的平臺；在美術教研活動中確立美術教師的主體地位；新開發的美術教研活動的內容要針對美術教師在課程改革實踐中遇到的問題，以滿足美術教師學習與研究的需要。研究中對教研形式做了探索實踐——研培結合與行動教育美術教研模式。這種模式對基層美術教研活動有效實施的研究有著借鑒意義，將研究和培訓結合起來的方法使美術教師的專業成長得到更好地發展。

四、相關概念界定

1.基層：基礎。從教育範圍來說，指中小學義務教育階段的教育；從地域範圍來說指市級、州級以下的縣級、鄉鎮片區級、校級。

2.常規：經常使用的規矩或規定。

3.教研活動：在各級教研部門或教培中心等教育機構的組織下，在教研員或教研組長的指導下針對教育教學中存在的問題進行的教學研究活動。

4.美術常規教研活動：是指以促進學生全面發展和美術教師專業成長為目的，所開展的美術職業心理、美術專業知識技能、美術教育教學研究三方面的常規美術教研活動。以教師在這三方面的需求和教育教學中存在的問題為研究對象，以美術教師為研究主體的實踐性研究活動。

5.有效性：有三層意思，分別是效率、效果、效益。

效率：是指工作總量與工作時間的比值，應放棄"事倍功半"，追求"事半功倍"。

效果：是指教師們參加教研活動前與教研活動後的變化值，有效果的教研活動應是帶著困惑而來，在參與研討的過程中有所收穫，並形成新的思考，產生新的問題而離開。

效益：是投入與產出的比值，指組織常規教研活動後所產生的效益。是否對全體參加活動的教師起到了作用，是否對教師的成長和教學的能力提高有所作用。

6.基層美術常規教研活動實施的有效性研究：旨在通過對我市常規的美術教研活動的制度健全、師資力量提高及教研活動的有效組織開展實施研究，從而形成一套科學完整的基層美術常規教研活動有效開展的模式，切實推動我市美術教育的發展。

第二節 研究的路徑

一、研究思路

1.面向全體教師，以美術教師為主體，充分提高教師對教研活動的認識和參與的積極性。

2.明確研究方向：美術常規教研活動實施的有效性研究。

3.確定地域研究範圍：縣市級、片區級、校級的中小學美術教研，層層紮實，相互結合。

4.採用自主教研和集體教研相結合的形式，充分調動個人的主動性和集體智慧的力量。

5.建立健全相關制度，確保教研活動的順利開展和教研效果提高。

二、研究方法

本課題的研究以理論研究為指導，應用研究為主體，個案研究和綜合研究相結合，並強化綜合研究。具體採用以下方法：

問卷調查分析法：通過問卷調查瞭解全市美術教師專業基礎和教學方面的情況，以及所需要解決的問題和需求，瞭解教師教研活動的現狀和存在的問題。

文獻資料法：通過查閱書籍和網路資源，查找相關的研究資料。

行動研究法：這是一種適應本課題的探索性方法，也是基本的研究方法。針對研究活動中遇到的問題，不斷地嘗試、改進工作。探索教研活動實施的有效途徑，解決教研中的實際問題。將單個教師的行動研究和群體教師的協作性行動研究結合起來，借助集體的智慧力量，邊實踐邊總結，邊檢驗邊完善，及時調整，以便解決問題，最終形成一套比較有實效的教研活動的組織方法和模式。

經驗總結法：通過各種教研活動的開展，總結教研活動的成功經驗並推廣。

案例研究法：結合課題研究目標，對美術教師建立個人檔案，從教師實際出發，針對個性發展的需要，為他們制定培養目標、訓練計畫等，進行有效指導。在較長時間內進行連續追蹤調查，研究其發展變化的過程。

頭腦風暴討論法：在教研活動的討論中，進行頭腦風暴式的討論，各抒己見，讓思維產生碰撞。

三、研究的突破點或研究的創新點

1.研究的領域是現有研究中較少涉及的研究領域──美術教研。

2.研究意義是通過教研活動的有效實施來提高美術教師專業素養，推動美術教育的發展，為新課程下教師專業成長探索出一條新的途徑。

3.研究目標創新：有效的活動開展管理制度、有效的美術教研活動組織形式、有效的達標策略、有效的評價辦法。

4.研究內容上，在以前的相關研究中提出的解決教師課堂教學中遇到的問題基礎上，增加了對美術教師思想觀念、從業修養的研究，從根本上來解決問題，並增加了教師美術專業技能的有效研修內容，以及説明教師教育教學和教育科研能力提高的相關內容，使教師能力得到全方位提高，進而達到美術教育水準整體提高的目標。

5.該課題研究的成果將對省內基層美術常規教研工作的有效開展提供優秀的實踐範例。

四、研究的過程

1.2012 年 3 月，課題組制定了《基層美術常規教研活動實施的有效性研究》的問卷調查，並通過對調查問捲進行分析統計形成了調查報告。

制定詳細準確的調查問卷，對全市的中小學美術專職、兼職教師進行調查，分析問題，制定策略。問卷中涉及教師的基本情況、專業特長、觀念認識，還包括課堂教學相關技能和技法、美術教師對自身專業成長的需求、教研活動的意見和建議，並對學校及教研組開展活動的形式和效果做調查，以確保每一位教師填寫的準確性。

2.根據教師專業成長的三方面，即師德修養、美術專業技能、教育教學技能設計教研活動的內容。

（1）對於思想消極、工作責任心不強、對美術教育認識不到位、認為美術學科不重要的教師，設計了關於美術教師師德教育等講座。

具體措施：聘請知名美術教師講解自己對美術教育的熱愛和敬業愛崗、樂於奉獻的事蹟，為美術教師起到楷模示範、感染帶動的作用，使教師們對美術教育教學有新的認識和積極的態度，激發教師的責任感和使命感，以調動教師參與教研活動的積極性。

（2）對於教師專業基礎差、美術修養不足、沒有一技之長、缺乏自信、不敢動筆示範等問題，根據美術教師的愛好和輔導學生所必需的基本技法，開展專業技能的培訓，包括線描寫生、兒童畫輔導、水粉畫、水彩畫、版畫及其他畫種等，讓老師們"多能一專"，至少有一項特長。

具體措施：通過教師自學、教師之間沙龍式相互切磋提高，或者聘請畫家指導講授，或者參觀展覽等方式，切實提高教師專業技能和美術修養。

（3）美術課堂教學技能的好壞能直接體現在學生學習的效果上，根據新課程的要求對課前備課、範畫、美術課堂教學組織、時間安排、學生評價、專業拓展及不同課型、不同學習領域的教法等一系列的問題，開展提高課堂教學效果專題教研活動，並一一上述解決。

具體措施：提出問題比解決問題更有價值。要求教研員深入一線，聽課調研；教師要善於反思，善於發現問題，這樣教研活動的主題就會有針對性和實用性，也對教師的研究和反思有一定的幫助。每學期初，收集美術教師對本學期教研活動的建議和需求，再根據實際來安排設計本學期的教研活動。

（4）解決美術教師科研意識缺乏、科研能力弱，以及對科研有抵觸情緒、找不到研究的課題、發現不了問題也解決不了問題的情況。

具體措施：邀請科研室主任楊濤為全市的美術教師開展科研講座，讓老師們瞭解科研、熱愛科研、從小事做起、從小問題入手，解決教育教學中的問題，切實提高教師教研能力。

3.研究美術教研活動的有效組織形式和方法。

常規的美術教研活動常用到的活動組織形式有講座、集體備課、聽課、評課等，教研活動多是以集體教研為主。在本課題研究中有一個創新點就是自主教研和集體教研相結合。自主教研可以針對專業技能和教育教學先進理念，以自學為主，可以與愛好相同的人切磋，可以拜師學藝，也可以通過網路或書籍學習先進的教育教學的理論，提升教師的理論素養。而集體教研將增加師徒結對、"老帶新""走出去"（郊遊寫生、參觀展覽、巡迴畫展、美術畫展下校活動、片區聯動教研等）、"請進來"（請專家講座，請畫家指導等）、校際聯動（聯片教研、對口幫扶學校等方式）、網路構建、論壇交流、"坐莊"式教研、城區專職美術教師送課下鄉、沙龍交流、集體備課、問題會診、課（評課、說課、賽課、示範課）聽、遞進式同課異構、微課研討、主題（專題）教研，以賽代研等內容和形式。

4.制定出一套分層、分級的美術教研活動實施的有效管理制度和保障措施：基層美術教研機構有教科所、片區、鄉鎮學校教研組及每個美術教師的自主研究，四級環環相扣，以上帶下，制定分層、分級的教研活動的管理制度（縣級美術教研活動制度，校本教研制度，片區聯動制度）。

5.將對有效美術常規教研活動的達標策略和有效評價做研究。

為了提高教研活動的有效性，將對教師參加教研活動的效果做達標評價。

具體措施：每次活動前制定活動的計畫表；每次活動後填寫活動的評價表；研修日誌、心得體會、反思、教研活動記錄，並提出教研活動的改進意見。

6.教研員處理好與美術教師之間的關係。

教研員不是活動的裁定者，而是教師成長的引導者。教研員要和老師們成為朋友，要以幫助他們成長為樂，在學校領導面前要為老師說話，鼓勵教師、幫助教師。定期組織郊外寫生教研、美術教師沙龍活動，培養專業進取心，營造和諧團結、積極向上、氛圍融洽的美術團隊。

第三節 研究的成果

一、研究成果的呈現

（一）認識成果

1.美術教研活動實施有效性研究，能夠促使市、縣、學校的領導對美術學科更加重視。美術教研活動的有效實施使學校的美術教育取得成效，美術教師就會逐漸提升自己在學校的地位，得到學校的重視和認可。

2.美術教研活動的有效實施，是學校的美術教師專業成長的重要途徑，提高了教師們的專業素養，更能提升學校的美術教育教學工作，使我市美術教育水準得到整體提升。

3.美術教研活動的有效實施充分調動了老師們參與教研和科研的積極性。

4.美術教研活動的有效實施對美術課堂教學品質有著重要的促進作用。

5.美術教研活動的有效實施是實施素質教育的重要手段，只有教師的教學能力得到了提升，學生才能享受到高品質的美術課程，才能享受到美的薰陶。

6.有效的管理制度和評價機制是教研活動實效性的保證。

（二）技術成果

1.形成了基層美術教師美術教育現狀的調查報告。

針對我市 35 所中小學校的美術教師進行了問卷調查，收回 65 份問卷。針對教師基本情況、專業技能、教學教研和科研等方面做了調查和分析。

2.研究總結出基層美術教研活動有效性開展的原則。

（1）面向全體原則：以教師為研究主體，充分調動每一位教師的積極性。科研不神秘，更不複雜，每位教師都可以參與。選准內容，選對方法，量力而行，人人參與。一隻螢火蟲光亮有限，而千百隻螢火蟲的光亮完全可以照亮我們前進的道路。全體教師都來參與教研，這樣就可以促使教師不斷地更新觀念、自我反思和自主發展，提升美術校本研究品質。

（2）實用性原則：研究的過程要有效率，研究內容要實用，研究要有效果。我市組織的"專題研討式"的美術教研模式以"專題研討、新老互幫、資源共用、課後反思、專家引領"為一體，這些活動使教師受益匪淺，幫助教師在美術教學教研道路上不斷成長。

（3）問題性原則：讓教師在實踐中勤於反思，善於發現，帶著問題進行教研。教研就是交流，就是用集體的智慧解決出現的問題，然後去收穫思維碰撞後的成果和喜悅，接著又發現新問題，解決新問題，不經意中，我們每一個人的專業水準都提升了，教學品質也提高了。

（4）探索性原則：在整個研究中措施、方法、策略都在探索中完善進步。探索性原則就是我們要努力使美術教學教研活動富有探索性，為教師教研創造觀察、探索、發現的環境，鼓勵教師大膽聯想，激發教師的教研興趣和創新思維。

（5）實事求是原則：立足現狀和存在的問題進行研究，要求務實。我們圍繞問題，依託課題，啟動、改進教研活動，提高教學研究工作的針對性、實效性和主動性。教師要高度重視，認真開展美術教學教研工作，實事求是開展活動。參與活動的教師的教學準備能力、實施能力、反思能力、評價能力都得到了一定程度的提高，教研活動取得明顯效果。

（6）綜合性原則：在研究中注重教師能力的綜合性發展，注重研究內容綜合性的安排，注重研究方式綜合性設計。我們通過美術教學教研活動，使美術老師的能力全面提升，逐步具備"五好"，即品德好、教學好、創新好、口才好、態度好。不但要求老師學識淵博、熱愛生活、興趣廣泛，而且更要求他們好學不倦，勤於藝術研究，廣采博取。同時，美術教學教研的內容和方式不是一成不變，可以小同大異，別開生面，甚至異想天開。可以凸顯地方特色，可以體現時代特徵，可以活潑熱烈，還可以科學嚴謹。

（7）合作性原則：在研究中注重教師之間的合作、學校之間的合作、教科所與學校之間的合作。建構主義認為："協作"應該貫穿於整個學習活動過程中，我們的美術教研也就是另一種學習活動，因此，美術教研活動中的協作就必不可少。教師與學生之間、教師與教師之間的協作，對資料的搜集與分析、假設的提出與驗證、學習進程的自我回饋和學習結果的評價及意義的最終建構都有十分重要的作用。合作性原則有七點優勢：有利於充分發揮集體智慧，做到知識共享；有利於準確把握教學的重難點，提高整體教學水準；有利於教研活動的開展；有利於省時、省力地提高工作效率；有利於資料共用，提高教學品質；有利於增進老師之間的相互瞭解，培植一種交流、合作、研究的學術氣氛；有利於開發各校現有的教育資源，推廣優秀老師的教學經驗，縮短年輕老師的成長週期，節減學校培訓經費。

3.建立了各級美術常規教研活動的管理制度：什邡市教科所教學管理制度；什邡市教科所學科中心組管理制度；什邡市教科所教研員職責；什邡市美術學科片區教研活動制度；什邡市教科所關於優秀美術教研組評選細則；什邡市美術教師教學常規檢查測評表；美術教師教研活動記錄表；美術教師教研活動研修日誌。

4.構建了基層美術教研活動有效性開展的組織模式。

（1）中心組指導模式：俗話說得好"火車跑得快，全靠車頭帶"，單憑美術教研員的個人力量，難以支撐繁重龐雜的教學教研工作，美術教育活動要搞起來，要搞得好，必須要有一支強有力的領導團隊。因此，組建"美術中心組"就十分必要，美術中心組成員可以分工合作，分別負責組織、協調、開展美術各種教研活動，切實提高活動品質；收集整理組員的教學反思、聽課心得、成長報告，並對相關情況進行評價，如是否按時完成、品質如何等（組員通過郵件發送上交，整理後發到博客群中）；定期收集和推薦優秀美術活動教案和文章；負責教研組活動記錄、拍照、攝像、活動宣傳等。中心組成員的分工合作是保障教研活動有效開展的一個重要措施。

（2）專家、骨幹引領模式：在美術教研活動中，老師們最大的困難在於沒有專業高度的理論指導，因此我們採取了專家引領、骨幹帶頭的教研形式，讓教師及時獲得專家骨幹的指導，使專業和理論同步發展。

①模式一"請進來，走出去"：為使全體教師的教育水準不斷提高，用先進的教育理念去指導實踐，我們定期邀請省、市、區教研專家來我市講座和指導工作，就教育教學、教育觀念、綱要解讀，以及實施、認知、行為等領域的問題進行了指導和探討，這種互動交流的教研形式開拓了教師的眼界，提升了理論修養，對新課改的內涵與實質有了更為深刻的認識和理解。我市陸續請了四川音樂學院成都美術學院院長馬一平、北京專家劉曉燕、四川省教學名師辜小平、四川建築職業技術學院王海等專家名師為什邡市美術教師授課，極大地培養了我市美術教師的學習興趣，提高了美術技能技巧，教師們從中受益匪淺。此外，我市根據需要派教師外出學習，及時瞭解和吸收美術教學教研新的資訊和動態，我市先後派出教師到北京、浙江、成都、綿陽等美術教育較發達的地區交流學習，效果非常好。

②模式二"搭平臺，挖資源"：發掘什邡市內優質的美術骨幹教師，他們具有較強的專業能力和創新思路。為了充分發揮骨幹教師的作用，什邡市教科所搭建了多種交流平臺，讓本土成長起來的老師們得到更多鍛煉和實踐的機會，成長得更加快速。目前，我市實驗小學教師尹偉老師獲得四川省美術課堂競賽一等獎，並獲全國三等獎；付超獲四川省美術課堂競賽二等獎；曾令旻獲四川省教師基本功競賽一等獎；朝陽小學歐子怡獲四川省美術教師錄影課二等獎，獲獎的還有多名德陽市、什邡市優秀美術教師，這些教師都是美術教學教研的"本土骨幹"，他們開設教學專題講座，上示範研究課，結合自己的教學實踐談體會、論觀點、說反思，毫無保留地貢獻自己對教育教學的見解。在德陽市課堂教學比賽中，由教研員郝小紅牽頭，進行初賽、預賽、決賽，美術教師共同聽課、評課、

探討課例。在歐子怡（朝陽小學）、趙順玉（中學）準備參加德陽市美術課堂教學決賽時，中心組成員共同設計環節，準備教具，一人上課，多人牽掛；一人主上，眾人研討，使活動圓滿完成，並獲得很好的成績，歐子怡（朝陽小學）、趙順玉（中學）分別獲德陽市一等獎，其中歐子怡（朝陽小學）以第一名的優異成績被推薦代表德陽市參加四川省的比賽。

（3）四級教研模式：為營造嚴謹、務實、民主、寬鬆的教研氛圍，改變美術教師教學研究各自為戰的狀況，我們實施市、片、校、個人"四級"教研模式。四級教研即"以市（縣）教研室為龍頭，以片區中心為依託，以各級學校為基地，以廣大教師為主體"的教研組織網路。是"以專業引領為指導，以合作交流為途徑，以為校本教研為基礎，以行動研究為方法"的教研工作模式。激勵教師積極參與教研活動，共同切磋分享經驗，養成理論學習和實踐反思的習慣，不斷提高研究和解決教學實際問題的能力，提高課程開發和建設的能力，使日常教學工作、教學研究和教師專業發展融為一體，提高教學研究水準，落實教研的實效性。（圖 12-1）

（4）城鄉牽手一對一模式：為加強我市美術教育薄弱鄉鎮學校的發展，充分發揮城區學校的資源優勢，增進城鄉教育交流，促進全市美術教育均衡發展，我市組織了"城鄉教研，攜手同行"的交流研討活動。活動中，城區各校的美術骨幹教師與鄉鎮美術教師分別展示教學活動，教師觀摩後，大家以二節教學活動為載體，圍繞"教學活動的有效性"，展開教學研討交流活動。

通過活動的開展，充分利用城區學校的人才、管理、資源、資金、資訊等方面的優勢，通過多種形式向農村學校傳送先進的教育理念、管理經驗、教學方法，提高農村美術教師整體素質。通過活動，在城鄉之間搭建了一座相互溝通、攜手共進的橋樑，縮小了城鄉美術教學教研差距，促進了城鄉美術教育的均衡協調發展。

（5）送課下鄉模式：美術教研組充分發揮職能作用，對全市農村小學和美術教學薄弱學校加強指導，每年都組織多名省市級教學能手、優質課執教者等名師講課助教，送課下鄉。送課下鄉活動堅持輻射、示範、引領的基本原則，堅持從美術新課程實施的目標出發，在教學思想、教學設計、課堂結構、課堂情境、教學方法、學生能力培養等方面做到有所創新、突破和發展，真正發揮送教的示範、觀摩、提升的作用。送教使用的教案、課件、講座稿、教案設計說明在完成

美術學科中心組織結構圖

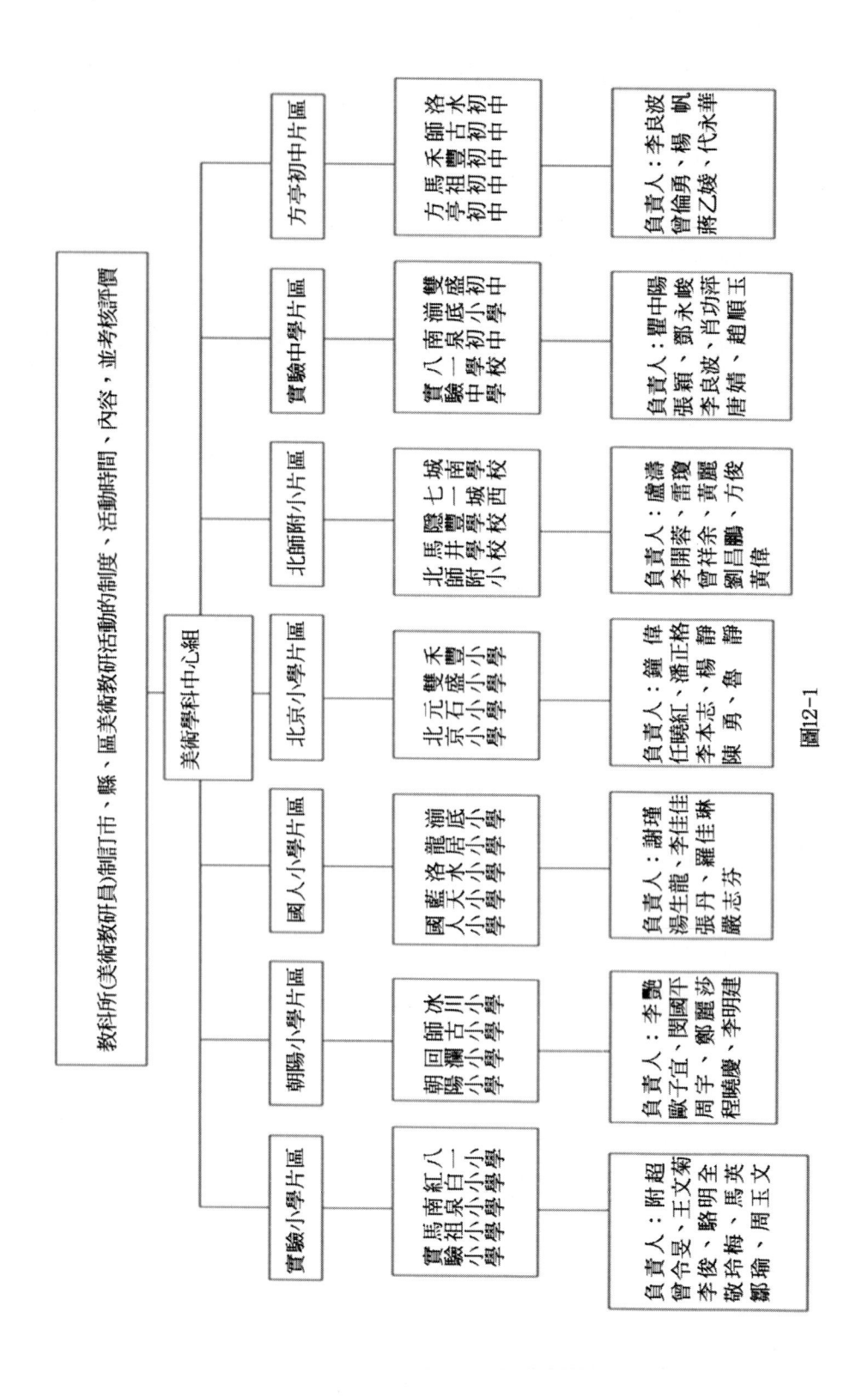

教科所（美術教研員）制訂市、縣、區美術教研活動的制度、活動時間、內容，並考核評價

美術學科中心組

實驗小學片區
實驗小學、馬祖小學、南泉小學、紅旗小學、八一小學

負責人：附超
曾合受、王文菊、駱明全、李俊敬、馬美梅、鄒瑜、周玉文

朝陽小學片區
朝陽小學、回民小學、師範附小、瀾滄古小學、冰川小學

負責人：李艷
歐子宜、關國宇、周國平、鄭麗莎、程曉慶、李明健

國大小學片區
國大小學、藍天小學、洛水居小學、龍居小學、瀾底小學

負責人：謝瑾
湯生龍、李佳佳、張丹、羅佳琳、嚴志芬

北京小學片區
北京小學、元石小學、雙盛小學、禾豐小學

負責人：鍾偉
任曉紅、潘正格、李本志、楊靜、陳勇、魯靜

北師附小片區
北師附小、馬井學校、七一學校、城南學校、隱西校

負責人：盧濤
李開容、曾祥余、劉昌鵬、黃偉、雷寶、黃麗、方俊

實驗中學片區
實驗中學、南泉一中、瀾底學校、雙盛初中

負責人：豐中陽
張穎、李良波、唐靖、鄧永峻、肖功萍、趙順玉

方亭初中片區
方亭初中、馬祖初中、禾豐初中、洛水初中

負責人：李良波
曾倫勇、楊帆、蔣乙嫒、代永華

圖12-1

送教任務後，送交工作室存檔。送課下鄉活動由點帶面，聯片教研，擴大了受益面。活動接地氣、重實效、形式靈活、內容充實，深受歡迎，幫助老師們進一步加深了對新課標的理解，拓寬了教學思路，豐富了教學手段，為高效美術課堂的打造奠定了基礎，促進了美術教育教學品質的整體提高。

（6）創建美術特色學校"一校一品"模式：為進一步提升我市美術教學教研水準，強化各校美術校本教研，切實推進素質教育，我市以創新為主體，以"一校一品"為目標，以"抓起點、展亮點、顯特點"為主要內容，按照"建項目、創特色、樹品牌"分步推進，全面啟動我市 "一校一品"的美術主題教學教研工作。在近兩年的創建過程中，各校認真分析自己的辦學底蘊與辦學特長，積極開展學校美術特色品牌的理論研究和實踐探索，通過"一校一品"建設工程，改善了美術教學條件，完善了美術教研機制，豐富了教學內容，激發了教師潛能。各校充分挖掘學校的傳統美術優勢，堅持"面向本校、來自本校、服務本校"的宗旨，充分利用本校現有的美術資源，結合鄉土文化，開展具有本土特色的美術主題活動。如實驗小學的紙漿畫、朝陽小學的以川西佛都——羅漢寺為創作素材的寫生長卷、南泉小學的粘貼畫和牛兒燈、慈濟小學的蠟染創作、雙盛小學的石頭畫等各具特色，都是因地制宜，挖掘本地美術教學資源，以學校特色美術教育為突破口，以課題研究和校本課程開發為抓手，致力於做好學校的美術特色教育品牌工作。

（7）自主教研和集體教研相結合的模式，包括沙龍式學習小組模式、美術教師 QQ 群平臺交流的模式、拜師學藝模式。

①沙龍式學習小組模式：分別由美術教師中有特長的老師擔任小組長，招募一批愛好者，定期組織參加沙龍活動，交流、切磋、練習、展示，最後使小組成員能力共同得到提高。成立了版畫小組、色彩小組、國畫小組、剪紙手工組、漫畫小組，各組組長帶領組員在業餘時間和集體研修日開展活動。

②美術教師 QQ 群課程平臺交流的模式：成立什邡市美術教師 QQ 群，進行每週一次的課程交流，是老師們學習提高的又一途徑，有新的教學理念、新的兒童美術技法、教學中的問題等都可以交流。

③拜師學藝模式：由教研員聯繫德陽市區內或省內知名畫家，美術老師們根據自己的喜好，拜他們為師。四川音樂學院成都美術學院的馬一平院長，德陽市擅長畫花鳥牡丹的國畫家葛祿生老師，擅長畫花鳥荷花的廖德林老師，擅長畫

竹的青世龍老師，山水畫家陳野平，擅畫油畫的什邡市美協主席羅丕祥，在省內外有名的油畫家王雲、鄧武，還有擅長畫水彩的王海老師……美術老師們根據自己的喜好和基礎分別向畫家們拜師學藝。這樣的拜師學藝對教師的專業提升很有效，作為一個美術教師必須要有一門過硬的專業技能。

5.研究得出了基層美術常規教研活動實施的有效達標策略和評價體系。

常規美術教研活動的有效開展需要有一個達標策略和評價體系。首先是每一學期初，由教研組長收集美術老師們在提高美術專業技能方面的需求、在教育教學中存在的困惑和問題。匯總後，根據實際情況制定出專業培訓專案和本期教研活動的主題。然後再根據每次教研活動的內容制定單次活動的計畫表。在活動過程中，做詳細記錄，填寫每次活動的評價表、研修日誌、心得體會、反思總結、教研活動記錄，並提出教研活動的改進意見。最後根據美術教研組常規的活動測評表評出優秀教研組和優秀教研組長。

6.編輯我市美術教師作品集，進行成果展示。

7.編寫美術教學課例和美術教學論文集。

（三）研究效果

1.切實提高了我市美術教師愛崗敬業的師德修養，使他們能夠熱愛美術教育事業，覺得作為一個美術老師很自豪並逐漸喜歡上美術教學。

2.提高了全市美術教師的專業知識技能和課堂教學能力，有一大批年輕的教學能手成長起來。在我市美術教師近三屆參加的德陽市美術優質課賽中，尹偉、付超、歐子怡、趙順玉、蔣乙綾老師都分別以第一名的成績獲得一等獎。尹偉老師得到了省一等獎；付超、歐子宜老師獲得四川省二等獎；師古初中蔣乙綾獲得德陽市中學美術青年教師技能大賽第一名。這一系列的賽課和教研活動真正提高了什邡市美術教師課堂教學的品質，每一次評課，老師們都要發言，能夠比較准確地說出課堂教學中存在的問題，這種積極參與研討的精神讓人感動。

3.提高了全體參研美術教師的教育教學的研究水準，增強了他們對教研活動有效性實施的參與能力。什邡市教科所有兩項課題，一項是《基層美術常規教研活動實施的有效性研究》，這個課題的參研單位是全市的美術教研組，是每一個美術教師。還有一個課題《德陽市中小學美術校本課程的開發和應用》也是全體參研學校都必須參加的。什邡市實驗小學的課題《少兒科學幻想畫的創作教學》，獲得德陽市的政府成果一等獎。另外，很多學校也都有校級的美術課題。

4.美術教研員、教研組長組織管理美術教研活動的能力得到了很大提高。美術教研員和美術教研組長之間、美術教研組長與美術老師之間，氣氛融洽，團結協作，形成一個積極向上、科研氛圍濃的美術教師團隊。

5.提升了我市中小學美術教育教學的整體水準，提升了美術教師在學校教育教學中的作用。什邡市的尹偉、付超和曾令旻老師的美術基本功分別榮獲德陽市一等獎和省級一等獎。

6.學校美術氛圍濃厚，學生喜歡美術課，美術活動豐富多彩，活動參與面廣，學生在美術教學和活動中陶冶了情操，培養了興趣，得到了全面發展。全市將建成一批美術教育特色學校。南泉小學的鄉土文化美術特色的建設，得到了德陽市各縣市來賓的高度評價，對德陽市 6 個縣市區，起到了輻射引領作用。

7.縣市級美術教研工作方面：美術教研工作取得很大成效，教研活動的組織、開展等已成常態，建立了完整的美術教研制度，健全了美術教研組，形成了有效的教研模式，並且建立了優秀的、具有影響力的美術教研活動單位，對德陽市內美術教研活動有效性開展起到示範作用。2013 年德陽市的美術書法教學年會都在什邡市舉行，全德陽市有接近 300 名老師來到什邡市，對什邡市的美術教育教學給予高度評價，德陽市的美術課題《德陽市中小學美術校本課程的開發和應用》在什邡市南泉小學開展。我市中小學全面開展"一校一品"活動，在什邡市宣傳部、什邡市文聯、什邡市教育局和文廣新局的聯合組織下，評選出了 4 所什邡市美術特色學校，11 所書法特色學校，並給予獎金 20000 元。這一系列的活動，充分調動了學校在爭創特色學校中的積極性，也給了美術教師展示的空間和舞臺，更提升了美術教師在學校的地位。

8.該課題研究中，我市美術教師們取得優異成績。我們收錄了德陽市市級以上的賽課、論文比賽、基本功比賽、各級教師的美術作品展及所輔導學生的證書共計 150 份。

二、研究成果說明

研究成果包括認識成果和技術成果。

（一）認識成果

該研究能夠促使市、縣、學校的領導對美術學科更加重視，是學校美術教師專業成長的重要途徑，提高了教師們的專業素養，充分調動了老師們參與教研科研的積極性。對美術課堂教學品質有著重要的促進作用，是實施素質教育的重要手段。可見，有效的管理制度和評價機制是教研活動實效性的保證。

（二）技術成果

1.形成了基層美術教師美術教育現狀的調查報告。

2.總結研究出基層美術教研活動有效性開展的原則：面向全體原則；實用性原則；問題性原則；探索性原則；實事求是原則；綜合性原則；合作性原則。這些原則是美術教研活動實施的有效保障，在教研活動中要遵循這些原則。

3.建立了各級美術常規教研活動的管理制度，這些制度將更有力地保障美術教研活動有效開展和有效管理。

（1）什邡市教科所教學管理制度。

（2）什邡市教科所學科中心組管理制度。

（3）什邡市教科所教研員職責。

（4）什邡市美術學科片區教研活動制度。

（5）什邡市教科所關於優秀美術教研組評選細則。

（6）什邡市美術教師教學常規檢查測評表。

（7）美術教師教研活動記錄表。

（8）美術教師教研活動研修日誌。

4.構建了基層美術教研活動有效性開展的組織模式。

（1）中心組指導模式。

（2）專家、骨幹引領模式。

①模式一"請進來，走出去"。

②模式二"搭平臺，挖資源"。

（3）四級教研模式。

（4）城鄉牽手一對一模式。

（5）送課下鄉模式。

（6）創建美術特色學校"一校一品"模式。

（7）自主教研和集體教研相結合模式。

①沙龍式學習小組模式。

②美術教師QQ群課程平臺交流的模式。

③拜師學藝模式。

5.研究得出基層美術常規教研活動實施的有效達標策略和評價體系，這是對美術教研活動開展效果的評價和檢測，使教研活動的效果能夠以量化的標準

6.編輯我市美術教師作品集。

7.編寫美術教學課例和美術教學論文集。（圖12-2）

三、研究成果的應用

（一）教研活動中教師專業技能培訓有效模式的應用

老師們做培訓。面向農村中小學美術專職、兼職老師開展一些美術專業基礎學習，如手工製作、剪紙技巧、油畫棒的應用、點線面造型設計、色彩基礎、科幻

圖 12-2

畫創作、兒童畫創作等內容，對農村兼職美術教師的專業提高有著很好的實效。

（2）借力美協畫家、專家、教授指導專業技能。

很多老師畢業以後參加工作，就很少摸筆劃畫了，繪畫技能荒廢。邀請美術家協會的畫家、美術高等院校老師做講座和指導，在畫家們的帶動下，老師們有

了繪畫的氛圍，有了想畫畫的衝動，專業水準提升很快。

（3）開展沙龍式學習小組。

選出各有特色的和基本功比較好的老師作為組長，成立版畫小組、國畫小組、色彩寫生小組、剪紙手工小組。利用學校的集體教研日和週末時間，組長分別組織美術教師開展學習、交流、切磋、寫生和創作活動。開展什邡市美術教師作品大賽、什邡市的美術教師基本功比賽等活動，從多個途徑來促進教師美術專業水準的提高。

（4）美術教師QQ群課程平臺交流模式的應用。

為了給老師們提供交流和學習平臺，我們成立了什邡市美術教師QQ群，老師們常在群裡交流，並定期組織老師在每週一的晚上8點到10點在美術群裡上群課，內容上必須要求有一些新的知識、新的觀念、新的教育教學方法、新的美術技能等。群主和群管理員都是美術中心組成員，要求群內老師們必須人人發言。上課的老師可自願報名，或者由美術中心組老師安排。這樣的平臺更有利於督促老師們去學習、提高，也給老師們提供了資源分享的平臺。這樣就將個人自主研修和集體研修結合起來。

（二）美術教師課堂教學內容研討模式的應用

教學研討活動由教研員收集教師在美術課堂教學中存在的問題並開展研討，使美術教研的針對性增強，只有落實到細節，老師們才能對症下藥，在教學實踐中解決問題。

（1）針對不同年齡段學生的課堂教學特點進行研討。

（2）針對教學中的不同環節進行微課研討。如導入方法、知識和技能的傳授、上課示範、教學評價展示、拓展應用等，對相同環節進行"同課異構"。

（3）針對不同教學課型進行研討；對欣賞評述課、設計製作課、造型表現課及綜合探索課等不同課型，有針對性的分別開展教研活動。

（三）美術教師課堂教學研討活動組織形式的應用

美術教師主動申請上教研課，教研課的形式有骨幹教師送課下校、"坐莊式"美術教研課、城鄉"一對一結"對子互幫互學活動、片區教研活動、城區美術教師送課下校活動。

（1）開展骨幹教師送課下校。

美術教學骨幹教師送優質課到美術教育教學相對較弱的學校，被送課學校的美術教師也上教研課，通過雙方觀摩和研討使該校美術教師的課堂教學能力得到提升。

（2）開展"坐莊式"美術教研活動。

要求每個學校的美術教研組根據本學校美術特色及教師的特長，從課堂教學、學生作品展示及校園環境等多方面進行展示，開展美術教研組現場觀摩活動。既能充分展示學校的美術特色，又為全市的美術教育起到示範作用。

（3）開展城鄉"一對一結"對子互幫互學活動。

城區學校美術教師的配備及教學能力和鄉鎮學校相比要好，採取城鄉"一對一結"對子活動，從師資的專業和學校美術教學、學校美術活動的開展等方面都進行指導和輔助，讓農村學校的美術教育教學水品得以提高。

（4）開展片區教研活動。

成立美術教研片區，有相應的片區牽頭學校和片區小組長，每學期開展兩次片區教研活動。

（5）開展校級美術教研活動，要求每位教師上一次校級教研課。

（四）創新評課模式的應用

為了調動全體教師人人參與、人人收穫、人人評課的積極性，我們採取每人一句話、一個觀點、不重複評課的方式，老師們都爭相發言，參與評課，再也不是眼睛看著、耳朵聽著、腦子卻不怎麼思考的狀態了。評課不再是教研員的一言堂，而是大家頭腦風暴式的討論，這樣收穫多多。教研活動後，老師們會根據本次活動寫出收穫感想及研修日誌。並根據本次教研活動相關內容完成相關的作業。比如，在一次教研活動中，張丹老師上了"春天的色彩"一課，評課時，老師們根據授課教師使用實物拓印的方法來表現春天的顏色，大家提出了用剪貼、染紙、彩繪的方法來上這堂課，於是佈置下這個作業，讓老師都來上一上這個內容，並通過網路平臺來做交流。

（五）科研能力培訓模式的應用

針對美術教師舉行科研課題的培訓講座，提高教師的科研意識和科研能力。我們進行了"科研反思五步行"：發現問題—整理問題—研究問題—寫出論文—確立課題。

邀請什邡市教科所理論室主任楊濤，給全體美術教師做了科研課題的選題和研究方法的講座，講座後，要求每一位老師找出自己在教育教學中遇到的問題並寫下來，通過教研組進行討論，確立課題。從小問題入手，提高教學反思和研究能力，在教育教學的過程中找到問題、解決問題，直到立項研究，現在有 10 所學校的美術教師有校級美術課題，有 3 所美術學校有什邡市級的美術課題，還有 20 餘名教師已經基本確立課題，準備實施研究。

同時，美術教師撰寫教學論文，參加什邡市、德陽市、甚至四川省的美術教學論文比賽，獲得一、二、三等獎。

（六）美術教師綜合技能培訓模式的應用

通過對美術教師美術字書寫的培訓，對美術教師進行簡單裝裱技術培訓、學校美術作品展示形式的培訓、標誌設計培訓、製圖軟體培訓等，使美術教師積極參與學校相關的環境創設和宣傳活動，使我們的美術教師們成為學校不可或缺的老師。

（七）美術教師外出參觀學習和寫生遊園活動

這種集體活動增進了美術教師之間的瞭解和友誼，增強美術團隊的凝聚力。我們先後組織老師們去綿陽參加省優質課賽觀摩、參觀綿陽東辰學校的美術展、參觀成都青羊區藝術節的展示，參加"醉青花"泥塑手繪青花瓷活動，參加川西佛都的寫生和遊園遊戲活動，讓美術教研活動充滿樂趣、富有實效和收穫。老師們相互熟悉，友好互助。當遇到省市的比賽活動，美術團隊就發揮團隊的力量，群策群力，使每次的比賽活動能夠做得更好。

（八）美術特色學校"一校一品"模式的應用

根據本校的地域環境、文化背景及教師特長，進行"一校一品"特色創建，教師開發課程能力得到充分提高。美術特色的創建為學校美術氛圍的營造和校園文化的建設有著重要作用，也是學校特色教育發展的需要。既能提高美術教師的課程開發能力，又能提升美術教師在學校的地位。比如，南泉小學是一所農村中心小學，美術老師馬英利用鄉土材料開發校本課程，用竹編和麻繩、稻草和樹皮等結合美術課程開展一系列的教學，達到了很好的教學效果，也形成了學校的美術特色。學校的美術特色凸顯，學校也以此為榮，學校來了客人，都要被帶到美術教室參觀，總是得到來賓們的高度評價，南泉小學的美術老師也因此成為學校領導和老師們認可和看重的人，應驗了"有為有位"的說法。這樣的活動也正是展示美術教師才能的時候，使美術教師在學校的地位有所提高。

（九）美術教研員與教師的關係處理模式的應用

教研員面對的物件是所有的美術教師，必須要有較強的組織能力和業務能力才能得到老師們的信服和尊重。除了組織能力和專業技能，還存在一個問題，就是與老師們有和諧、平等人際關係。教研員不是領導，是為學校、教師服務的。教研員要真誠關心每一位美術教師的成長，為老師們在美術專業成長和個人成長上做出引導，要成為美術老師們的朋友，這樣才能真正引領所帶領的美術團隊。

（十）美術教研活動的常規制度和評價機制的應用

美術教研活動在研究以前一直是以教科所為主體，開展此研究後，課題組成員和所有教研組長對美術教研活動的常規制度和評價機制做了研究和嘗試。有了相應的制度和評價機制，才能確保美術教研活動的開展更有實效。每一次活動的意見徵求表，每一次活動的記錄，以及教師的研修日誌收穫反思等，都是很好的評價依據。

四、餘論

通過以上一系列的研究，我們還存在一些疑惑和問題。

1.美術教研活動實施的有效性創新還不夠。

2.美術教研活動的實施如何才能得到上級行政部門全力支持。

3.美術教師的職業心理調控不僅與教研活動相關，而且和教育行政部門的考核機制和分配制度有關，調節的難度較大，不能單靠行政命令來執行。

參考文獻：

①張華.課程與教學論[M].上海：上海教育出版社，2000.

②黃甫全.現代課程與教學論[M].北京：人民教育出版社，2011.

③陶保平，黃河清.教育調查[M].上海：華東師範大學出版社，2005.

④陳榮華.美術課程與教學論[M].長春：東北師範大學出版社，2005.

⑤尹少淳.美術教育學新編[M].北京：高等教育出版社，2009.

⑥尹少淳.走進課堂：美術新課程案例與評析[M].北京：高等教育出版社，2003.

⑦輦平.美術新課程教學與教師成長[M].北京：中國人民大學出版社，2009.

⑧尹少淳.中小學美術教學論[M].長沙：湖南美術出版社，2012.

⑨美術課程標準研製組.普通高中美術課程標準（實驗）解讀[M].南京：江蘇教育出版社，2004.

⑩王大根.中小學美術教學論[M].南京：南京師範大學出版社，2013.

⑪陶旭泉.美術教師培訓理論與實踐[M].成都：四川大學出版社，2012.

⑫李力加.名師如何煉就名課（美術卷）[M].重慶：西南師範大學出版社，2010.

⑬靳玉樂.校本課程開發的理念與策略[M].成都：四川教育出版社，2006.

國家圖書館出版品預行編目（CIP）資料

美術課堂問道：美術基礎教育熱點研究 / 陶旭泉 等 著. -- 第一版.
-- 臺北市：崧博出版：崧燁文化發行, 2019.06
　　面；　公分
POD版

ISBN 978-957-735-885-1(平裝)

1.美術教育 2.教學研究 3.中小學教育

524.37　　　　　　　　　　　　　　　108008565

書　　　名：美術課堂問道：美術基礎教育熱點研究
作　　　者：陶旭泉 等 著
發 行 人：黃振庭
出 版 者：崧博出版事業有限公司
發 行 者：崧燁文化事業有限公司
E - m a i l：sonbookservice@gmail.com
粉 絲 頁：　　　　　網　址：
地　　　址：台北市中正區重慶南路一段六十一號八樓 815 室
8F.-815, No.61, Sec. 1, Chongqing S. Rd., Zhongzheng Dist., Taipei City 100, Taiwan (R.O.C.)
電　　　話：(02)2370-3310　傳　真：(02) 2370-3210
總 經 銷：紅螞蟻圖書有限公司
地　　　址：台北市內湖區舊宗路二段 121 巷 19 號
電　　　話:02-2795-3656 傳真:02-2795-4100　　網址：
印　　　刷：京峯彩色印刷有限公司（京峰數位）

　　本書版權為西南師範大學出版社所有授權崧博出版事業股份有限公司獨家發行電子書及繁體書繁體字版。若有其他相關權利及授權需求請與本公司聯繫。

定　　價：460元
發行日期：2019 年 06 月第一版
◎ 本書以 POD 印製發行